▶1989年11月經濟部長陳履安和次長江丙坤在飛機上與GATT秘書長鄧可密商我申請加入GATT事宜，媒體大加揣測的報導。（江丙坤提供）

陳履安赴韓 為返關貿總協引路

「最高機密」？

陳履安江丙坤 為何事赴漢江

陳履安赴漢城

臨時行動 各方注目

陳履安訪韓去回匆匆非比尋常

可能加入GATT時機成熟

▲1989年12月初第三策略小組會議在台北賓館召開，決定入會名稱。（呂雪彗提供）

▲ 1992 年 11 月 4 日，經濟部次長江丙坤（中）、國貿局長許柯生（右）以觀察員身分率團赴日內瓦參加GATT 理事會，入會案終於獲理事會受理，大家心情愉快。（江丙坤提供）

◀1992年11月4日經濟部次長江丙坤率團以GATT觀察員身分列席理事會。左為江丙坤，右為國貿局長許柯生。（中國時報資料照片，林道銘攝）

▶1992年11月6日國貿局長許柯生（左一）率團參加第一次入會工作小組會議。（中國時報資料照片，林道銘攝）

▲1993年2月8日GATT關稅處長坎培亞斯、條文處長克萊爾拜會國貿局長許柯生（中）。（中國時報資料照片，黃天強攝）

▲農委會主委彭作奎舉行記者會宣布成立「加入 WTO 農業專案小組」，左為台美諮商農業主談人副主委林享能。（中國時報資料照片，韓同慶攝）

▲江丙坤（中立者）出席我國加入 GATT 策略座談會。（中國時報資料照片，工商時報攝影組攝）

▶「徐班長」（徐純芳）對入會團員，照顧大小事。（徐純芳提供）

▶國貿局三組人才濟濟，包括三組副組長林聖忠（二排左二）、三組一科科長徐純芳（二排左三）、科員張俊福（二排左一）及科員黃麗惠（一排右一）。（徐純芳提供）

▲國貿局三組一科入會案作戰軍容堅強，與法律顧問蔡英文（中）、楊光華（左二）餐敘，坐者右一為徐班長。（徐純芳提供）

▲ 1993年10月我代表團參加第四次入會工作小組會議，包括前財政部關政司長王德槐（第一排中間）、國庫署長趙揚清（第一排右一）、工業主談人何美玥（第二排左一）、工業局長尹啟銘（第二排左二），其餘為財政部官員。（徐純芳提供）

▲ 1994 年 4 月 12 日經濟部長江丙坤（右五）率團赴摩洛哥參加 WTO 部長會議，與同仁合影。（江丙坤提供）

▲ 1994 年 4 月 12 日經濟部長江丙坤（右六）與赴摩洛哥 WTO 部長會議採訪團記者合影。（江丙坤提供）

▲ 1994 年 4 月 12 日經濟部長江丙坤（右）率團赴摩洛哥參加 WTO 部長會議，與會員交談。（江丙坤提供）

▲ 1994 年 4 月 12 日摩洛哥 WTO 部長會議，簽署 GATT 轉軌 WTO 正式文件，經濟部長江丙坤上台致詞。（江丙坤提供）

▲ 1994 年 4 月經濟部長江丙坤（中）赴摩洛哥參加 WTO 部長會議，與各國部長會談。（江丙坤提供）

▲ 1998 年 2 月台美入會雙邊協議諮商代表團返國，隨即由經濟部長王志剛（左二）召開記者會說明成果。（中國時報資料照片，黃子明攝）

▶ WTO 秘室會議（Green Room）場所，密室會議係 GATT 及 WTO 體制中一種由少數會員參加之秘密會議。（中國時報資料照片，江睿智攝）

▲ 2001 年 9 月 18 日時任經濟部次長陳瑞隆（左）和日內瓦駐蘇黎世辦公室主任林聖忠（右）與締約國成員高興慶祝入會最後一次工作小組會議。（童本中提供）

▲ 2001 年 9 月 18 日最後一次入會工作小組會議採認我入會案文件，經濟部商務專員童本中（中）與國貿局三組組長楊珍妮（右）、副組長陳正祺（左）喜悅合影。（童本中提供）

▲2001 年 9 月 18 日經濟部次長陳瑞隆（左）參加我最後一次入會工作小組會議與我入會案工作小組主席摩蘭（Morland）（中）交換意見。（童本中提供）

◀2001 年 11 月 11 日經濟部長林信義（左）參加 WTO 杜哈部長會議採認我國入會案文件時上台致詞。（國貿局提供）

▲歷史一刻，2001 年 11 月 12 日經濟部長林信義（右）簽下我國入會議定書文件，將台灣送上 WTO 經貿聯合國。（童本中提供）

▶ 2001年11月12日，經濟部長林信義簽署我國入會議定書。（國貿局提供）

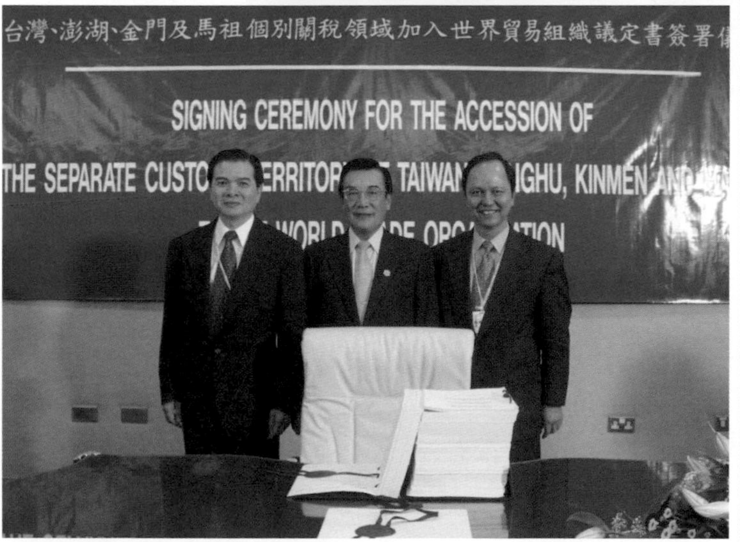

▲ 2001 年 11 月 12 日我入會議定書簽署完成，經濟部長林信義（中）與經濟部次長陳瑞隆（左）、國貿局長吳文雅（右）高興合影留念。（國貿局提供）

◀我國加入 WTO 入會採認文件厚達 20-30 公分，A4 紙相當 3000 張。（童本中提供）

▲ 2001 年 11 月 12 日，我完成入會議定書簽署後，各國代表前來參加我入會慶祝酒會。（童本中提供）

▲ 2001 年 11 月 12 日我國完成入會議定書簽署，大家笑開懷。（童本中提供）

▲ 2001 年 11 月 12 日我國完成入會議定書簽署，經濟部次長陳瑞隆（右二）和同仁合影。（童本中提供）

▲ 2001 年 11 月 12 日，WTO 杜哈部長會議採認我入會文件後，經濟部長林信義接受中外媒體訪問。（國貿局提供）

◀台灣加入世界貿易組織 WTO，開放重型機車進口，實現愛車族的夢想。（中國時報資料照片，王遠茂攝）

▲ 2001 年 11 月 14 日 WTO 入會效應，菸酒新制同步實施，紅標米酒將加徵酒稅而大幅漲價，全台各地再傳搶購米酒的人潮。（中國時報資料照片，季志翔攝）

▶ 2001 年 12 月 31 日為配合台灣加入 WTO 後的改制，公賣局將結束「戶口名簿米酒配銷售制」，並於隔日調高菸酒新價格，許多民眾大排長龍搶購 22 元紅標米酒。（中國時報資料照片，鄭超文攝）

▶ 2001 年 11 月 15 日 行政院長張俊雄（中）主持我國參加 WTO 杜哈部長會議完成入會案，代表團返國記者會。左為經濟部長林信義、右為陸委會主委蔡英文（中國時報資料照片，江聖飛攝）

◀ 2001 年 11 月 15 日行政院舉行我國參加 WTO 杜哈部長會議，完成入會議定書簽署返國記者會。（中國時報資料照片，許村旭攝）

▶ 2001 年 11 月 15 日經過 12 年來不屈不撓爭取，台灣終於在 WTO 第四屆杜哈部長會議，順利獲得我入會案的採認程序；行政院長張俊雄（左）出示由經濟部長林信義（右）親筆簽署的我國入會議定書文件，欣喜溢於言表。（中國時報資料照片，許村旭攝）

◀ 2001 年 11 月 20 日陳水扁總統簽署我國加入 WTO 批准書，右為秘書長游錫堃。（國貿局提供）

▶ 2001 年 11 月 20 日陳水扁總統親筆批准我國加入 WTO 入會議定書，並鈐蓋國璽；左圖為全權代表經濟部長林信義在杜哈部長會議以中英文親筆簽名的入會議定書，此為我國加入 WTO 的重要歷史文件。（徐純芳提供）

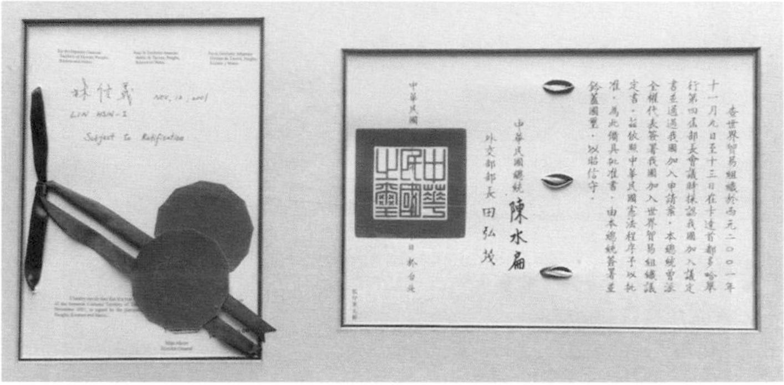

▶ 2005 年 12 月經濟部長何美玥（中）、次長陳瑞隆（右）率團參加 WTO 第六屆香港部長會議，入會雙邊諮商何美玥主談工業產品，辛苦總算有代價。（何美玥提供）

迢迢入關路

加入WTO祕辛

呂雪彗◎著

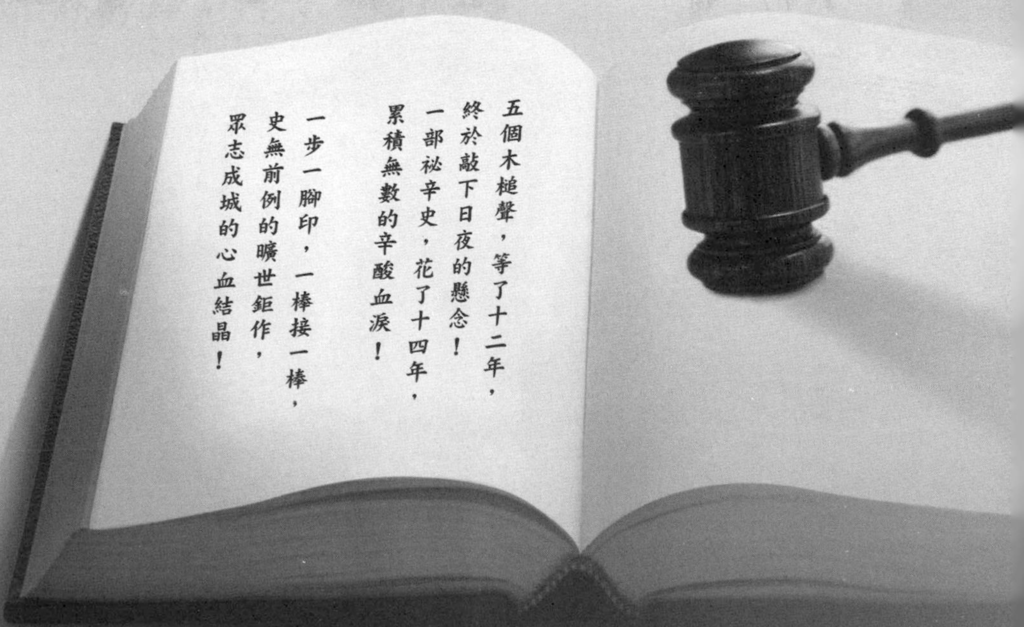

五個木槌聲，等了十二年，
終於敲下日夜的懸念！
一部祕辛史，花了十四年，
累積無數的辛酸血淚！
一步一腳印，一棒接一棒，
史無前例的曠世鉅作，
眾志成城的心血結晶！

目錄 Contents

推薦序

讓台灣有更為廣闊的國際經貿舞台

「世界貿易組織」（The World Trade Organization, the WTO）是一個以促進貿易自由開放（Free and Open Trade）及制定貿易法規、管理全球貿易的國際組織（rule-based organization）；它目前共有一六二個會員，可說是經貿的聯合國。加入世界貿易組織是我國推動經貿自由化、國際化及制度化的具體實踐，也是我國維繫與其他國家經貿關係穩定的重要平台。

在二〇〇二年加入WTO之前，我國面對國際政治孤立、貿易保護主義（protectionism）與單邊主義（unilateralism）盛行，形成國家經貿發展的瓶頸。目前我國再度遭遇WTO進一步自由化遲滯、區域貿易協定盛行的國際經貿情勢，使我外銷競爭力明顯削弱，市場規模無法擴充，從而影響國內投資意願和產業升級成效。面對此一新的變局，我們應該借鏡過去推動加入WTO的經驗，加速與主要貿易夥伴簽訂自由貿易協定、積極參與多邊貿易體系下的貿易自由化談判，才能使我國產品及服務的競爭力能有所提升，並與各主要競爭對手並駕齊驅，突破當前沉悶低迷的氣氛。

回顧一九九〇年一月我國提出加入「關稅暨貿易總協定」（GATT；WTO之前身）到二〇〇二年一月正式成為WTO會員的十二年，乃是一個極為漫長、艱辛的過程，其經歷的時間甚長、談判議題的範圍很廣、參與的部門和人數也很多。丙坤兄有感於這一段寶貴的歷史，應該加以記錄保存，藉供後來者參考借鏡，乃商請工商時報資深記者呂雪彗編撰本書，以饗各界讀者。

台灣的貿易依存度高，經貿必須與世界接軌，才能確保亞太地區的市場，這也是我過去提出將台灣建設成亞太營運中心、推動兩岸成立共同市場、結合兩岸三地及海外華人打造大中華經濟圈，以及積極爭取加入RECP及TPP的原因。在全球競相以簽署區域貿易協定作為手段，來改善本身的競爭力的壓力之下，我們當然不能例外，否則會被邊緣化；但是如同加入WTO一樣，要參與國際的經貿整合，我們首先必須在國內要形成國際化、自由化的共識，並果敢地進行必要的變革和開放。

如果自由化與國際化是我們必走的道路，那麼台灣經貿及產業必須要有因應措施，做好調適的工作，給予受損的產業適當的救濟。另外，加入國際經貿整合只能提供我國產業與他國產業一個公平競爭的立足點，我國產業還要持續創新轉型，具備競爭力才能掌握到商機。我們在十多年前為了加入WTO做了許多經濟體制的變革，現在面對進一步自由化與國際化的壓力，必須再一次地進行經貿體制改革，做好產業結構調整，並且全面檢視現行的法規制度，進行鬆綁，簡政放權，提升效率，徹底進行市場機制及法制的改革，並推動貿易投資便捷化，以與國際規範接軌，降低貿易成本，提升國際競爭力。

所有經貿體制改革都需要透過立法才能達到，因此立法院必須對自由化給予充分的支持。我過去擔任立法委員時，曾經號召各黨派立委共組「立法院財經立法促進社」，共同推動經貿立法，丙坤兄擔任立法院副院長時，更是大力支持推動。現在兩黨對峙，立法院工作推動不易，面對當前挑戰，可能是兩黨為國家未來經貿發展必須再度合作的關鍵時刻。除了建立國內的共識外，國外的溝通與遊說工作也是非常的重要。有了國內推動自由化與改革的決心，並且展現具體行動的誠意，說明我們已經準備好了，這樣才能有助於爭取國外的支持。

當然，我們現在面臨的時空經貿環境，也與我們當初加入WTO的情況不盡相同。加入RCEP或是TPP，甚至與他國簽署自由貿易協定，無論從地緣政治或是經濟實力來看，顯然中國大陸會是主要的關鍵。我們必須建立與大陸間的互信，才不會制約到台灣未來的國際空間；而在國內，也有必要研究如何消除一般民眾對於與大陸間經貿往來的疑慮，進而思考改善兩岸關係的途徑，推動兩岸經貿良性合作關係。

最後，我們加入WTO的目的，是要確保我對外貿易不會受到阻礙，以及受到不公平的待遇，並維持對我產品與服務的市場開放。WTO如達成全面的自由化，將可有效降低我無法參與區域整合對我不利的影響，因此我們對WTO等多邊自由化相關活動應予重視與支持。

過去我與丙坤兄在政府中服務，為了加入WTO做了許多努力，現在雖然退休了，我們仍然關心台灣未來的經貿前景。我除了在代表馬總統參加APEC領袖會議時支持有關成立亞太FTA的倡議之外，一有機會，我都會以民間人士的身分，出國爭取我貿易夥伴支持台灣加入區域經濟整合。

我期待由於這本書的發行，能讓各界人士更深刻地了解我加入WTO的寶貴經驗和價值，進而更為支持政府推動經貿進一步自由化，以及積極參與區域經濟整合的政策，讓台灣在國際經貿舞台上有更為廣闊的發展空間。

中華民國前副總統

蕭萬長

作者序

想怎麼收穫，先學會怎麼栽

《迢迢入關路——加入WTO祕辛》這本書，真是無心插柳柳成蔭。從提筆開始，到完成一本像樣的著作，不僅和入會時程一樣長，甚至更長，當時真是吃了熊心豹子膽，才敢接下這件困難的任務呀！

記得江丙坤董事長跟我提起要寫一本有關「入會祕辛」相關的書，是在二〇〇〇年之後，他出任立法院副院長時，當時心想：「副院長太看得起我了吧？我行嗎？」不論GATT時期，或WTO階段，我雖在主跑經濟部路線，但鮮少深入探究，也沒有直接主跑過國貿局這條路線。在新聞界的外號雖被稱為「國母」，但此國（指國營事業）非彼國（國貿局）呢！

面對歷經十二年顛簸崎嶇的迢迢入關路，我心生懼怕，擔心辜負江董對我的信賴與期許，當時曾力邀工商時報主跑國貿局多年的于國欽先生助一臂之力，二人合寫順便壯膽，無奈他當時也心有餘力不逮，我只好一個人摸著鼻子，硬著頭皮，接下這項艱鉅的挑戰。之後的不順，就猶如誤入政治叢林的小白兔。

當時，江董丟了一些人名給我，要我去採訪這些人，包括入會工作小組總主談人許柯生，被蕭萬長派駐日內瓦蘇黎世佈椿的陳瑞隆，繼承陳瑞隆衣缽的林聖忠，曾進入三組的鄧振中、魏可銘和徐純芳，工業組的何美玥，農業組的陳武雄，外交部次長吳子丹，菸酒議題的趙揚清等，於焉展開漫長的寫書採訪工作。這是平生第一次獨立撰寫與財經事務有關的書，不像以前和同業合寫的輕鬆。

江董當時對這本加入WTO過程的書定位很清楚，就是要談談「祕辛」。不過，WTO入會過程長達十二年，不論那一個議題，皆非同一人自始至終參與，國貿局保守估計有數百人，甚至上千人參與諮商工作。在時間軸上，要找到一個人可以講述完整故事就非常不容易，談判不換手幾乎更不可能。在議題軸上，有諸多項目，究竟要抓哪些東西才能引人入勝？一開始頭皮直發麻，只能從重中之重，及江董提供有限名單中挑選。

採訪一陣子後，發現稱得上「祕辛」的內容，實在貧乏；更麻煩的是，缺乏書面資料佐證，每個人都在憑記憶還原片段。當時即使充當「聽打機」，有聞必錄，還是有太多疑問。

全部整理完後，遭遇瓶頸，不知如何持續進行下去，我就先交卷給江董過目，當然這是不負責任的做法，我應該花更多心力及時間，到各個部會找資料，查證資料才對，對於自己的不自量力深感愧疚，簡直蚍蜉撼樹！

直到前二年，江董卸下海基會董事長職務後，心思更清明了，再度想起這件未竟之事。我心中有數，以他做事求好、求完美的個性，從不半途而廢的任事精神，這件艱鉅工作，不會不了了之，一定要有劃上句點的一天。

果真，江董又找來參與諮商的經貿官員，要每人仔細看看相關章節，進行必要補充，重新啟動迢迢入關路的採訪寫作，後來加上服務業章節，讓這本書從GATT走向WTO，涵蓋「起碼」的完整性。這次我不想孤軍奮鬥，找來中華日報採訪主任黃翠娟女士協助，且又把三三會秘書長郭勵誠先生拖下水，因為他有幫江董完成著作的豐富經驗，可以從旁鞭策協助。

江董則從南投家中找到一大箱又一大箱的資料，要協助我完成「曠世鉅作」，可惜那些鉅細靡遺的過程資料，要我一人從頭尾過目，不假藉他人之手解讀，真的「難以消化」，最後投機取巧找些具有「祕辛」的議題，舖陳故事情節，例如陳履安部長、江丙坤次長和GATT祕書長「巧遇」的空中密談等。

入會名稱問題，向來是我國參與國際組織，戲劇張力最強的情節，江董從我混沌不明的雜亂章節中，依時間序，找到條理分明的故事舖陳方式，且翻箱倒櫃挖出許多歷史文件提供我佐證。這些珍貴的文件，讓我有如神助般，提起筆來，猶墜入歷史長河的時光機裡，多了臨場感，愈寫愈起勁。

進行《迢迢入關路》這本書的收尾，讓我重拾信心，不過必須說明的是，光是服務業，涉及太多部會議題，這本書呈現的不及十分之一，充其量只是一本書的「概論」，缺乏各項議題深入訪談，稱不上「祕辛」。

像是政府採購協定（GPA），由於主政部會工程會難纏，幾乎把經建會忙翻了。薛琦猶記得，協定文字草擬出來，第一次討論只通過三個條文，第二次再重新檢視上次內容，毫無進度可言，前前後後會議開了十七、十八次之多。為讓諮商順利，薛琦將各部會主計、審計人員，集中在台電龜山員工訓練所「閉關」，強制住宿不准下山，務必要談出結果。

這不打緊，經過一陣奮戰，送到行政院後，院方交由現任總統、當年法政政委馬英九主審，馬又召開了二十多次審查會，等於一切從頭來過。遙想當年，與會官員皆笑談「終於見識到一個人『龜毛』的程度」。

再者如電影，文化界人士認為，我國為了入會，在電影市場對外國開放太多，因此害慘電影產業。但官員認為，我國電影產業一九九〇年代之後即欲振乏力，「電影文創產業振興不力，不能與入會諮商劃上等號」，一位官員這麼說。其他如教育服務業的開放，薛琦親自拜訪前教長吳京，陪同前往的陳瑞隆還記得，吳京大罵薛琦「你們這樣開放是喪權辱國」。

諸如上述種種漏網議題，囿於篇幅及時間限制，未及逐一採訪當事人，當年因為部會沒有自由化開放的概念，真是「夏蟲不可語冰」，但談判主談人得揹負完成諮商壓力，只有「忍辱負重」四個字，足以形容各主談人的心情。

江董是本書的總策劃人，沒有他的鍥而不捨，就沒有本書的出版。他的字典裡果真的沒有「厭煩」二字，他幫我這本書一遍又一遍地照看全局，就像一位慈祥的長者在照顧晚輩般，他的謙沖為懷，樂於助人，讓我在過程中享受如沐春風。當童本中、蔡練生等當年參加入會研究的官員，認為這本書已寫到入木三分了，我才稍稍寬慰。古人是衣帶漸寬終不悔，而我雖案牘勞形，卻成天坐著打稿，衣帶漸緊難後悔。

訪談過程中，印象最深有二人，「其一」就是何美玥，我到她經建會副主委的辦公室去，她從偌大的書架上，抽出二本比Ａ４稍大的筆記本，裡面有她私人祕藏的葵花寶典，包括ＷＴＯ工業產品談判底限，還有擺平各國利益衝突的汽車談判策略，筆記周詳且字跡工整，相當難得。

另一是入會最具代表性人物陳瑞隆，他從入關開館佈樁到完成入會文件採認，從青壯年守到鬢髮花白，雖不至如賀知章在〈回鄉偶書〉描述「少小離家老大回，鄉音無改鬢毛催」那樣，返鄉時已白髮蒼蒼齒牙動搖，但他在蘇黎世時連辦公室遭宵小光顧都狠心視而不見，為了入會一大早趕火車，馬不停蹄拜會遊說，為國盡瘁，令人動容。

從入關走到入世，加入WTO真是一頁滄桑史。這是國內第一本由參與諮商人員現身講述我國參與國際組織辛酸血淚的書籍，從入關醞釀、遞件申請、談判諮商、溝通部署，到眾志成城將中華民國推向WTO國際經貿聯合國的舞台，當中有感人故事、幕後祕辛、談判解密，還有一棒接一棒的心血結晶，殊屬珍貴難得。

不過，抱歉的是，想一探究竟的議題太多，想訪談的關鍵人士或無名英雄不計其數，事事未盡如人意，只能在入會迢迢之路中，截取歷史中的一隅，卻未必是鳳毛麟角，因此有太多的遺珠之憾。希望有心人士，或有生之年，有機會再完成WTO祕辛的「下篇」，以彌補本書缺漏的遺憾。

這本書能順利付梓，要感謝的人太多，除了最要感謝江董對我的不離不棄，陳瑞隆董事長耐心的補充，童本中時時充當我的校對，還有郭勵誠、黃翠娟二人的義氣相挺，徐純芳班長和何美玥不只一次接受我訪談，更感謝邇來為我補充的蔡練生秘書長、林享能主委等人，讓本書增益光采！還有書中講述故事的當事人，沒有大小螺絲釘的串接，就沒有這本書的誕生。

正當我國再次面臨加入TPP、RCEP等區域經貿組織，市場必須更大幅開放之際，部會在自由化、國際化的認知，雖不再像一九八〇~一九九〇年代猶處一片荒漠，但本書有很多前人的經驗與智慧值得汲取，也告訴後人「天下絕無白吃的午餐」，「想怎麼收穫，先學會怎麼栽」。

工商時報要聞中心副主任

呂雪彗

楔子

「五個木槌聲等了十二年，敲下了日夜的懸念，一槌一大步，急切跳出強權窒息性的羈絆」。

這是在世界貿易組織（WTO）農業談判磨槍多年的前農委會主委陳武雄，在他的新詩處女作《入關》一書中的篇章，形容我國辛苦走了十二年漫漫入關路，終於登上世界經貿聯合國舞台，為經貿外交報捷的一幕。

五個木槌聲全數過關了

二〇〇一年九月十八日下午四時十五分（台北時間九月十八日約晚間十時十五分），在日內瓦WTO總部圓形會議室裡，秋天眴眴的陽光撒落在落地窗前，從主持我國入會工作小組主席摩蘭（Morland）的背後穿透映向我方代表團，有人被午後燦爛陽光映照得睜不開眼，只聽見叩！叩！叩！叩！叩！傳來五下木槌聲，向我方代表團傳達：台灣入會案的經貿文件都 All Pass，全數過關了！

當時率團的經濟部次長陳瑞隆、駐蘇黎世辦事處主任林聖忠，還有身經百戰的農委會副主委陳武雄等人，等待這五下木槌聲已等到天荒地老，會場內靜穆的氛圍，讓我代表團人員幾乎可以聽到自己噗通噗通的心跳聲！

那一天，我國入會工作小組英國籍主席摩蘭為台灣舉行第十一次，也是最後一次入會工作小組會議，實質通過台灣入會案所有文件，將福爾摩沙（台灣）這個蕞爾小島送上世界最大的經貿組織舞台。每一槌代表一份文件採認通過，包括一、入會議定書，二、入會工作小組報告，三、關稅減讓彙總表，四、服務業承諾表，五、入會文件採認決議。這一天，對中華民國在台灣的經濟發展歷程，意義重大。

巧的是，最後一次的入會談判工作小組會議，正是由最早隻身赴瑞士蘇黎世開館叩關，全程參與入關、入會佈署的陳瑞隆率團，象徵「有始有終」，意義格外非凡，似乎冥冥中命運已有所安排。

五個木槌聲，讓我國加入 WTO 完成九九%的程序，翹首企盼了十二年，望眼欲穿，最後臨門一腳只剩下部長級會議的「形式採認」。但這最後一球射門，偏偏是在扁政府執政時期才踢進，由扁政府歡喜慶收割。

看在付出最大心力的國民黨政務官眼裡，雖然付出很大努力，不能在執政任期完成入會不免悵然若失，但畢竟這是國家大事，能在政黨輪替下完成我國加入WTO經貿聯合國，也是中華民國經貿外交歷史上，值得大書特書的一頁。

五個木槌聲落下後，各國代表相繼走向台灣代表團握手道賀，在現場觀禮的我國代表團三十多位成員，在落槌的那一刻，個個內心興奮無比。「高興一分鐘就好」，與陳瑞隆共同併肩在日內瓦佈椿的童本中這麼說，因為後續還有形式採認入會案的最後一關要闖，那才是堅苦卓絕的最後一役，可不能樂極生悲。

從入關（GATT）到入世（WTO）走了十二年

中華民國一九七一年離開聯合國，二〇〇一年十一月十二日在卡達舉辦的WTO第四屆杜哈部長會議，通過採認我國入會議定書，之後經立法院完成批准程序，台灣終於再度站上世界貿易組織（WTO）的國際舞台。但過程的艱辛，實難言喻，回首迢迢入關路（重返關貿總協定），令人百感交集。

二〇〇二年一月一日，我國成為WTO第一四四個會員，台灣的入會案奮戰長達十二年，並沒有打破WTO的紀錄，我國入會案是WTO史上申請過程第三長的國家，第一長是俄羅斯，歷經十九年，其次是中國大陸，經過了十四年，台灣排名第三，從入關（GATT）走到入世（WTO），走了十二年。

回首加入WTO來時路，第一棒推手非前副總統蕭萬長莫屬，一九八二年一月一日當他就任國貿局局長的那一刻，就深深體察到國際經貿情勢的轉變，台灣已晉身新興工業化國家之列，我國許多產品在國際市場的佔有率都名列前茅，隨之而來的，我與許多貿易夥伴間的貿易摩擦亦跟著增加，讓我國真的窮於應付。

為因應這一新情勢，蕭萬長首先積極在國貿局進行大規模的改組，由第一組負責進口業務、第二組負責出口業務、第三組負責貿易政策與對外諮商，第四組負責對外業務，第五組負責貿易管理。他交付三組第一項重大任務就是我國加入GATT的可行性分析。

此外，他也指派機要秘書陳瑞隆，於一九八七年先外派瑞士蘇黎世開館佈樁，專司促請各國支持我國加入WTO前身的GATT（General Agreement on Tariffs and Trade），播下第一顆種籽。而就在一九八六年展開烏拉圭回合談判之際，在蕭萬長的指示下，國貿局三組完成第一份「我國加入GATT可行性研析報告」，撰寫人正是前新聞局長葉國興，這是我國加入WTO的第一塊「敲門磚」。由此可見蕭萬長的高瞻遠矚，在他擔任國貿局局長之時，即已著手推動加入GATT的種種佈局。

「拚命三郎」的江丙坤將士用命

第二位推手就是現任東京之星銀行、台經院董事長江丙坤。江丙坤接掌國貿局長時，由於三組的業務已不斷擴充，尤其「亞太經濟合作組織」（簡稱APEC）在一九八九年由澳洲前總理霍克倡議下，成為亞太區域各經濟體高階代表間經濟諮商論壇，希望藉由亞太地區各經濟體政府相關部門官員的對話與諮商，帶動該區域經濟成長與發展。對於這樣一個重要的國際經貿區域組織，當然我國也不放棄尋求加入的機會，而這項工作也自然落在三組身上。

因此在江丙坤指示下，三組的組織再作了進一步的調整，由三組一科專責GATT業務，二科負責對美工作、三科負責對歐工作，四科負責APEC及其他多邊業務，自此終於有一個科專心全力投入GATT入會工作，為我國邁向WTO之路奠定重要基石。

江丙坤留日的嚴謹作風，令國貿局官員印象深刻，不僅自己苦心鑽研GATT法規，也帶領部屬學習風氣，大家土法煉鋼，自行摸索，以提升大家對GATT的認知。由於加入GATT是一項跨部會的工作，部會間的協調與合作十分重要，因此經濟部於一九八八年五月推動成立跨部會的「GATT專案小組」，由經濟部次長擔任召集人，以負責處理一般性的協調工作；另外建議行政院於一九八八年十二月成立「GATT策略小組」，由經濟部部長擔綱，成員則包括各相關部會的首長，以決定各項重要決策，包括入會時機、入會佈署、入會名稱等事項。

當推動加入GATT的組織架構建制完成後，他首先要求各部會工作小組負責就各入會議題積極研議我開放市場的可能底線及配套，並做各種沙盤推演。不僅如此，江丙坤也規劃如何向產業界及國會助理與立委溝通等；凡與重返關貿總協定有關的「眉角」，不論執行作業或工作細節，他都注意到了，不難看出他是做事一絲不苟，一板一眼的公務員。

「當時各個環節設想週延，真可謂將士用命」，江丙坤回憶過往時這麼說。而加入GATT一開始必須提出貿易體制備忘錄，做事像「拚命三郎」的江丙坤，專程為此走訪日內瓦住了好幾天，特地請教歐體代表如何撰寫我國日後提出的貿易體制備忘錄。事必躬親，心思細膩的江丙坤，被媒體謔稱為「江科長」因此不脛而走。

加入WTO這項艱鉅的任務，每一個階段的歷程都有重要推手，扮演關鍵性的功能與角色，是一棒接一棒才能完成此歷史大業。江丙坤是位長年馳騁在經貿沙場的老兵，有感於我國多年來以各種方式嘗試重返政治聯合國都不可得，因此亟思以我國經貿實力換取一張經貿聯合國的入場券。

重返GATT是我國自一九七一年退出聯合國以來最重要的一件經貿大事，現任經濟部長鄧振中說：「只有參與訂定經貿規則，台灣才能走出去，與邦交或非邦交國平起平坐，不會被人欺侮，不會吃虧」，這也是國內參與WTO談判人員的共同心聲。因此，本書想藉著挖掘WTO祕辛往事，來見證我國經貿滄桑史的演進軌跡。

對很多人來說，十二年是一個漫長的等待，參與多場談判戰役、入會接洽的陳瑞隆，堪稱我國入會案的靈魂人物之一，猶如我加入WTO的一部活字典。一九八〇年蕭萬長把陳瑞隆找來國貿局，開始涉獵國際談判事宜，從此與關貿總協定結下不解之緣。

陳瑞隆的公務生涯黃金歲月簡直與WTO為伍，一九八六年開始參與加入GATT的研究規劃，一九八七年單槍匹馬到日內瓦蘇黎世開館叩關，一直到二〇〇一年政黨輪替後，陳瑞隆陪同當時的經濟部長林信義赴卡達，親眼見證我國入會案在杜哈部長會議被採認，可說是見證WTO演進史「有始有終」的一位官員。從青壯年時期的熱血參與，到中老年階段見證入會，陳瑞隆的青春早已翩然而逝，把青壯歲月都獻給中華民國。

「客舍似家家似寄」當事人點滴在心頭

十二年來，陳瑞隆一步一腳印不斷往前邁進，即使看不見盡頭的曙光，還是硬著頭皮耐著性子往前推。陳瑞隆以南宋詞人劉克莊在《木蘭花》所寫的「年年躍馬長安市，客舍似家家似寄」形容內心百般複雜心境感受。其餘還有許柯生、林義夫、蔡練生、徐朝齡、魏可銘、林聖忠、鄧振中，徐純芳等人，也都從國貿局開始，在不同崗位親身參與這十二年興奮或挫折的WTO奮鬥。

工業總會祕書長蔡練生表示，迄今為止，GATT入會談判可以說是我國有史以來歷時最長、規模最大、涉及範圍最廣的談判。根據國貿局統計，所有參與WTO談判的成員，多達數千人，有的只是小小螺絲釘，卻扮演著不可或缺的角色。在雙邊會談的談判高峰期，有很多談判人員經年累月在外奔波，一個月中只有一週時間曾經踏進家門，與家人短暫相聚者不在少數。

有些議題的談判主談人，挑著千斤重擔，無怨無悔為國家奉獻，尤其許柯生擔任國貿局長期間為了遊說各國支持，還有入會案被理事會採認後，擔任我案入會工作小組的總談判代表，一年三百六十五天幾乎三分之二的時間成了空中飛人，以客舍為家，而家反成了寄宿之處，這應該就是「客舍似家家似寄」的寫照吧！當時參與談判的人員，有的險些鬧出家庭革命，甚至需要江丙坤為同仁打電話回家，以取得眷屬們的諒解，大家為WTO付出的辛酸血淚，只有當事人點滴在心頭。

漫長的十二年，參與談判的人雖然有許多仍在部會中高居要職如經濟部長鄧振中、財政部長張盛和者；然更多的人都已退隱山林，過著「悠然見南山」的田園日子。有些仍派駐在國外，有些則垂垂老矣，有人則定居海外，甚至有人在完成重要談判戰役後積勞成疾辭世（例如：財政部次長吳家聲），令人有「十年生死兩茫茫」的唏噓感嘆。要找到一個人自始至終參與每一場雙邊戰役，甚或對同一部會每項議題都瞭如指掌的人，十分困難，所有祕辛不是鎖在談判者的腦海中，就是塵封在國貿局三組的檔案倉庫中，層層疊疊的資料早已沾滿厚厚塵埃，交織在密密麻麻的蜘蛛網裡。

因為議題太多，參與諮商的陣仗史無前例，大家前仆後繼。當時負責入會工作小組是國貿局長許柯生擔綱要角，各國拋出的四百七十個題目，每一項都要一一解答，國貿局負責GATT專責單位在進行綜整答覆時，光要分門別類整理這些問答，就快把人給忙翻了。因此在本書遴選議題、訪問對象時，只能侷限於寥寥數人，或遠不及諮商過程的十萬分之一，無法面面俱到，處處週延，頗有珠遺滄海之憾。

「加入ＷＴＯ」的歷程不啻是一本充滿豐富經驗的經貿談判活教材，參與國際組織談判更是一門難窺堂奧的艱深課程。曾在前線參與部署的前駐蘇黎世辦事處主任、現任中油董事長林聖忠在日內瓦與各國經貿人員穿梭折衝，與中國大陸在國際戰場爾虞我詐、短兵相接，更能深刻感受彈丸小國的悲哀與無奈。不過，卻也因此讓他更驚訝的見識到中華民國這個島國，竟有著小草般堅毅的韌性。

加入ＷＴＯ的歷程累積無數人的辛酸與血淚

凡走過必留下痕跡，在加入ＷＴＯ這一條翻騰的歷史長河中，一一烙下各個將領和戰士們奮戰不懈的腳印，留下令人動容，值得細細咀嚼的故事篇章。台灣在九〇年代之前創造經濟奇蹟，傲居四小龍之首，但卻在國際政治現實的壓力下，讓台灣在國際上成為亞細亞的孤兒。

正因為如此，激發台灣經貿菁英，在八〇年代後期起，展現無比毅力、智慧及無私的精神，將重返關貿總協定（ＧＡＴＴ）的艱辛奮鬥過程，在每一道關卡樹立起重要里程碑，朝野國人一致團結合作下，交織成一頁頁了不起的成就，寫下台灣在夾縫中求生存的現代啟示錄。因此不得不對ＷＴＯ奉獻的檯面人物，及無數幕後的無名英雄感到敬佩，豎起大拇指按讚。

蔡練生也是國內長期參與GATT入會工作的一位官員，他從一九八六年擔任三組一科科長接到蕭萬長推動GATT入會案的指示開始，到他於一九九六年離開國貿局，升任經濟部投資審議委員會執行秘書為止，前後連續參與GATT入會工作長達十年。他最大的感受就是眾志成城，因為大家的努力，讓我國完成一項「不可能的任務（Mission Impossible）」。

在國貿局三組這段時間的淬鍊，為國家培養了許多經貿人才，迄今仍為國家所用，例如現任經濟部部長鄧振中、中油董事長林聖忠、貿協董事長梁國新、前駐新加坡代表謝發達、前駐越南代表黃志鵬、中小企業信保基金董事長張俊福、駐香港代表嚴重光、駐WTO公使朱曦、國貿局局長楊珍妮、商業司長江文若、證券櫃買中心董事長丁克華、工業總會副秘書長蔡宏明等人，皆出身自當年的三組，真是人才輩出。

這本書之所以問世，最大的推手就是拚命三郎江丙坤，他費盡心思，耗費精神，將家中的倉庫、書櫃或紙箱翻箱倒篋，找出一大箱又一大箱的過往歷史文件，並拜託當年經貿尖兵，參與談判的重要議題人員，講述點滴故事，串織而成。它不是傳記，也非史記，只是小小媒體人盡其所能，綜整出WTO推動過程的一隅；它沒有大江大海的滔滔壯闊，也沒有豐富美麗詞藻的堆砌。

藉著參與人士拼湊的記憶，希望能為WTO走過的足跡留下雪泥鴻爪，也為百場艱苦卓絕的「日內瓦戰役」，及談判鬥士們生命中或深或淺的足跡，留下歷史紀錄，見證大家同舟共濟，奮力圓一個偉大的夢想。

加入WTO的歷程，累積無數人的辛酸與血淚，這本書留下參與者的經歷與觀察，見解或許仁智互見，但參與國際組織的經驗法則、遊說的策略，大同小異，推動WTO的經歷軌跡，一定有足供後人傳承的寶貴經驗，在往後台灣爭取加入TPP（跨太平洋夥伴協定）、RCEP（區域全面經濟夥伴協定）、FTA（自由貿易協定）等區域經貿整合的過程中，或可找到跟隨的足跡。

第一章

入會前的研究

第一節 爛橘子與GATT

台灣在二〇〇二年一月一日正式成為WTO會員，但很多人一定會納悶，為什麼我們不加入OECD（經濟合作暨發展組織）？為什麼已經加入APEC（亞太經濟合作會議），還要加入GATT及WTO？這得帶領大家走入歷史的時光隧道，話說從頭。

一九八〇年代中期「台灣錢淹腳目」

一九八〇年代中期至一九九〇年代上半期，正是台灣內外在經濟社會環境變化，動盪最劇烈的年代，對我國經濟發展帶來結構性重大改變。當時台灣經濟面臨國內投資不足與貿易大幅出超，台灣從美國市場每天賺取大把外匯，經濟快速起飛，股市與房地產突然暴起，大家樂、投資公司橫行，簽大家樂幾成民間瘋狂地下活動，股市房市都被套利的熱錢帶到頂峰，當時台灣人流行的一句口頭禪就是「台灣錢淹腳目」，正是形容那個一九八〇年代中期台灣的經濟社會景況。

正因對美國形成龐大貿易順差，美國山姆大叔要求我放手讓新台幣升值，否則揚言祭出三〇一條款的要脅，當時新台幣在俞國華院長任內從一比四十元，一比三十八元，約二年時間一路大幅狂升破三十元大關，一度升至一比二十五元，當時俞院長已緩步讓新台幣升值，並未順應美國壓力，一次升足，連當時的央行總裁張繼正都說不知道新台幣的底限究竟在那一點（見諸《財經巨擘——俞國華生涯行腳》一書）。不過，新台幣升值造成中小企業生產成本急遽提高，我勞力密集產業開始外移，對外投資激增，我與各國的經貿關聯性更加密切。

另一方面，我國傳統勞力密集為主力的出口產品，在美國、歐體等重要市場競爭力日漸減弱，開發新產品，爭取新市場就顯得更迫切且需要性提高，各國限制性的經貿措施也對我影響層面不斷擴大。面對這些內外在情勢丕變，政府經貿政策重點不得不作調整，以回應工商企業界各項新訴求。

在那個錢潮充沛的一九八〇年代，台灣發生很多重大變革，例如：一九八四年，俞國華接任院長後，立即宣示台灣採行經濟自由化、國際化、制度化原則，遵循此一原則，一直到一九九〇年代初期，十年間自由化、國際化方針，開啟台灣經濟結構性轉型，這是台灣第二波的自由化革命，使國家經濟面貌全然改觀。

同一時間，解除外匯管制，解除黃金管制，開放自由買賣，並解除戒嚴，幾乎都在一九八七年前後完成。（備註：台灣第一波自由化可回溯至一九六〇～一九七〇年代，當時台灣面臨生產不足、貿易赤字、失業嚴重等問題，但當時的環境要全面解除管制，將經濟由進口替代轉型為出口導向，困難度頗高。因此政府設立「加工出口區」，在區內進行法規鬆綁，使產業成功轉型。）

蕭萬長：回到嘉義看到滿山遍野爛掉的橘子很難過

中華民國在台灣經過四十年篳路藍縷，創造令國際貿易夥伴驚羨的經濟奇蹟，一九八五年已名列亞洲四小龍，第十五大貿易國，以台灣的經濟實力，企業和市場其實沒有理由繼續要求躲在政府的保護傘底下，而必須遵行國際的經貿規範。

其實，俞國華院長上任時宣示的自由化就是尊重市場機能，政府不做不必要管制；國際化就是減少與國際經濟交流的障礙，在國際舞台扮演更積極角色。俞國華啟動台灣第二波經濟自由化，讓我經貿體制不斷向前走，逐步向國際經貿體制靠攏，這應該也是後來國貿局積極推動加入ＧＡＴＴ，促成第三波台灣經濟自由化的重要催化劑。第二、第三波的經濟自由化，可說都是在外力壓境下，不得不然的結果。

一九八〇年代中期台灣對外貿易大幅成長，伴隨成長而來的是與美國的貿易摩擦，當時國內民主運動剛剛萌芽。台灣一個小小島國卻在工具機、火雞肉與水果議題上與強權的山姆叔叔（美國），頻頻發生貿易爭議，在美國「三〇一條款」的壓力下，台美談判對台灣而言，無異以卵擊石，節節敗退，美方在每一項談判上伸出狼爪，對台灣「予取予求」。

時光鐘調回一九八六年的外在環境，當時烏拉圭回合談判正如火如荼展開，國際貿易體制及其規範面臨全面性變革，當時GATT締約成員國的貿易佔全球貿易總額九〇%以上，這項烏拉圭回合多邊貿易談判，有意在傳統商品貿易之外，另外對服務業、智財權、貿易相關投資等新領域制訂新規範，並使農產品、紡織成衣等貿易更明確回歸到GATT架構下，隨著範圍擴大，可預見GATT的影響力會隨之擴大。

不過，台灣的經貿環境當時距離國際化有很大一段差距，國內除了經貿單位外，根本鮮少人注意到烏拉圭回合談判對台灣經貿帶來何種影響與衝擊，也從來沒有考慮過要加入GATT。但是，時任國貿局長的蕭萬長就體認到，在台灣經濟國際化色彩漸濃情況下，尋求國際貿易權益的保障，是不得不然的選擇，以代表性及影響力來說，GATT自然是首選目標。倘若台灣徘徊在國際經貿組織之外，對我國未來經貿發展極為不利，因此蕭萬長早已著手展開研究，未雨綢繆。

鄧振中回憶他早年任職國貿局的時代，在一九八七年工具機案，水果案，所有經貿爭端都與美國有關，當時國內水果滯銷，果農生存受到很大威脅，反對運動團體鼓動農民走上街頭，為自己爭取生存權，捍衛自己的生計，這是農民運動的濫觴。鄧振中回憶過往說，當時曾聽過蕭萬長語重心長的說：「回到嘉義，看到滿山遍野爛掉的橘子，很難過。」身為農村子弟的蕭萬長對農民的處境感同身受。

西裝筆挺的「微笑老蕭」被雞農丟雞蛋

在那個時期，各國水果都開放進口，但因調降關稅，導致農民生計困頓，政府體認到不能忽視農民的心聲，有一次召開政府高層會議，作了相當重大的決定，也就是「限制水果進口」。政府決定先限制進口的水果包括橘子、葡萄、葡萄柚及蘋果等四種，但採取全面限制或部分地區限制進口，究竟應如何取捨？即使是經貿政策，依然脫不了「外交」政治因素的考量，因此決定美國地區不予限制進口。

最早有組織的農運團體農權會（農業權益促進會），在一九八七年十二月八日，由前立委戴振耀率領果農走上街頭，抗爭水果滯銷，農民們帶著水果及青菜作為抗爭的「武器」，一群人浩浩蕩蕩到國貿局門口抗議，在一陣陣喧鬧的叫囂中，爛水果與菜葉剎那間被丟擲在空中飛舞，那一幕拉開了農民運動的序幕，撼動了政府官員，國內的反對運動似乎就從農業議題獲得了啟蒙。

與果農走上街頭抗爭的同時，國貿局正與美國展開火雞肉談判，水果議題我國雖然對美國網開一面，未採取限制進口手段，但在火雞肉議題上卻決定限制自美國進口。一九八八年，美國拿三〇一條款逼迫台灣開放火雞肉進口，以改善嚴重的台美貿易逆差問題，引發雞農赴台北市湖口街的國貿局抗議，當時蕭萬長不迴避，親赴門口接見抗議雞農，但卻被雞農以雞蛋丟向身著筆挺西裝的身上，但蕭萬長卻依然鎮定向雞農說明，在國內留下一張令國人印象深刻、家喻戶曉的「微笑老蕭」照片。

國貿局後來在與美國展開火雞肉談判時，為避免受農權會或農民抗爭行動干擾，改移師至陽明山上談判，警力部署在上山的陽明山仰德大道上，將農民的抗議大軍攔阻於山下。

鄧振中回憶說，當時國貿局長蕭萬長準備與美方談判前夕，還率領相關人員赴農委會，向當時副主委葛錦昭報告我方談判立場及內容，但葛老只冷冷地回答說「他（指美國）講他的啊，我們幹嘛要聽他們的」。

由此看出，當時台灣接受國際規範的氣氛和環境並未具備，經過火雞肉等一連串談判，我國經貿單位才漸漸感受到一波波必須遵守國際規範的經貿壓力，也可以說，是接二連三的農業談判，成為催動我國加入GATT國際經貿組織的觸媒。

曾與鄧振中同在國貿局三組二科，負責處理美加談判的林聖忠也說，其實早在一九七九年GATT第七次的東京回合談判之後，達成很多非關稅協定，包括政府採購、關稅估價、反傾銷等，都是首次出現的項目。從此台灣面臨自由化及國際化的試煉，美國要求台灣開放個別商品市場，且要求台灣改善關稅估價方式，因此後來水果、火雞肉、菸酒等談判接踵而至。真正美國要求我開放金融服務業，則在一九八六年烏拉圭回合展開之後，美國以花旗銀行為首的銀行業者主張我國應開放金融自由化，一波波貿易諮商也就此鋪天蓋地而來。

悲情的經貿情勢

從經貿角度評估，自一九八〇年代後期，台灣經濟規模已不斷成長擴大，經貿實力躍居全球第十五大的貿易國，居四小龍之首，我國經貿地位國際不敢小覷，對台灣加入國際經貿組織十分有利。台灣是外貿導向的國家，與國際間貿易往來密切，經濟實力受到國際間肯定重視，國際間不能再容許台灣只享權利，不盡義務，好處佔盡的事。

台灣處在這種經貿實力的環境下，讓蕭萬長一直認為，台灣的經濟實力「不再是小孩，已是大人」。既然是大人，就要有自己活動的空間，因此要以台灣的經貿實力向外拓展至國際經濟舞台。不僅如此，中國大陸在GATT並非正式締約方，在裡面沒有太多政治運作杯葛台灣的空間；就經貿地位及國際政治環境評估，二者皆對台灣有利，因此針對加入GATT進行可行性評估之初，國貿局愈研究，信心就愈大。

但是，「為什麼台灣非要加入GATT不可？」鄧振中每每回想這一段歷史，就會想起一段「悲情」的過去。一九八〇～一九九〇年代，台灣外交處境十分艱困，當我國對GATT還懵懂未知時，我出口產品在國際市場遭到很多歧視待遇，以一九八〇年代我國輸往歐洲的紡織品為例，當時受到歐洲共同體設限，國貿局高層率團赴布魯塞爾，打算與歐體人員諮商，歐洲執委會卻認為台灣和歐體沒有官方關係，不願和我方談判，不得已才創立「紡拓會」這個「白手套」，代替政府與歐體等無邦交國洽談紡織品設限與配額管理事宜。

不僅紡織品，就連農產品的洋菇及蘆筍，部分歐洲國家也沒有和我國諮商就削減配額。種種不公平的歧視待遇，「就因為我們不是GATT的會員國」，鄧振中無限感慨地說，「歐體等各國可以不必遵循國際規範，對待一個在地圖上難以找到米粒大的福爾摩沙」。

聽完鄧振中描述的經貿血淚史，不由自主燃起悲愴情懷。不難體會，台灣早年在政治外交的困境，連帶也使經貿發展嚴重受挫，台灣成了「亞細亞的孤兒」，這種命運是多麼悲戚呀！這也是為什麼「微笑老蕭」要在列強環伺的國際壓力驅使下，發揮小草韌性的精神走出去，因此在一九八六年大動作變革國貿局組織結構，爭取加入國際經貿組織，以迎接自由化、國際化時代的來臨。當時台灣的股市已奔騰上萬點，經濟正要起飛的年代，可說跨出去相當大的一步呀！

第二節 加入GATT濫觴

八〇年代後期，政府部門內絲毫沒有接受國際規範的認知與意願，但外在經貿環境的丕變，敦促經貿部門進一步認識且展開擘劃加入GATT，因此國貿局身先士卒，以前瞻的膽識與氣魄，雖千萬人吾往矣，挽袖展開加入GATT前置期的研究及準備工作。

很多人並不服氣，質疑台灣為什麼不能限制美國水果及火雞肉進口？加上工具機談判美方不公平的對待我國，一連串菸酒談判美國露出「鴨霸」作風，激起國人民族情緒，認為美國是以強國霸權欺凌台灣，讓國人十分不諒解，大報媒體輿論甚至形成一股「反美」氣氛。

美國動輒祭出「三〇一條款」來報復我國

其中，台美菸酒協定是在一九八六年簽定，一九八七年開放讓貿易商可進口美國香菸、啤酒、葡萄酒、涼酒，但很多貿易商有「偷跑」行為，政府不得不有所限制，貿易商因此去向美國出口商及美國政府部門「告洋狀」，開放菸酒進口後，貿易爭議反而不斷上演。

一九八六～一九八七年間，美國也將開放服務業市場「魔爪」伸入台灣，包括銀行、保險及內陸運輸業等市場，都企圖要「染指」，步步進逼台灣開放市場。林聖忠還記得，美國要求我開放水果、火雞肉等農產品外，也要求我開放的金融市場就是ATM，但財政部不同意，當時開放外商銀行來台設立分行都有設限管制家數，財政部將ATM視同分行的一環。

事後來看，如果沒有ATM的開放，大家生活上反而大大不便利，可見八〇年代後期，台灣完全未能跟上自由化、國際化腳步，當年政府個別部門有的展現很濃的保護主義，包括農委會及財政部皆是；而美國對我智財權開放的議題，則屬更後期。

美國動輒祭出「三〇一條款」來報復我國，林聖忠說，三〇一條款是針對不公平貿易，範圍很廣。我國曾有被報復的案例，是一九八六年發生的關稅估價案，當時台灣關稅很高，進口商低報價格，財政部無法查緝，因此以一定價格估價，課稅基礎由政府訂定，也就是由政府規定商品價值，並非像GATT國際規範，以實際交易價格來訂定課稅基礎。當年主管這項業務的財政部關政司長，就是前司法院長賴英照。

工具機、水果、火雞肉、菸酒、金融及後來的智慧財產權談判，一波波殺得我政府單位措手不及，這些血淋淋的教訓，讓國貿局「覺悟」必須適度保護自己，不能再讓美國「予取予求」。不過，光取得「諮商平等權」還不夠，弱肉強食的結果，台灣很可能繼續被強國「霸凌」，台灣不能一項項議題被剝皮，一波波接招被動應付，一味盡義務，卻毫無權利可言。

國貿局深深體悟，唯有參與經貿大國的遊戲規則，加入經貿俱樂部，才能被公平地對待。對大量仰賴貿易出口賺取外匯的台灣，最好的保護傘別無蹊徑，就是申請加入「GATT」這個國際經貿聯合國。

台美各項農工議題談判的節節敗退，讓台灣無力也沒有籌碼招架，反而成為政府規劃加入GATT最早的動力與觸媒。因此申請加入GATT經貿組織案構想一提出來，很快獲得政府決策高層力挺，且得到民眾及社會支持。當時社會凝結一股強烈氛圍──「保護自己，因此要站上國際經貿舞台」，這樣強烈的信念幾乎形成全國上下的共識。

台灣當時與美方簽訂各種產品的雙邊協定，動輒被媒體輿論責難，大罵「美國仗勢欺人，歧視壓迫台灣」；同時輿論也譴責自己政府經貿官員「顢頇無能、喪權辱國」。當時，國人基於民族主義心態，反美情緒高張不難理解，身為國貿局長的蕭萬長面對很大的輿論壓力，尤其關於ＩＰＲ（智慧財產權）保護，國內並沒有保護智財權的觀念，到處都是翻版書，不認為抄襲有什麼不對；但另一面，蕭萬長卻得面對美國人抗議壓力，美方覺得台灣太荒唐了，最後動不動就搬出特別三〇一條款來施壓。

開放市場競爭法則

蕭萬長任國貿局長初期，面臨內外雙重壓力，總是能遇到貴人相助。剛擔綱局長的前幾年，他每年都會親赴總統府向蔣經國總統報告貿易業務推動問題與困難，ＩＰＲ面臨山姆大叔強大壓力時，蔣經國總統雖然心裡面十分不悅美國的施壓，但卻相當信任蕭萬長，給他做事的空間和依靠，當時蕭萬長也幸運遇到像李國鼎、孫運璿、俞國華等財經大老的力挺，都支持台灣應該建立一套完整的智財權法律體系，經過經國先生的裁示，得以開始進行ＩＰＲ的談判。

而完成ＩＰＲ的智財權法律體系，對台灣經濟可說是重要分水嶺，對台灣後來興建新竹科學園區，發展ＩＣ產業成全球數一數二的代工龍頭，有舉足輕重影響。這些過往的歷史，在蕭萬長口述的回憶錄《微笑的力量》一書中都有記載。

「國內社會缺乏國際規範認知與常識，普遍認為市場被迫對外國人開放」，鄧振中說，「其實在國際現實上，比的是國際腕力，美國力量強大，因此從中欺負台灣，侵蝕台灣的商業利益」。

當時和美國、歐體等主要貿易夥伴舉行雙邊諮商，或美國採取片面行動壓力（例如祭出特別三〇一條款）之前，台灣早已被國際壓迫採取降低進口關稅，減少非關稅貿易措施，開放金融保險市場、內陸運輸，及加強保護智財權等等措施了，外在壓力逼迫台灣體制一步步走向GATT。

「台灣若不能成為GATT締約成員，只能一味被迫要求盡義務，卻無法享受應有之權利、應得之利益，豈不虧大了？」鄧振中說，也許是在這種思維下，國貿局上上下下都認為「GATT是一條必走之路」。一波波農業及商品談判，壓得台灣喘不過氣來，催促我必須認清國際政治現實，這正是觸動我國開始研究加入GATT的濫觴。

難得的是，蕭萬長花了很多時間，耐心向社會各界解釋，指開放市場競爭，是對自己國家有利，而對智財權加以保護，可以幫助我國發展科技。「微笑老蕭」可說是政府部門中最早開風氣之先，賣力推銷「開放市場競爭法則」理念的鼻祖。「若不去推展這種理念，社會普遍都認為開放市場是對我們自己不利，一直處在被欺負、被動挨打的狀態」。鄧振中回想到這裡，依然相當佩服蕭萬長這位老長官當時對經貿市場要走向國際化、自由化的前瞻眼光是正確且獨到的。

開啟保護智慧財產權風氣之先

對於智財權應否保護，一九八〇年代後期，國內社會出現二種仁智互見聲浪，一派認為要保護，如此對科技發展及國家形象有所幫助，對自己文化發展也有助益；另一派則認為，美國是文化強國，若我方太過嚴謹保護智財權，反而有害我國文化發展，會使我文化「邊緣化」。

一九八〇～一九九〇年代的台灣，夜市地攤滿地充斥香水、手錶、唱片、錄音帶、錄影帶等仿冒品，書店到處都是翻版書籍，演藝圈更常翻唱日本歌，絲毫沒有台灣文化創作的歌曲，國人根本沒有「杜絕仿冒」的概念，一味熱中購買地攤便宜貨，仿冒商品抓不勝抓，台灣就在那個年代，被西方國家冠上「盜版王國」的封號，台灣惡名昭彰，在西方國家眼中，是個不懂得尊重別人智慧財產權的開發中國家。

山姆叔叔動輒恫嚇要將台灣列入「特別三〇一條款」優先觀察名單，經濟部手足無措，不得不結合警方等各單位，全面總動員，大力查緝盜版工廠、公開銷毀盜版商品，向國際

（尤其美國）宣示打擊盜版決心，並不厭其煩宣傳，提倡注重智慧財產權觀念。

當時新聞局配合打擊盜版國策，逐步鼓勵歌手自行創作，催生屬於台灣自己民謠及意涵台灣多元文化的創作曲風，減少翻唱他國的歌曲，甚至舉辦金曲獎，這才造就了江蕙、阿妹（張惠妹）、五月天阿信（陳信宏），甚至F4等風靡東南亞的歌手，還有X世代的偶像團體。事後來看，這何嘗不是一次激勵台灣文化創新的啟蒙運動。偶像歌手們每年為政府宣導「反盜版，支持正版」，為保護智慧財產權聲嘶力竭，終於在官民合作下，歷經將近十年鍥而不捨的教育宣傳，逐漸將保護智財權觀念深植在國內年輕人及國人腦海中，台灣寶島在九〇年代後期，民智大開，終於正視保護智慧財產權的重要性。

以今日眼光反思，一九八〇年代後期至一九九〇年代台美智財權諮商每年不斷上演，猶如一齣連續劇，山姆叔叔（美國）指摘台灣「放任仿冒，查緝不力，立法不嚴」。而蕭萬長卻早在國貿局長任內（一九八二～一九八八）就已開啟保護智慧財產權風氣之先，可說具有高瞻遠矚的國際化眼光。

第三節 研究GATT

　　申請加入關貿總協定（GATT）這個國際經貿舞台，肇始於蕭萬長擔任國貿局長時開始規劃，若說「微笑老蕭」是台灣加入WTO的關鍵推手一點也不為過，當時小小的經貿尖兵即具有大大的國際觀，在加入WTO的光譜中一直傳為美談。

台灣被國際譽為「創造經濟奇蹟」

　　蕭萬長向國貿局同仁轉述入會案的緣起時，指出台灣經濟快速起飛，經濟實力逐漸受到各國重視，台灣被國際譽為「創造經濟奇蹟」，但國際間要求台灣基於互惠開放市場的壓力接踵而至，在一九八〇年代後半期，國內外環境變化劇烈，不但新台幣被迫大幅升值，國內環保運動正興起，投資環境面臨很大遽變，導致國內產業首度面臨大幅「調整轉型」壓力，這是台灣啟動第三波自由化的重要源頭。

面對國內外環境劇變，具有銳利洞察力的蕭萬長，為謀經濟長遠發展，早早已為台灣走向國際化、自由化未雨綢繆。一九八六年，在他的領導下，將國貿局組織首次作了大幅變革，以因應國際間多邊與美國雙邊談判業務量的增加，同時因應國際化的挑戰，組織調整是跨出自由化、國際化的第一步。

一九八六年改組後的第三組，專門負責貿易政策、國際情勢分析與對外諮商談判工作，並由蕭萬長親自從局內挑選十七名精兵進駐。剛開始三組組長由汪俊容出任，而由蕭萬長身邊的機要秘書陳瑞隆擔任三組代理副組長。不論組織及人事，蕭萬長都作了大幅度調整，顯見對三組寄予厚望。蕭萬長在《微笑的力量》一書中也提及，人才培育的制度化，貿易業務的制度化，是他為國貿局留下來的最大資產。

剛進公務體系的蕭萬長待過外交部，在一九七五年擔任國貿局四組組長時，即開始建立人才進用制度，舉辦經濟部駐外商務人員特種考試，完全比照外交部駐外人員特考，且加考經貿事務科目及外語口試，當時像梁國新、鄧振中、林聖忠及謝發達等人，都是在這項制度下考進國貿局的菁英，經招考培訓後，成為參與談判的新生力軍，很多經濟部駐外人員、商務單位主管、部次長，都是在蕭萬長建立制度後，按部就班培育出來的國家棟樑之才。

國貿局三組剛剛改組時只有二個科，第一科研究發展，針對國際情勢與貿易談判有關議題研究，第二科負責實際談判業務。最早接任三組一科科長是現任工總秘書長蔡練生，第二科科長為陳榮驥。當時葉國興、童本中、朱曦都是蔡練生轄下的一科成員。

一九八七年初，魏可銘剛自英國經濟組調回國貿局工作，先至蕭萬長局長室擔任機要秘書，二、三個月後隨即到三組報到，擔任三組一科科長，鄧振中則擔任二科科長。當三組成立才一個月，蔡練生即接獲蕭萬長指示進行ＧＡＴＴ入會可行性評估，可見蕭萬長當時對加入ＧＡＴＴ國際組織，早已未雨綢繆。自我退出聯合國以後，我國對國際組織了解十分有限，雖然蔡練生本身在大學唸的是國際貿易，但在課堂上老師對ＧＡＴＴ組織與規範幾乎是一語帶過，而坊間亦鮮少有相關著述可供參考。

東京回合談判之後，國貿局第四組才開始就ＧＡＴＴ東京回合談判結果展開研究，但資料依然十分貧乏。尤其烏拉圭回合談判已在國際上如火如荼展開，對未來國際貿易影響極其深遠，但作為一個以貿易為導向的國家，在國內卻鮮有人了解或關心。所以三組必需一切從頭開始，蒐集資料並進行各項研析。研究了老半天，經三組同仁翻遍所有資料，才發現我國參與ＧＡＴＴ的歷史軌跡。

我國早在一九四六年即以聯合國常任理事國身分，派遣代表團參加倫敦召開的國際貿易組織（ＩＴＯ）會議，翌年ＧＡＴＴ在日內瓦草簽時，我國是二十三個草簽成員之一，至一九四八年五月二十一日，正式成為ＧＡＴＴ創始會員國。一九四九年大陸淪陷，我政府播遷來台，於一九五〇年五月自動退出ＧＡＴＴ，一九六五年三月，我國曾在第二十三屆ＧＡＴＴ締約成員全體大會中，獲准以觀察員身分，再度參加ＧＡＴＴ活動；但至一九七一年十月二十五日因我退出聯合國，ＧＡＴＴ援引聯合國有關中國代表權之決議，撤銷我國在ＧＡＴＴ觀察員資格。

從這些歷史文件，國貿局開始思考，既然我國曾是關貿總協定的創始會員國，且幾度進出ＧＡＴＴ，台灣尤以外貿導向發展的國家，應該研究是否有機會重返關貿總協定，參與多邊貿易談判及多邊貿易自由化的工作。

「蕭規江隨」最佳拍檔

當時國貿局三組評析認為，多邊貿易體系的自由化是符合台灣整體經濟利益，因為在美國勸說下，我國在一九五〇年主動退出ＧＡＴＴ，在當時對我而言反而是利大於弊，原因在於台灣初光復，經濟基礎薄弱，對外貿易十分有限，主要貿易集中在美、日兩國，雖然我國退出ＧＡＴＴ，但這二國對台灣商品出口不但少有限制，甚至提供普遍化優惠關稅的待遇，對我外貿的推展並無不利影響；相反的，我國可以不受GATT規範的約束，維持比較高的關稅或進口管制措施，以保護國內產業發展，當然對我國反而有利。

但自從一九七〇年代台灣經濟快速起飛以後，台灣已成為全球矚目的貿易大國，國際爭端接踵而來，各國紛紛要求我國必須接受國際規範，但相對因為我國並非GATT會員，以致相關利益難以獲得保障，對我自屬不利，因此確有研究重返GATT之必要。由此可窺見，蕭萬長著手參與經貿聯合國的前瞻遠見，可說是我國加入WTO的「先驅者」。

進入三組精英部隊裡、有一位進入國貿局的新進商務人員葉國興，也就是在扁政府中人稱「鬼才」的前新聞局長，他除具有法律的專長以外，留日又留美，英、日文俱佳，所以蔡練生指定由他負責GATT入會可行性的評估工作，他果然不負眾望，在資料極度缺乏之下，從國際資料及日文報刊著手進行研究，是唯一懂得GATT「瑰寶」的人，如期完成「我國加入GATT可行性研析報告」，這份報告成為我國申請入會的第一份研究報告，可說在一片沙漠中發現綠洲，並被國貿局視同寶物珍藏，只差沒供奉在故宮博物院陳列呢！

活躍國際經貿圈的蕭萬長洞悉GATT的重要，認為應該將加入GATT經貿組織的研究結果及入會構想正式上簽呈給長官，建議積極接觸或加入GATT。不料，加入GATT尚未有眉目，蕭萬長旋即被層峰倚重，離開國貿局職位，轉任經建會副主委。蕭萬長的離去，令國貿局內部有些惴惴不安，因為加入ＧＡＴＴ的大事正剛起步，擔心後繼無力，所幸接任者是蕭萬長拔擢的副局長江丙坤。

蕭江二人在政壇上經歷亦步亦趨，相當有緣且有趣。一九八二年初，蕭不但拔擢江出任他國貿局的副局長；一九八八年，蕭離開國貿局轉任經建會副主委時，又推薦江接國貿局局長；在一九九〇年六月，蕭出任經濟部長時，再度邀請江擔任政務次長；一九九三年蕭離開經濟部長接經建會主委，江接任經濟部長；一九九六年蕭轉往陸委會接主委，江則由經濟部長轉任經建會主委。蕭萬長曾在祝賀江丙坤八十大壽的《經貿尖兵　兩岸舵手》一書中寫序時說「二人是最佳拍檔」，這種微妙的共事關係也被媒體譽稱為「蕭規江隨」。就連推動我國加入ＧＡＴＴ事務，二人的眼光幾可說英雄所見略同，蕭萬長播下種籽，由江丙坤澆水灌溉長出新芽。幸好有江丙坤繼承蕭萬長的衣缽，接下第二棒入關推動工作，ＧＡＴＴ才有後來突破性的關鍵進展。

第四節 蕭規江隨

三組一科業務龐雜，薑是老的辣，長年派駐南非的經貿尖兵江丙坤一接任國貿局長，聽取我國加入國際組織簡報後，立即體察重返GATT的重要性，決定無縫接軌推動加入GATT業務。日本通的江丙坤十分賣力從日本買日文的GATT書籍研究。因三組業務持續擴大，為配合台灣加入APEC及對美談判工作的增加，在江丙坤指示下，三組擴大為四個科，一科由魏可銘負責專司GATT業務，二科由鄧振中負責專司對美業務，三科由陳聰潔負責專司歐洲業務，四科由鄭振裁負責專司APEC及OECD業務，等於把GATT業務切割出來單獨成立一個科，可見當時江丙坤對加入GATT的高度重視與期待。

趕緊加入GATT

之所以有如此發展，與一九七四年江丙坤和魏可銘奉派赴南非設立商務專員處的過往經驗也有關。南非當地台商告訴江、魏二人，台灣銷到南非紡織品關稅比日本還高，希望政府官員去交涉。江、魏二人到南非商務部抗議「為何對台灣課高關稅」，結果南非官員回答說「因為你們不是GATT會員」，江丙坤一聽立即反問「那怎麼辦？」南非商務部官員回答「趕緊加入GATT」，但江丙坤說「不可能，沒那麼快」。後來江向南非交涉，一九七五年雙方先簽署中（台）斐貿易協定，彼此先給對方最惠國待遇。這段故事，讓江丙坤和魏可銘對加入GATT國際組織印象十分深刻。

為全力推動GATT，江丙坤告訴當時三組一科科長魏可銘：「你可以挑人」，魏可銘隨即挑選一批菁英，像徐純芳（前國貿局副局長）、丁克華（現證券櫃買中心董事長）、林碧雲（前陸委會專門委員）、蔡宏明（現工總副秘書長）等，都是當時加入推動GATT的精銳部隊。當時三組一科把業務分成二大塊，一是專門從事研究，一是採取實際行動，像蔡宏明當時就是做研究層面的人，例如研究台灣入會案究竟採用「已開發」或「開發中國家」的名義加入等利弊得失。這些精銳之師後來在財金、兩岸各領域發展，擁有一片天。

當時負責GATT業務的三組一科並沒有其他業務，也不知有無把握推動加入此一組織，但為了入會而指定一個科專門負責推動入會的作為，在國貿局尚稱創舉，展現江丙坤個人對推動加入GATT的決心。

不過，國貿局即使精銳部隊盡出，仍面臨二大方面的困難。一是因為對GATT不了解，要自我教育與研究。當時國貿局除了葉國興的一篇研究報告，沒有任何有關GATT的檔案存在，財政部、外交部也沒有；二是其他政府各部門了解GATT的人不多，必須讓政府機關了解相關規範及運作，才能說服各單位認真研究各項業務如何與國際接軌，並培養參與談判的作戰部隊。

當時國內熟悉GATT的人少之又少，放眼望去，財政部才是臥虎藏龍之地，其中有二個人寫過GATT相關書籍，一是前駐WTO代表團代表顏慶章，另一位是前財政部關政司長，也是前司法院長賴英照。賴英照因為在美國哈佛大學攻讀博士學位期間曾修過國際經貿法，因此對GATT法案及國際市場遊戲規則瞭若指掌，國貿局負責攻佔國際經貿舞台灘頭堡的官員一開始曾向他們二位請益。

為了推動加入GATT，國貿局聘請不少外部顧問，參與實際談判，這是目前推動ECFA後續的服貿及貨貿諮商，或推動雙邊經合協議所沒有的創舉。現任民進黨主席蔡英文當時剛從英國留學返國，雖未及參與艱辛入會的草創初期，惟一九九二年入會案獲

GATT理事會正式受理後，國貿局即聘請蔡英文及楊光華等多位教授擔任入會案法律顧問，除提供法律諮詢意見外，並參與貿易體制各國提問之回應意見，協助各部會有關英文文件撰寫。

一時之選位居內閣要津

當時國貿局內部有魏可銘帶領一批前鋒部隊在研究推動GATT，外部有陳瑞隆在瑞士蘇黎世奠基打底，二人裡應外合、並肩作戰。外交部方面則有國際組織司司長吳子丹，及該司二科科長沈斯淳主管這項重要業務，都是一時之選的人才。

國貿局新三組，就像一座魔鬼訓練營，蕭、江二人一路培養一批批談判部隊的神鬼戰士，舉凡初期的陳瑞隆、魏可銘、蔡練生、鄧振中、曾派駐美英的陳榮驤、曾派駐瑞士及荷蘭的童本中、現任駐WTO副代表朱曦、前新聞局長葉國興、前新加坡代表謝發達、長相酷似大陸前外經貿部長吳儀的前經濟部參事徐純芳、現任中油公司董事長林聖忠等人，都是當時組改後的三組精挑細選的菁英。

這些人有的先後在官場平步青雲，位居內閣要津，地位扶搖直上，當過代表、副代表，而曾任經濟部長及次長的大有人在，鄧振中在馬政府江內閣中任政務委員，後來在毛內閣又高升經濟部長，他們無不感念「微笑老蕭」和江丙坤當年的識人之明，鐵杵磨成繡花針，一個個在國貿局改組的三組淬練出個人無限的潛能。

蕭萬長在國貿局長期間，交代三組一科針對GATT積極研究，就經濟、法律、政治等三個層面一一深入評估，以三年時間提出研究報告。最後研究的結論是加入關貿總協定「利大於弊」，研究小組曾研判，入會不可能短期間內可完成，針對中國大陸及「挺中」的盟友，對台灣入會案可能百般政治干擾，均事先要有所考量。當時大陸在國際上處處打壓我國，台灣在國際社會受到排擠，國人對國際組織了解因此十分有限。

第五節 發現三十三條新大陸

現任兩岸企業家峰會副執行長魏可銘回憶最早奉示研究的過程，發現我國在申請加入ＧＡＴＴ最大的困擾就是「政治問題」，除了中國大陸的政治干擾外，另一個是法律問題。法律方面，一個要研究我國加入ＧＡＴＴ的適格性，也就是我國是否具備資格加入ＧＡＴＴ；其次是無邦交國家在不承認我國情況下，容許台灣與中國大陸加入同一國際組織，是否意味對我是獨立主權國家的承認。這些都是我國在展開遊說的過程中必須面對的嚴肅課題。

適格性問題，幸好在ＧＡＴＴ第三十三條就能找到解套空間。ＧＡＴＴ第三十三條寫著：「非本協定當事國之政府，或得代表其對外商務關係，或本協定規定之其他事務，均享有充分自主之關稅領域政府，得就該國本身或該關稅領域，依其與大會同意之條件，加入本協定，『大會』就本項規定之決議，應取決於三分之二之多數。」也就是對外關係具自主權的個別關稅領域，在符合大會所訂的條件下，可成為GATT會員，不會引發政治爭議，這就像發現新大陸一般，令國貿局官員感到興奮。

至於兩岸同時加入同一國際組織的政治承認問題，魏可銘查遍GATT有關我國退出關貿總協定，後來再度加入成為觀察員的歷史資料中發現，GATT是定位以「貿易」為主的國際協定，不涉政治問題。而兩岸同時加入同一組織的政治承認問題，依聯合國法律處的見解，「兩國並無外交關係，在同一組織中，並不意含外交上的承認」，這樣的解釋令我經貿單位放心不少。

「其實，當初葉國興研究的第一份GATT報告時，就提到究竟應以第二十六條由殖民地宗主國協助加入，或第三十三條個別關稅領域加入的問題。」蔡練生回想當時一開始研究，就發現GATT組織有例外，並不是以「國家」為主體加入，也非強調聯合國的會員才能加入，第三十三條已寫明只要是「關稅領域的政府」就可以加入，台灣顯然符合這樣的資格。當時甚至討論要爭取「重返」關貿總協定的「復會」模式，或「重新申請」入會的模式，後來認為重新申請入會比較單純。

一九八六年底，經濟部的可行性評估報告完成後，要不要「推動」重新申請加入GATT，得進一步請示行政院核示，結果政院回覆的公文批示「已悉」，令參與研析的國貿局人員心裡「啼笑皆非」。「已悉」，究竟是「要」，或「不要」，上層的態度曖昧不明，下屬單位只能不斷酌磨、推敲。

「當時已箭在弦上，烏拉圭回合如火如荼展開中，大陸也比我提早申請入會，倘若中共比台灣提早完成入會，在理事會『Say No』，依據GATT共識決的決策模式，台灣勢必會被擋在門外，必須趁中共尚未入會前，趕緊申請成為會員。」蔡練生說，國貿局針對政院核示的公文琢磨老半天後，仍決定打鐵趁熱，一鼓作氣推動重新申請加入GATT的國家大事。

第六節 鋪路布樁

一九八七年初，我國在重返關貿總協定的佈局，不再一味紙上作業研究，開始展開實際行動了！國貿局三組組長汪俊容外派後，因為陳瑞隆跳級代理國貿局最重要的三組組長，一直被視為是「黑官」，眼見也不能一直代理下去，當時國貿局長蕭萬長就「刻意」外放陳瑞隆擔任遠東貿易服務中心駐瑞士辦事處主任，並交付一項看來並不起眼、也頗輕鬆的任務──「與GATT官員打交道」，作為當時最首要的工作目標，其實說穿了，就是為加入GATT暗中「布樁」。

陳瑞隆單槍匹馬遠赴瑞士蘇黎世開館經營，第二年（一九八八年）他將三組一科的童本中也調往蘇黎世共同打拚。陳瑞隆憑著他擔任駐外商務人員的天賦，為日後的入會路奠定扎實根基。在一九九〇年正式遞件前，遠貿中心駐瑞士辦事處的主要工作，都是密集研究如何重返關貿總協定。後來遠貿中心更名為駐蘇黎世台北貿易辦事處。

一開始研究重返關貿總協定，陳瑞隆與GATT秘書處法務處官員交往最多的就是法務處長（Head of Legal Department）林登（Linden），他是研究法律專業領域（Legal Department）的人，第一個工作是請教林登台灣究竟要以什麼名義加入關貿總協定；第二個工作就是拜訪GATT及各國代表或公使。台灣雖只是小國，卻展現很大志氣與大國接觸。

而研究重返關貿總協定的第一個問題是，台灣究竟要以何種身分加入關貿總協定？第二個問題就是與中國大陸未來的關係要如何界定？第三個問題是如何取得各會員國支持？當時拜會任務的對象，除了關貿總協定的官員外，還有關貿總協定所謂的「四大金剛」——美國、歐洲、日本、加拿大，另外也積極拜訪最可能反對台灣入會案、最容易受中國大陸影響的第三世界國家。

為了推動加入GATT，陳瑞隆經常搭火車到日內瓦，展開「交友&遊說之旅」。從蘇黎世到日內瓦坐火車需要三個小時，為趕在GATT秘書處上午九點上班前開始活動，陳瑞隆經常起得比雞早，必須一大清早六點出門趕火車，因為瑞士人早起，六點多火車站就已人聲鼎沸。

有一回，陳瑞隆忘了帶資料，再火速衝回辦公室拿取資料，結果打開辦公室大門，一開燈，整個櫃子被翻得亂七八糟，辦公室竟被小偷闖空門了。但是，當天行程滿檔，陳瑞隆顧不得當下清點有無現金或財物損失，心一狠，門一鎖，選擇視而不見，並未立即報警，反而火速趕火車去！由此事不難看出，當時為了叩關布椿，我經貿人員在每一個環節所付出的心血，發生過的大大小小的意外故事，非外人所能體會，也鮮為人知。

蕭萬長常感念前國貿局長汪彝定這位長官對他的提攜之情，同樣地，國貿局的經貿老兵也常感念蕭萬長培訓佈局談判人才的高瞻遠矚，成為入會路上一塊重要墊腳石。尤其蕭萬長調派陳瑞隆常駐日內瓦GATT秘書處「身旁」的蘇黎世，這著棋局的巧妙舖陳，更可看出我國秣馬厲兵，準備申請重返關貿總協定的斧鑿痕跡。

第二章

入會試探及名稱故事

第一節 高空巧遇會談

加入GATT要有門路，「遊說」可說是開啟那一扇經貿聯合國大門之鑰。一九八八年起，加入關貿總協定的推動工作積極展開，國貿局一方面在內部籌備成立專案小組，進行跨部會分工；另一方面由當時的局長蕭萬長指揮GATT專案小組，展開國際聯繫及探詢遊說工作。

再接再厲遊說美國帶頭支持

一九八八年四月間，蕭萬長先赴美國洽談聘請國外公關公司協助我入會事宜；五月底我與歐體貿易諮商會議時，也探詢我國加入關稅總協定可行性，蕭萬長風塵僕僕赴英國、瑞典、丹麥、荷蘭、瑞士及義大利訪問。

一九八八年九月江丙坤接任國貿局長，十一月底，專案小組決議請外交部，透過駐外單位以非正式管道試探美、日、歐等主要大國對我重返關貿總協定的意見，結果各國雖然都表示樂觀其成，但對中國大陸態度多所顧慮，建議我國對入會使用之名稱應持較大之彈性；美方甚至建議我方可找一中間協調人，就名稱問題與大陸先行溝通，以謀求雙方合意名稱，美方亦表示不願介入，但建議我透過新加坡政府進行。

一九八九年那一年是我經貿單位向國外遊說最密集的階段，包括當時經濟部政務次長王建煊、常務次長江丙坤及國貿局長許柯生等人，都曾多次率團赴歐體及其他各國遊說，試探各國對我國加入GATT所持之態度及立場。

一九八九年十月，正逢一次台美智慧財產權談判機會，駐美代表丁懋時透過美國參議員Bill Brock安排雙方經貿人員見面，駐蘇黎世的陳瑞隆也特別奉召飛往美國與會，就我國入會申請案試圖爭取美方支持。當時的國貿局長許柯生率領國貿局人員參與智財權諮商，為避免與三組一科負責GATT規劃的科長魏可銘二人同時出現，引發媒體高度聯想，許、魏二人同赴美國，卻刻意不住在同一個旅館，企圖「掩人耳目」。

魏可銘回憶說，當時Bill Brock安排美國國務院、國家安全會議、貿易代表署（USTR）等各單位官員與我方官員在旅館內會面，當時在經建會任副主委的蕭萬長也特地飛往與會。但與美國開會的結果，美方認為他們只是GATT會員國之一員，出面帶頭支持台灣入會案會有困難，「必須找大家（各國）一起行動才行」。十月的美國行與我方原本預期有落差，並未令我方獲得興奮及滿意的答案，反而令人陷入一種「外交困境」的挫折。

不只美國，王建煊也率領魏可銘及徐純芳等三組一科人員前往歐洲遊說，陳瑞隆甚至安排日內瓦GATT秘書處印度籍的副秘書長與王建煊會面。歐體各國官員對台灣入會案都表示樂觀其成，但一談到起帶頭作用，歐洲各國都說有困難。

經濟部高層在入會前赴歐美各國遊說的結果不難看出，各國均不肯明確表態，大部分國家立場都認為，「台灣要加入GATT很好，但我們不能帶頭支持，如果有老美帶頭支持，我們就會跟進。」也因此，多場遊說下來，經貿單位得到的啟示是——「美國還是對台灣的入會案舉足輕重，無論如何，仍應再接再厲遊說美國帶頭支持」。

空中密談絕妙好招

在試探遊說期間，有些過程不但曲折，更是緊張刺激。真正一次關鍵性遊說是在一九八九年深秋的十一月十五日，我國正式遞件申請前的一個半月，這一天是陳履安、江丙坤及許柯生三人最特別難忘的日子，他們參加一場極機密的空中遊說行動，代號就叫「順風專案」。

駐蘇黎世遠貿辦事處主任陳瑞隆在外籍顧問協助下，才得以安排這項順風專案，由於事關重大，陳瑞隆特別傳真回國內給常務次長江丙坤，報告這次和GATT秘書處官員會晤的安排，務必請出部長陳履安親自出面主持，並可指派二至三名高級長官陪同，江丙坤見機不可失，決全力協助配合促成。

陳瑞隆精心安排GATT秘書長鄧可（Arthur Dunkel）與台灣經貿高層在飛機上「巧遇」，然後展開一次奇妙刺激的驚險旅程，主要目的是讓GATT秘書處了解我國入會意願及目的，尤其強調「我國入會是為了經濟而不是政治目的」。江丙坤回想那次陳瑞隆煞費苦心的佈局，不得不稱讚「空中密談真是一個絕妙好招呢」！

當時GATT秘書長鄧可剛好有公事到遠東地區的日韓訪問，會先去韓國再到日本，陳瑞隆透過相關人士得知，見時不再來，立刻安排經濟部長陳履安、常務次長江丙坤、國貿局長許柯生等三位長官，從首爾飛往東京班機的頭等艙內「不期而遇」，甚至連座位都是「恰巧」比鄰而坐，進行一個多小時的交流，這是台灣部長級官員與GATT秘書處高層第一次的近身接觸，在加入WTO的歷史定位上被稱為「關鍵性的叩關敲門磚」。

「以台灣當時的政治特殊條件，中國大陸在一旁虎視眈眈，要找個地方進行祕密會商，絕對是高難度挑戰。」江丙坤表示，易經上有言：「窮則變、變則通、通則久」，國際上大事選擇在飛機上會談，少之又少，那一次克服萬難，力謀天時地利人和的好機會，一舉完成陳履安與鄧可的祕密會商，很多人不知道，這就是陳履安一直掛在嘴邊的「飛機上的祕密」，也就是「高空巧遇會談」。

當時路線安排，是讓陳履安部長由國貿局長許柯生陪同，十一月十四日從台灣飛往漢城（現今首爾）住一晚，十五日由漢城搭機前往東京。而江丙坤次長要赴紐西蘭參加PECC大會，十一日取道東京，十二日飛抵奧克蘭，十三日參加PECC大會，一開完會，江馬不停蹄十四日晚上搭機飛抵東京。十五日抵達同一天，江丙坤再搭上午十點多班機前往漢城，飛機落地後刻意不出關，而換另一個班機從漢城飛往東京，為的就是陪同陳履安完成與GATT高層的會面。如此輾轉大費周章轉機的過程，無非就是要掩人耳目。當時行程相當緊湊，連江丙坤回想這段緊張刺激又精采的行程時，也不斷翻閱手中的日誌，確認當年如何完成這次高度機密的機上密談。

登機後陳履安與鄧可二人比鄰坐在頭等艙的第一排，而江丙坤與鄧可的特別助理胡宣也並列坐在第二排。雙方機上密談近一個半小時，重點就是說明我國爭取入會的目的，這是我國就入會申請案頭一次向GATT秘書處官員表達希望入會的立場，意義格外不凡。

陳履安首先表明我國申請加入GATT的意願，而鄧可回應，就法律而言台灣並非聯合國會員，無人可以出面支持，提出入會申請案恐怕有困難，且在提出入會案後若有人反對，就無法入會。言下之意，有點給我方碰軟釘子。

鄧可並認為我國必須待中國大陸入會後，由大陸贊助（Sponsor）我國入會；我方如果立即提出申請，將無人願意出面證明台灣為個別關稅領域，秘書處恐怕無法接受我國申請書，鄧可建議我國應與其他締約國建立雙邊類似GATT協議的關係。此外，他也點出，中國大陸已正式致函秘書處，提醒「中國大陸才是代表中國唯一的合法政府，台灣的入會案須由中國大陸來贊助」。

不過，陳履安把握機會向鄧可表示，對於大陸要求「贊助」台灣入會一事，我方早已有所洞悉，但如此淪為中國大陸的地方政府，我國無法接受，因此必須在大陸正式入會之前提出申請案。

高空巧遇拉開GATT序幕

儘管各國對於台灣急於入會的動機有所存疑，陳履安說，我國還是必須遞件申請。說到此，鄧可接著問「台灣急於提出申請，是否想擺脫中國大陸對台灣入會案的影響？」質疑我國是否有所謂「政治」動機？陳履安趕忙澄清強調，台灣已是世界經貿大國，具有入會資格，我國有意立即提出申請，係基於經貿實際需求，「並非基於任何政治考量」。

坐在第二排的江丙坤也盡其所能，以最誠懇的態度賣力向胡宣說明台灣之所以要提前遞件的立場。他強調，台灣是經過審慎考慮後決定在適當時機提出入會申請案，因為我國已是世界第十三大貿易國，多年來推動貿易自由化，願意在入會後對國際「盡應盡之義務，享應享之權利」。

胡宣聽完後表示充分了解，不過他也坦言，因為此事牽涉中國大陸入會案，致使台灣入會案變成「政治」問題，且大陸已搶先一步以書面通知GATT秘書處，「有關台灣入會案要求中國大陸應先入會，台灣的入會案應先經過中國大陸同意」。對於大陸書面的通知，胡宣向江解釋說，GATT秘書處已拒絕收件了。

陳、江二人在飛機上分進合擊力陳台灣貿易發展的實力，可在國際上扮演積極角色，不斷向GATT高層遊說，且一再強調台灣入會目的是為了經濟發展，並非要搞政治。在這次空中密談中，我方也提出將以China-Taiwan名義遞件申請，但強調會維持名稱上的彈性。

其實，陳瑞隆煞費苦心安排台灣政府高層與GATT高層的「不期而遇」，主因不確定我方如果逕自提出入會申請書，GATT是否會接受，如果遞件不被接受而退回，其後果將會非常嚴重。因此這項精心佈局的目的在向GATT秘書處「預告」，我國政府加入

GATT的強烈決心及必要性，並告知決定冒險遞件申請，無異「當面」攤牌，也等於是正面尋求鄧可等人的支持與協助。

在高空會談之前，鄧可秘書長儘可能避免與台灣政府官員有任何官式接觸，因為一接觸壓力就會增加，還要面對來自中國大陸強大的抗議壓力，因此任何官方形式安排會面，這位瑞士籍秘書長都顯得小心翼翼。陳瑞隆幾乎想破頭，透過駐日內瓦代表主要會員國祕密管道安排，才抓到機會，讓我方高層與GATT秘書長接觸見面。這一場亞洲行的巧遇安排，他的苦心孤詣不言可喻。

這次「空中會談」，陳江二人「突圍成功」，可說為台灣遞件申請加入GATT正式拉開序幕，我方和GATT秘書處達成相當「默契」，因此在一九九〇年年初，明知有風險情況下，仍決定將申請書送往瑞士日內瓦GATT總部秘書處，過程有驚無險並未被退件，十多年後才有機會成為WTO會員國。這些難忘回憶點滴，陳履安在致江丙坤八秩華誕的文集裡，也有解密。顯見，這次「高空巧遇會談」是轉動歷史的重要一刻。

加入GATT經貿戰更是諜對諜的「情報戰」

這是第一次為了加入GATT，政府高層特地安排出國執行遊說祕密任務，只有少數

二、三人經手過程的鋪排，如此周詳路線規劃，高度機密布局，毫不輸給〇〇七電影諜報情節的劇情，擔綱的演員個個在機上各自扮演不同角色。

結束密會後，陳履安隨即返回台灣，江、許二人又馬不停蹄轉往美國及中南美洲展開遊說。江丙坤一如往常，按捺住這次空中巧遇的激動與興奮之情，照計畫安排，繼續飛往美國底特律參加研討會，之後又前往加拿大渥太華參加中加諮商會議。真是一場天衣無縫的精心佈局。

倒是許柯生，像個「路人甲」般獨自一人坐在頭等艙，顯得有些無聊。回憶當時千載難逢的空中密談情景，他幽自己一默說「身為國貿局長的我，雖然躬逢其盛在場，但卻是一個人落單坐在頭等艙的第三排呢！」其實，許柯生對「綠葉」的角色雖然難掩一絲遺憾，但向來不攬功，行事風格低調的許柯生，對於與GATT官員接觸成功突圍，興奮之情自不在話下。

二十多年後，江丙坤及許柯生回想這段千載難逢的歷史際遇，彷彿一幕幕重現眼前，娓娓道來時難掩興奮之情，參加人員保密功夫一流，叩關的機密事件，守口如瓶到成為WTO正式會員後，才逐一解密，簡直比電影「不可能的任務」緊張刺激。事後江丙坤、許柯生、陳瑞隆對消息的「滴水不漏」，不由自主露出得意神情。

不過，從當年泛黃的報紙簡報中可知，國內聯合、中時、經濟等各大報都已報導，陳履安、江丙坤在國內選戰正酣之際，突然密訪南韓，紛紛揣測「可能與我國向GATT總部申請重返關貿總協定的時機已經成熟有關」；不過也有人猜測「陳履安赴漢江是爭取南韓支持，或與無邦交重要人士在第三國會晤」，但都只沾到邊，無法獲得證實，更無從得知我政府高層和GATT高層官員根本不在南韓會晤，而是別開生面的「空中會談」。

由空中密談不難窺出，加入GATT／WTO不但是一場經貿戰、外交戰，也是耐力戰、持久戰，更是一場諜對諜的「情報戰」，對經貿人員保密的考驗，絕不輸給國安情治人員。

當時台灣經貿人員，為推動加入一個國際經貿組織，所付出的智慧、勞力及心力，當今行政部門實難及其十一，令不少解甲歸田的經貿老兵回顧歷史時，也會不勝唏噓，慨嘆人才凋零，經驗無法傳承！

第二節 名稱的故事

加入GATT，要使用何種名稱代表台灣的主權地位，展現泱泱大國的氣度，而且要擲地有聲，毫無「退貨」的餘地，過程煞費思量。當年台灣在國際生存的空間，與今天時局環境絕不可同日而語，非親身經歷無法體會。不過是參加一個經貿性的國際組織，有那麼困難嗎？為何會有那麼多政治的波折？

兩岸在名稱問題的錙銖必較論斤秤兩

一九八八年，外交部曾經深入研究GATT規章，一條一條仔細比對，認為規章內絲毫沒有「主權意味」的字眼，GATT是一項國際協定，並非國際組織，未以「主權國家」特性作為締約方申請入會的條件，只要引用第三十三條，就可以讓台灣順利推動入會。這項發現，與國貿局的研究，有異曲同工之妙。

「擁有獨立主權的台灣，沒有權力也毫無自主性可以決定，在國際上要使用什麼名字，必須歐美列強同意，也要中國大陸點頭。」聽起來有點可笑！全世界也只有台灣會陷入這樣的困擾！

其實，直至今日邁入二十一世紀了，台灣在國際的處境依然困窘，就以二〇一五年三月底表態參與由中國大陸主導的亞投行為例，同樣面臨用什麼名稱、什麼身分申請加入這個新興國際金融組織的困境，台灣往往只能說「中華台北（Chinese Taipei）是底限」，「要比照APEC模式，「一個中國」的困境始終橫隔在兩岸之間，而「中華台北」幾乎成為我國近幾年參與多項國際組織身分的烙印。

台灣參與國際組織的名稱故事，若要「講古」，三天三夜也說不完，在歷史長河中，為了名稱問題的爭議不曾少過。舉一九六六年我國參與亞洲開發銀行（簡稱亞銀）為例，台灣以「中華民國」之名義參與創建，成為亞銀創始會員國，但至一九八三年大陸正式申請入會，一九八六年亞洲開發銀行執行理事會通過中國大陸入會案，成為亞銀第四十七個會員國，我國名稱則被改為「Taipei, China」「中國台北」。北京當局在這三年期間，念茲在茲就是要遊說亞銀總部更改我入會名稱。

為了表達抗議，我國中斷數年未與會，一九八八年四月重返亞銀開會後，才由中央銀行總裁張繼正，利用年會，在桌牌放置「抗議中」（Under Protest）的立牌，表達對於亞銀當局擅自更改我國國名的強烈不滿。從此，我國展開多年漫漫抗議長路，歷經財長郭婉容、央行總裁彭淮南，二〇一四年彭總裁才將亞銀「正名」奮鬥十六年的棒子交給現任財長張盛和。

爭取正名過程中，我國曾試圖爭取改名為「Taipei China」（中間無逗點），但並未突圍成功。香港一九九七年回歸大陸後，以「Hong Kong, China（中國香港）」加入亞銀後，我國在亞銀名稱再度起了變化。財政部在亞銀史料中就提到，亞銀想破頭，在更名空間有限下，一九九八年將我國會籍名稱創造出「Taipei,China」（在逗點之後不空一格了），丟出神來之筆。亞銀用這種英文中並不正式存在的語法，為的是凸顯我國會籍與香港特區地位不同的微妙之處，在亞銀的正式文件沿用迄今，但我國還是無法接受。財金首長年年參與亞銀年會，都在我名牌上面豎起「Under Protest」（抗議中）的牌子，以展現我國對獨立主權的宣示，抗議之傳統迄今一直存在。

以歷史為鏡，可避免重蹈覆轍。我國申請加入GATT的準備工作中，最重要的第一關，就是「名正」，才能言順，也就是名稱問題要符合GATT規則，更要遊說爭取獲得各國認同支持。名稱要堅定立場、站得住腳，且一勞永逸，以免在大陸成為正式會員後，又搞小動作竄改我入會名稱。

「國際外交圈人士經常感到莫名，不知道為什麼台灣和中國大陸老是要為了名稱問題鬧得水火不容，你死我活。」長年派駐在日內瓦的現任中油董事長林聖忠就說，國際人士根本不知「中華台北」，與「中國台北」有什麼主權意涵上的不同，常被兩岸在名稱問題的錙銖必較，論斤秤兩，攪得頭昏眼花，霧煞煞。

美國對台灣入會名稱抱持高度關切

一九八八年農曆春節前後，外交部曾提出五個台灣加入國際組織的名稱，報請行政院核示，其優先順序為：（一）R.O.C.（Taipei）；（二）R.O.C.（Taiwan）；（三）China（Taipei）；（四）China（Taiwan）；（五）China-Taiwan。這五個名稱代表我國領土管轄的「台灣、澎湖、金門、馬祖」地區的關稅領域，以顯示符合GATT規則中的實質要件。

一九八八年九月十三日，國貿局提出一份內部研究中，就曾經針對名稱問題提出主張，指GATT係代表各獨立關稅領域締約方所成立的國際協定，我國似可以在申請加入的名稱上略作變通，以一適當名義申請加入。國貿局並認為，GATT並非以「主權國家」組成的國際組織，因此政府若能避開「國名」的敏感問題，以代表「台、澎、金、馬」地區的適當名義申請加入，而我國正是這個關稅領域對外商務關係具自主權的政府，就可以符合GATT三十三條的規定，具備加入GATT的實質要件。

不過，外交部一開始的立場是，要求必須先以Republic of China或R.O.C.提出申請，倘遭遇困難，可改以R.O.C.（Taiwan）或China（Taiwan）或China-Taiwan等名稱申請，這些名稱都是代表台灣地區「獨立關稅領域」。

一九八八年十一月三十日，經濟部致函行政院，建議成立高層的「GATT策略小組」，在這份公函中提及，外交部透過各種管道非正式試探各國對我加入關稅暨貿易總協定的看法，各國雖表示樂觀其成，但對中國大陸態度也多所顧忌，各國建議我國使用的名稱應保持較大的彈性。

直至一九八九年四月二十二日，經濟部長陳履安主持策略小組第一次會議，會中就入會名稱，請外交部就所擬的五個名稱，透過適當管道試探中國大陸的反映後，再見機行事；會中並決議就名稱及加入GATT身分問題正式函報行政院決定。五月二日，經濟部負責GATT專案人員與GATT法律專家舉行談話會時，GATT法律專家也建議我國入會名稱不宜涉及「中國」（China）字樣。

一九八九年五月十三日，行政院核定我國申請加入GATT名稱順序為（一）

R.O.C.（Taipei）；（二）R.O.C.（Taiwan）；（三）China（Taipei）；（四）China（Taiwan），（五）China–Taiwan，這些名稱都是代表台、澎、金、馬地區「個別關稅領域」申請入會，策略小組也決定以這五個名稱的其中一個來申請入會。這五個名稱是適用我國參加OECD等所有國際組織使用的名稱。

同年八月五日，召開第二次策略小組會議時，經濟部在會中報告，這五個名稱探詢各國的反映後，結果前三項名稱各國都認為有問題，在使用上有困難，決議採用China（Taiwan）及China–Taiwan為入會名稱，其中又以「China–Taiwan」最合適，各國也建議以「關稅領域」為單位作為入會名稱比較妥適。不過，經濟部認為，前三項名稱其實都代表台、澎、金、馬獨立關稅領域，並不放棄繼續向各國諮詢遊說。

其實根據國貿局人員的記憶，早在六月二十三日經濟部即曾行文外交部，洽詢對我國入會名稱的意見，不過外交部僅函復「將於加入時提出」，顯見外交部積極研究名稱問題，但事涉高度政治敏感性，將名稱視同「最高機密」，並不願意太早亮出底牌，以免走漏風聲。同年九月十三日美國貿易談判代表署助理談判代表Ms. Sandra Kristoff拜會經濟部常務次長江丙坤時，也表明我入會名稱應尋求一個大家（各國及大陸）所能接受的名稱。可見，美國老大哥對台灣入會名稱也抱持高度關切態度。

十月中旬，江丙坤與外籍顧問B氏見面時，江依稀記得，當時外籍顧問就入會名稱也認為，我國若以China–Taiwan之名稱，對第三國而言難以理解，若用「台灣」字眼，中國大陸難以接受。（這位B氏顧問是瑞士人，入會案過程中，扮演相當重要的幕後推手角色，之後章節會再提起。）

第三節 台北賓館會談——決定名稱

我經貿單位高層經過評估後，接受瑞士顧問B氏建議，決定儘速發動台灣入會申請案，D-day 就訂在一九九〇年一月一日。由於部署入會的申請在即，因此最具關鍵決策的高層祕密行動，以一九八九年十二月六日第三次策略小組會議的「台北賓館會談」最具代表性。

任何「中國」字樣名稱，都會被GATT否決

台北賓館，當時是外交部管轄的祕密基地，選擇在這裡召開國家機密大事會議，絕不容易被媒體發覺或捕捉，當時還沒有狗仔隊，即使媒體發現想前往採訪，也會不得其門而入，因入口管制森嚴，也沒有地方可以圍堵，勢必碰一鼻子灰，也難怪連決定GATT入會名稱及啟動時機的高度機密問題，都選在這麼隱密的處所開會。

台北賓館外觀具有華麗巴洛克風格，裡頭有日式及歐式庭園，風景幽美，門牌號碼正是凱達格蘭大道一號。日據時期的總督官邸後來改名為「賓館」，顧名思義有迎賓功能，目前是中華民國的國家招待所，專門接待國賓或每年國慶日舉辦慶祝酒會活動地點，為中華民國的國定古蹟。它興建在日治時期，原名「台灣總督官邸」，是供台灣總督居住，及宴請貴賓、皇族的地方，日本有十六位總督曾經居住在這裡。第二次世界大戰後，中華民國政府接管台灣，總督官邸曾短暫成為台灣省主席官邸，後來就改由中華民國外交部管理，使用迄今。

這次的台北賓館專案會報，與會人員包括外交部長連戰、經濟部長陳履安、經濟部次長江丙坤、外交部國際組織司長吳子丹、國貿局長許柯生、三組一科科長魏可銘及科員徐純芳等七人。當時中華民國政壇有所謂「四大公子」，連戰與陳履安正是其中的二位，都聚集在這次祕密會議中，扮演推動加入GATT的靈魂角色。而陳履安擔任策略小組的主席，這次會議討論的主題，就是入會名稱及入會時機。

經濟部在會中報告指出，瑞士顧問B氏認為，台灣入會案涉及主權問題，如果放進任何包括「China」的名稱，都具有政治敏感性，會引起其他締約國質疑，甚至認為「台灣入會案申請必須由中國大陸代為提出」。況且，從以往我國加入或被取消GATT觀察員之史料斑斑可考，GATT對中國代表權問題，仍以聯合國決議為準，因此若提出任何包括「中國」字樣名稱，都會被GATT所否決。

不過，若單獨以「Taiwan」名稱申請，即使我國同意，也很難被大陸所接受，B氏建議我國直接使用「台灣關稅領域」提出申請，以符合GATT第三十三條規定。經濟部在台北賓館會中表達同意B氏顧問建言，強烈建議應採用「台灣關稅領域」提出申請。

會中針對入會時機，也多所著墨。美國公關顧問及瑞士顧問B氏各有二個不同建議時機點，美國公關建議先行遊說美國國會、有關行政部門及各國出面支持後，於一九九〇年三月提出。而B顧問則建議應於一九九〇年一月一日提出，以利給予我國適時協助與支援。

入會正式名稱出現

就在台北賓館會談中，外交部亮出名稱的關鍵底牌了！外交部首度建議使用「台灣、澎湖、金門、馬祖個別關稅領域」為入會名稱，推翻先前所有名稱的各種選項，這與瑞士B顧問的建議，可說不謀而合，但外交部除了台灣，更嚴謹地多了「金門、馬祖、澎湖」等三處我國管轄的離島關稅領域。不過，由於尚未遞件申請，名稱等策略運用訊息，一律對外封鎖得滴水不漏，列為國家最高極機密。台北賓館會談的關鍵決定，至今仍深深烙印在每一位與會者心中。

經過高層首長在台北賓館密商後，考慮入會名稱予以「地理名詞化」，也就是用我國現行關稅有效實施區域「台、澎、金、馬」為個別關稅領域名稱，英文全名為「Customs Territory of Taiwan, Penghu, Kinmen and Matsu」提出申請。縮寫為「The Customs Territory of T.P.K.M.」，至於簡稱「台灣」是否妥當，授權連戰與陳履安二人另共同商定。

江丙坤依稀記得在這次會議中，大家還七嘴八舌討論，這麼一長串的名稱，到底要如何使用簡稱呢？他說，當時許柯生還在他耳邊喃喃地說，就用「T.P.K.M.」作為簡稱好了，江則回他說：「『T.P.K.M.』有點怪怪的，人家會搞不清楚」。

十二月六日台北賓館會談之後，在遞件申請前的十二月二十一日，陳履安與連戰再次於經濟部不到三坪大的六〇八會議室，在狹長形的會議桌上繼續召開跨部會專案小組會議，再三慎重地反覆討論入會名稱的策略性問題，當場決定由外交部及經濟部會銜聯名簽呈一份「我國申請加入GATT案最新發展與建議」公文給行政院長李煥核定。

這份公文主要建議的入會事項，包括請求同意在一九九〇年一月一日由陳履安具名提出；提出名稱以我國現在所控制地區「台灣、澎湖、金門、馬祖個別關稅領域」申請入會；

申請方式則將入會意願書併同貿易體制備忘錄，以專人交付GATT總部提出；並決定在入會意願書中申明，在入會前暫時凍結增加進口設限。十二月二十一日的會議中，也提及入會名稱的英文縮寫為「T.P.K.M.」，以求地理化，但簡稱為「台灣」，以避免政治化；而貿易體制備忘錄的名稱和入會意願書相同。

剛好十二月二十二日行政院召開院會，為了搶時效趕簽呈，政務次長王建煊在十二月二十一日跨部會議後，指示魏可銘當場擬妥我國推動加入GATT申請入會意願書的相關簽呈，於翌日送給正在參加院會的外交部長連戰及經濟部長陳履安二人共同簽名，並報請行政院長李煥核定。這份公文意義深遠，象徵我國申請加入關貿總協定準備工作進入最後倒數，即將邁向另一個提出入會申請案的新階段。

第四節 寫不好的歷史性公文

欲速則不達！當時被賦予草擬公文任務的魏可銘，使用自己帶去的原子筆撰寫申請加入GATT關鍵性的「極機密、特急件」簽呈，但怎麼寫都寫不好，當時經濟部常務次長江丙坤在一旁看著相當著急，當場從口袋掏出一枝萬寶龍（MONT BLANC）名牌鋼筆讓魏可銘書寫，魏可銘拿了名筆後，果然提筆神速流暢，振筆疾書寫完後江丙坤還很大方地把筆送給他，魏可銘當場賺到了一枝名筆，心裡相當興奮。這枝名筆迄今變成「古董」，因為頗具歷史意義，魏可銘把它當寶貝般，小心翼翼地收藏留念。

江丙坤掏出名筆助魏一臂之力

魏可銘一直寫不好公文，除了「牽拖」原子筆不好寫之外，另一主要原因，其實是因長官王建煊一直站在後頭，戴著眼鏡四目盯著魏可銘看，就好像「背後靈」似的，飄來飄去。愈是如此，魏可銘的頭和手就愈不協調，不聽使喚，一直寫不出來，王建煊見狀只好先回辦公室等待。而江丙坤除了掏出名筆助一臂之力外，也體貼地告訴魏：「你無法進行政院裡面，因此用我的座車一起載你到行政院，親自跑這份公文」。

魏可銘撰寫的公文，陳述內容舉足輕重，包括推動加入GATT的時機、入會正式名稱及外貿體制備忘錄等三項遞件申請準備工作，由陳履安及連戰聯名會簽行政院核定。我國正式入會迄今十多年了，極機密公文在入會後已一一解密，這份公文當時在入會案過程皆屬「極機密」等級，若今日放在國家檔案局展覽，在我國推動加入WTO的時光迴廊中，想必是醒目且極具關鍵性的歷史公文書。

從經貿人員的口述歷史，其實也不難歸納我國入會申請時機推敲的軌跡。原本行政院在一九八九年八月底核定，將於同年十一月前向GATT總部遞件申請，但因向各國遊說過程並不順利，且各主要國家都表態，在我國提出入會申請案後，才會考慮是否出面支持，因此我國十一月之前並未採取遞件動作。

入會的名稱問題，原本核定的China（Taiwan）和China-Taiwan二個名稱，涉及政治敏感性，自從台北賓館的關鍵會議後，都不再採用，改以台灣關稅法規有效實施地區，亦即「台、澎、金、馬個別關稅領域」名稱提出。

魏可銘撰寫的公文，其實看起來不過薄薄四頁的十行紙，但拿著卻有如千斤萬擔般的沈重，他快步走到行政院會第一會議室的走廊，拜託工友拿進去給陳履安及連戰二位部長簽字核批。不過，到了連戰手上並無下文，文件中的「台、澎、金、馬個別關稅領域」名稱很長，用了括號（簡稱台灣）「hereinafter referred to as Taiwan」。連戰當下認為還是不好，並未簽字。

每一處細節步步驚心

院會散會後，陳履安、連戰及江丙坤等一行人到秘書長王昭明房間討論我國推動入會案的公文應如何處理，魏可銘則在門外候著。連戰擔心簡稱提到Taiwan，會有台獨疑慮，主張簡稱使用「T. P. K. M.」，而江丙坤則認為，若用「T. P. K. M.」，國際上對此用法並不熟悉，不易理解，反而會引發困擾。

後來雙方沒有共識，決定以括弧「該領域」（hereinafter referred to as the Territory）來替代簡稱。因此經濟部把公文拿回去修改，再重新呈報行政院一次，但正式簽呈上頭最後並沒有寫上「T. P. K. M.」作為簡稱。不過，這份歷史性的重要公文，在經濟部的GATT檔案庫房遍尋不著，因為行政院並沒有批核下來。根據蔡練生的回憶，政院高層僅口頭告知經長陳履安，「你們可以試著推看看」。

跨部會議中也決定，入會申請函的信銜中，要將地址裡的 Republic of China 字樣刪去。也就是在 letterhead 上面只印有 Ministry of Economic Affairs（經濟部）字樣，還有地址寫明 15 Fuzhou St., Taipei, 10015, Taiwan, R.O.C.（台北市福州街十五號）。英文信紙下方簽名處亦僅打上 Chen Li-an, Minister of Economic Affairs（經濟部長陳履安）字樣。顯見，即使在每一處細節的微小處，都得端詳再三，反覆思慮，目的在降低任何可能引發敏感性的政治風險發生。

一九八九年十二月二十五日聖誕節之前，行政院對加入ＧＡＴＴ的正式叩關申請拍板定錘，正式申請信函是由經濟部長陳履安直接具名，以「台、澎、金、馬個別關稅領域」名稱提出申請，並指派魏可銘擔任信差特使，親自搭機護送至駐瑞士蘇黎世辦事處給陳瑞隆。當時，我經貿人員對推動ＧＡＴＴ下的每一步棋，都步步驚心，戰戰兢兢算計，因為過程中不容許有任何閃失，以免前功盡棄。

第五節 祥龍專案

入會申請案決定在一九九〇年一月一日啟動後，經濟部給「啟動申請加入GATT案」取個極機密代號，名稱叫「祥龍專案（Lucky Dragon）」，這可說是經濟部第一次給「極機密」經濟事務有案名代號的文件。

神祕深宮連一隻蚊子都飛不進去

當時國貿局三組一科的辦公室猶如軍事重鎮，對媒體而言，是一處神祕不可探的深宮禁地，說誇張些，就連一隻蚊子都飛不進去！這項傳統一直延續到二〇〇〇年左右，才逐步解禁。

陳瑞隆回想當年為了準備入會的情景說，一到蘇黎世辦公室部署叩關時，相當克難，他不但自己寫電腦程式的軟體，對於外館要報帳，他也獨創一套駐外單位的會計系統，後來被很多外館沿用。

不僅此，當時要傳真GATT相關文件回國內給魏可銘轉呈長官，都涉及最高機密，因此他絞盡腦汁，設計密碼代號，例如a退幾個字變成d，b退幾個字變成f，雙方利用密碼來解碼。

傳送公文用密碼這一招，是經貿體系破天荒頭一遭，甚至以「祥龍專案」作為代號，凸顯入會申請案「極機密」不得不然採取的對策，不少是陳瑞隆的創意，不難看出我派駐國外的經貿官員也有細膩、謹慎及足智多謀的另一面。

為了遞件申請，我國別出心裁，決定將貿易體制備忘錄一併準備妥當，此一作法不但為了爭取時間，且讓各國對台灣入會申請案「刮目相看」，加深印象，因此遞出申請案同時，台灣一併送出外貿體制備忘錄，一步到位。這是GATT申請入會案件中，前所未見的創新作法。

魏可銘也說，當初在研究我國入會案時，認為各國勢必會有政治上顧忌，會衡量我國入會究竟會帶來什麼經貿上的利益，讓他們願意承擔政治上的風險，因此決定在申請入會時，同時提出貿易體制備忘錄，作法前衛，與一般國家在成立工作小組審查入會條件時才提出完全不同。

「一般入會案，是在正式提出入會意願申請函，經理事會以「共識決」受理後，秘書處才會要求申請國提出貿易體制備忘錄。」陳瑞隆憶及這段過往的創舉，咧嘴笑著述說當年的緊張刺激及成就感，得意之情溢於言表。

歷經許久，徐純芳還記得，當時我國準備的貿易體制備忘錄曾經有過二個版本。由於欠缺經驗，第一版國貿局先邀請國內學者代為撰寫，但因與當時GATT的慣用模式有極大落差，很多各部會提供的資料，陳述未能反映我國實際貿易體制現狀，最後並未採用。

一段影印機的溫馨故事插曲

為使我國貿易體制備忘錄能反映我經貿體制實情，且又能與GATT接軌，陳瑞隆選在一個週末，要國貿局派人飛往瑞士日內瓦撰寫貿易體制備忘錄。當時三組一科科長魏可銘從國內率領林聖忠（時任經部次長江丙坤機要秘書）、王明來（農委會官員）、李開遠（財政部關政司二科科長）及科員徐純芳等人，還有瑞士B顧問蒞臨指導，大夥聚集在日內瓦山上的一間Grans Montana小旅館作業，聯手改寫外貿體制備忘錄草稿，結果邊看邊改邊印資料，遇到需要填寫的統計數據，當時在日內瓦做不來，全案又專程送回台北加工。聯手改寫外貿體制備忘錄，已是一九八九年冬天了，距離要遞件申請，剩沒有多少時間。

不過，當時在瑞士山上的這間小旅館，還發生一段影印機的溫馨故事插曲。為了集體創作撰寫外貿體制備忘錄，陳瑞隆的夫人和小孩幾乎全家一起出動，陳夫人還幫忙打字，寫完要去影印都已經是三更半夜了。

為了影印外貿體制備忘錄，當時小旅館的影印機因此過熱當機！山上這間小旅館半夜只有一位黑人服務員，起先並不同意徐純芳要求影印，說老闆休息了，但徐堅持當晚必須完全印妥，後來印到一半機器卡紙，老黑相當緊張，就把睡夢中的老闆叫起床。

旅館老闆帶著起床氣，生氣的以法文對著徐純芳說：「請問妳會未經過主人許可，直接到人家廚房去炒菜的嗎？」徐也用法文回敬他：「如果有必要好像還可以啦！我現在有緊急情況必須做這件事。」她並強調，從哪一頁開始影印都有紀錄的，已經準備要付帳的，若修理機器有費用需要，也同意付費賠償，後來影印機修好了，又繼續把所有資料印完。結果，第二天一早結帳，影印費用竟然完全沒有入帳，徐純芳相當驚訝，喜出望外。

她並沒有當場問明原因，但事後回想，認為可能是法國人對於會講法文的外國人有相當好感所致吧！「畢竟辛苦了一整晚，總算獲得一些回報」，徐純芳這麼自我安慰。外頭雖然白雪皚皚，但她的心裡暖呼呼的。

第三章

正式遞件申請

第一節 入會遇貴人

為了入會遞件申請，經濟部積極向各國試探遊說，各國都表示要以美國這位老大哥馬首是瞻，我國也透過諸多管道向美國展開多次「叩關之旅」，但美國卻一直遲遲不明確表態。擔任我國入會案顧問的B氏建議要調整策略，「不要再等下去了」！這猶如醍醐灌頂般，一語驚醒陳瑞隆。

改變策略，生米煮成熟飯

一九八九年下半年，我國對於重新申請加入關貿總協定的時機拿捏，不斷反覆思考，愈接近年底就愈審慎琢磨，有很多關鍵思維與外籍顧問B氏建言有關。陳瑞隆娓娓道出決定遞件申請提前的理由與過程。

經過B氏顧問指點，陳瑞隆評估，一、考量中國大陸於一九八七年已提出入會申請案；二、如果台灣先遞件，生米煮成熟飯，再繼續爭取各國支持，才能迫使各國儘早表態，否則等待美、日、歐體等各國主動支持，如緣木求魚，空待無益，永遠沒有送件的一天，不知要等到何年何月何日？恐怕望穿秋水還不可知呢！

第三個考量是烏拉圭回合談判。一般認為烏拉圭回合談判自一九八六至一九九〇年，四年期間應該會結束，陳瑞隆評估，一九九〇年烏拉圭回合將進入緊鑼密鼓階段，只有在一九九〇年一月份的前二週，可讓GATT秘書長及締約國接辦台灣入會案。除烏拉圭回合談判外，蘇聯也提出GATT觀察員的申請，東歐各國受到自由化影響，連波蘭都打算重新提出加入GATT協議，屆時恐怕GATT秘書處會無暇顧及台灣入會申請案。

陳瑞隆說，為免各國為了急於達成烏拉圭回合協定簽署，甚或優先討論蘇聯申請觀察員名單案，反而擱置台灣入會申請案，因此再三考量，決定全盤調整入會申請時機策略，提早展開申請入會行動。

我國遞件申請籌備進入緊鑼密鼓階段是在一九八九年，那一年的六月四日發生天安門事件，震驚全球，原本不甚樂觀的台灣入會案情勢逆轉，反而出現一道曙光。「天安門事件成為我國推動入會案一股助力」，陳瑞隆說，中國大陸與美國的入會諮商談判因為天安門事件而停頓擱淺，很多國家也對台灣開始同情，對大陸則有負面批判與想法，外在國際形勢的變化，也是我國審時度勢，評估何時遞件申請的重要依據。

入會申請時機的拿捏，是我國加入關貿總協定的成敗關鍵。行政院前前後後更改數次入會申請時機，一度曾經核定以一九八九年十一月正式叩關遞件，但因為入會前的第一階段對外遊說工作進度緩慢，因此再往後延。另美國公關顧問認為，發生六四天安門事件後，各國對中國大陸是否從事經濟改革，抱持疑慮態度，認為台灣不宜在十一月敏感時間點貿然提出，建議延至隔年（一九九〇年）三月再遞件。

人算不如天算，十二月間國際情勢急轉直下，原本冰凍的「中美」關係逐漸解凍，在主要會員國點頭默契下，GATT秘書處同意，中國大陸入會案工作小組於十二月十二日再度恢復審理，次（一九九〇）年二月及四月將再度集會。此舉令我國高度擔心中國大陸會先我入會，屆時台灣入會申請案恐怕得在大陸入會後，才能列入理事會議程，且大陸可能隨時採取否決手段，讓我案陷入進退維谷，不得不操縱在北京當局的困境中。

上下一心，裡應外合

一九八九年十月十七日，瑞士顧問B氏來台和蕭萬長、江丙坤會面時，向我方提出相當具體的建議，包括一、申請遞件時間以一九九〇年一月一日為目標，以出奇制勝，屆時他會給予我方適時的協助與支援；二、貿易體制備忘錄與申請函同時遞交GATT秘書長，採取和傳統慣例不同的策略。

之後，陳瑞隆在日內瓦也再三和B氏顧問會面研商，綜整意見後，向國內提出遞件申請的三大策略，包括：一、入會案提前在一九九〇年啟動；二、入會遞件申請黃道吉日訂在一九九〇年一月一日；三、提出創新作法，除入會申請函外，外貿體制備忘錄一併遞件。

在陳瑞隆提出正式建議給國內後，高層召開一次又一次的跨部會議，最後經濟部拍板決定D day以一九九〇年一月一日為遞件申請行動日，由部長陳履安具名，連同外貿體制備忘錄，正式向GATT秘書處提出申請。陳瑞隆主持的遠貿駐瑞士辦事處與國內經貿單位上下一心，「裡應外合」，矢志要完成加入關貿總協定這一件驚天動地的大事。

令人好奇的是，這一位瑞士顧問B氏，究竟是何許人也，為何他的建議，會不同於一般外籍公關顧問，似乎國內政府高層特別重視，他提出的建議幾乎都照單全收呢！這位「神祕」人士的背景及真實身分，令人想一探究竟。

起初陳瑞隆對這號人物的背景諱莫如深，僅以「瑞士的顧問或朋友」等一語帶過。一再打破砂鍋問到底，才得知他不是泛泛之輩，可以說是我國入會叩關成功的幕後重要「推手」，他是參與我國推動加入GATT的要角，他的身分長期來一直被高度保密，我國擔心曝光對他本人帶來困擾，直到入會十週年過後，才隱約曝光。

B氏是前副總統蕭萬長過去在推動我國與各國雙邊經貿關係時，所認識的一位國際友人。後來為推動我國入會案，蕭萬長在日內瓦與B氏長談後達成協議，正式聘請B氏擔任我國入會案的重要「顧問」。

為了推動加入GATT，經濟部當年聘請外籍顧問及公關公司在背後操刀，其中僅B氏身分、地位、職位，對我入會案發揮很大的關鍵影響力，對我國在日內瓦爭取多邊支持，如虎添翼。B氏堪稱是我國在入會十二年歷程中，相當重要的一位「貴人」。

第二節 入會時機費思量

一九八九年十一月一日，遞件前的二個月，經濟部長陳履安率領次長江丙坤，國貿局三組一科科長魏可銘及商務人員丁克華一同前往行政院，向當時的閣揆李煥進行「我國加入關稅暨貿易總協定」工作簡報，主要是就入會前準備策略向行政院報告。

提出「China-Taiwan」的名稱申請

經濟部在簡報中說明向各國試探的結果，多數主要會員國均認為，台灣的入會名稱以在五個名稱中的China（Taiwan）或China-Taiwan為宜，依GATT第三十三條加盟要件規定，若能在國名保留較大彈性，以代表「台灣、澎湖、金門、馬祖地區關稅領域」名義申請加入，就能符合GATT的實質規定。

同時，主要國家（美、日）及GATT秘書處對我國入會立場，都認為我國入會名稱應先解決，並以「已開發國家」身分申請入會。經濟部在這次行政院的簡報會議中，對入會名稱還沒有提出「台澎金馬個別關稅領域」，而是提出「China-Taiwan」的名稱申請。

經濟部並向李煥院長表示，考慮提前支付入場費，凍結不符GATT的限制性措施，且暫停現有片面關稅減讓等策略，以爭取各國對台灣入會案的支持，並決定入會事宜先知會立法院支持。當時國民黨在國會席次雖居多數黨，但行政部門對國會的尊重，由此可見一斑。

對於入會時機，經貿高層一再反覆推敲，想抓出最佳時點。一九八九年十二月六日在台北賓館舉行的GATT第三次策略小組會議中，針對入會時機也曾不斷反覆討論，認為遞件申請時機若延後，恐怕申請加入GATT成為締約成員的入場費會因此提高，尤其在烏拉圭回合談判結束後（當時估一九九〇年底）入會，可能會被迫要遵守全部協定內容。

在遞件D day前夕的十二月二十二日，經濟部再度召集跨部會會議，沙盤推演入會申請時機的舖排策略，當時B氏的準備工作與對GATT秘書長的祕密遊說，都是配合一九九〇年一月一日來進行。

在我遞件以前，B氏顧問曾明確向我國分析，台灣如果未能在一九九〇年一月一日提出申請，勢無法獲得任一國家公開的支持，美、日、歐體在考慮北京當局的反應下，將採觀望態度，即使花再大力氣、再多時間，也無法改變這些大國的態度；況且我國若採猶豫不決的態度，極易造成他國誤解，以為台灣入會案涉及「政治承認」，反而無法作成決議。但是，我國一旦下定決心正式提出申請案，反而會迫使主要會員表態支持我入會案。

排除大陸所設的路障

當時GATT日程緊湊，不無可能將時間精力投注在烏拉圭回合談判，除此外，我國之所以急趕著在一九八九年底時備妥申請入會文件，最大主因是美國與中國大陸因天安門事件「冰凍」的關係逐漸解凍了，此一變數讓台灣入會案申請遞件不容再三心二意。中美關係破冰後，帶動各國紛紛跟進，尤以日本為甚。

GATT秘書處與各國討論，同意中國大陸入會第八次工作小組會議，在一九八九年十二月十二、十三日重新啟動（中國大陸第八次工作小組會議原訂七月中旬召開，因天安門事件延宕迄十二月），並決定隔年（一九九〇年）四月開始商談入會議定書細節。此一轉變似對中國大陸入會案相當有利，幾乎指日可待，令我方既驚且急。

然而，我國情況特殊，我入會申請案從申請到列入議程，必須由秘書長召集主要締約國，先在GATT的Green Room（密室會議）中舉行非正式諮商討論，取得共識後才會提付理事會議決，估計至少約需三個月至半年，倘若未能及時申請，萬一中國大陸先我入會，就得看大陸臉色，大陸也有機會否決我入會案申請，這樣的結果是我方最不樂見的。

為避免大陸有更多杯葛台灣入會的時間與空間，我國必須立即行動。也可以說，經濟部舖陳台灣入會案的申請，都是以「排除大陸所設的路障」為主要考量，以當時兩岸的敵對狀態，大陸處處掣肘台灣在國際活動空間，令我方在重返關貿總協定的佈局，不得不步步為營。

第三節 遞件叩關

一九八九年的聖誕節，我國駐蘇黎世辦事處忙碌異常，尤其在聖誕節至元旦期間，瑞士人都去歡樂跨年了，但我經貿官員卻全體總動員，日以繼夜加班，印製所有入會相關文件，準備函件，並通知派駐GATT各國代表團，台灣即將正式遞件申請加入GATT。

八百里加急

為避免郵寄出意外或來不及，經濟部長陳履安以親筆簽署的入會申請函，併同貿易體制備忘錄，在一九八九年十二月底指派魏可銘「專人限時」送抵瑞士蘇黎世，陳瑞隆特別與GATT秘書處洽妥，在元旦當天遞件申請，並特別安排B氏顧問一位德裔友好人士在GATT秘書處收文單位充當「內應」，即使適逢放假，也有「專人」收件。

不料，馬有失蹄，萬萬沒想到，送回台北在統計資料「加工、加料」的外貿體制備忘錄，由魏可銘專程送回日內瓦後，竟然又突槌，「狀況連連」，例如使用的表格不是很整齊一致，內容不是很完備，版面有很多需要再修正調整之處，因此駐瑞士辦事處又是一陣兵荒馬亂。

陳瑞隆在一九八九年的聖誕節，犧牲全體同仁休假，將外貿體制備忘錄的內容進一步加工整理後，火速趕印九十九份，準備送給GATT秘書處分送締約成員。這種禮數週到，分送締約成員的作法，也是我國入會申請案的第二項「創舉」（第一項創舉即遞件中請同時一併送出外貿體制備忘錄）。當時駐蘇黎世辦事處的影印機還因為大量影印資料，一時無法負荷，因此過熱當機呢！與前一次在日內瓦山上的小旅館，集體創作外貿體制備忘錄，半夜影印機過熱機情況，如出一轍。

入會申請函和外貿體制備忘錄等文件備妥後，陳瑞隆在元旦當天，親自開著BMW五二〇高級轎車，單槍匹馬充當快遞小弟。運籌帷幄許久了，陳瑞隆那天心情特別「興奮」，一路飆車到日內瓦親送入會申請案。從蘇黎世開車至日內瓦，距離二百八十公里，他竟開了二個半小時就到了日內瓦的GATT總部，簡直像個年輕小伙子在高速公路上「飆車」一般，與他平日謹慎小心的行事作風完全不同。

歷史戲劇常用「八百里加急」來形容軍情緊急的程度，在文學作品中，對八百里加急也有一段精采的描寫：「八百里加急！八百里加急！一卷黃塵滾滾，駿馬飛馳而至，但見人影一晃，跳將下馬，大喝『八百里加急！御賜金牌，阻者死，逆者亡！』隨即便見煙塵滾滾，騎者飄然離去！」雖然陳瑞隆飆車速度早超過古代駿馬的八百里加急，但他蹲點部署甚久，等待收割的正是這一刻，也不難理解當時他飆車的興奮心情了！

充當「限時專送」將申請函送抵日內瓦的魏可銘，事後回想擔任「限時郵差」的情景，嘴角上不時泛出「得意的笑」，因為當時台灣有意遞件申請，瑞士媒體雖曾大肆報導，預料一九九〇年台灣會採取遞件動作，但究竟哪一天遞件，根本無從得知，又是一次成功的祕密行動。

驚險度過第一關

這項「石破天驚」的訊息，包覆得密不透風，不只國內媒體被蒙在鼓裡，經濟部也完全未知會任何外館人員，連我國駐美經濟組也毫不知情，一直到遞出入會申請書在報紙上曝光後，很多人才大吃一驚呢！

我國除了遞交入會申請函外，當然政府部門做了全盤的沙盤推演，早已預想中國大陸不可能悶不作聲，勢必採取一連串政治動作抗議反制，可能的招數最嚴重甚至會要求

GATT秘書處退回台灣入會申請函，再者要求秘書處不予受理，為了面子及宣示「一個中國」的主權，一定會做出干擾動作。

駐蘇黎世遠貿辦事處的商務秘書童本中回憶時證實，大陸當時確實以「不合法」、「荒謬」等字眼，要求GATT秘書處退件，但秘書處並未理會，可以說「驚險萬分」。

當然我駐外經貿人員，也非省油的燈，經過沙盤推演，有備而來。「懷胎難，安胎更重要」，陳瑞隆回憶說，遞件申請後，就怕被GATT秘書長鄧可退件，為了「安胎」，在遞送入會申請函給GATT秘書處之前，我國就先送了整套文件（包括我入會申請書、貿易體制備忘錄）給當時在關貿總協定的「四大金剛」——美國、歐體、日本及加拿大等駐日內瓦代表團，告知他們台灣已遞交入會案申請函，請求「四大金剛」支持協助台灣入會。此一動作「打招呼」意味十分濃厚，意在凸顯台灣相當顧忌大陸官方，是否就我入會申請案採取各種政治動作阻撓。

這招「先發制人策略」果然奏效，GATT秘書處並沒有立即退回台灣的入會申請函，但也未如一般慣例，交予一般行政幕僚處理，秘書處的策略是「暫時擱置」，暫時按兵不動，靜待各主要國家對我入會案之態度明朗化時才處理。台灣入會申請案算是驚險度過第一關。

第四節 懷胎難，養胎更難

中國大陸對台灣入會申請案，不能裝作視而不見，就在一九九〇年元旦我案遞件後的半個月，一月十六日大陸向GATT秘書長及各國提出強烈反對立場，認為中華人民共和國是唯一合法的政府，台灣逾分代表「台、澎、金、馬個別關稅領域」提出申請，是項非法申請，指責台灣刻意經由國際經濟組織製造「兩個中國」或「一中一台」。隔天，北京當局召集各國駐北京大使，要求各國勿支持台灣入會案。

遞件後支持台灣入會案的國家並不多，只有哥倫比亞、哥斯大黎加等友邦或友我等六個國家。眼見GATT秘書處及各國都毫無動靜，一月二十九日我遠貿駐瑞士辦事處再度行文各締約國，表示各國如有意對我入會案進一步了解，我國願意解說。

凡事從大局著眼

根據經濟部國貿局一九九〇年二月二日提出「我入會案最近進度報告」的說明，證實我國在元旦遞件後，獲得各國的支持極為少數，支持我入會案申請的國家包括貝里斯、哥斯大黎加、多明尼加、海地、哥倫比亞、馬拉威等六國友邦，均以發函GATT秘書長方式表示力挺。而美國行政部門則未有一致立場；歐體也表示在其他主要國家表明立場前不作任何決定；日本則表示要視歐、美態度決定。從我國所掌握的訊息顯示，總體情勢看來對台灣的確不利。

我國正式遞件後，美國一看到台灣入會申請文件一臉錯愕，開門見山就質疑「台灣做事怎如此膽大妄為？」，陳瑞隆等經貿官員的回答也很妙，「既然你們不置可否，我們就從善如流遞件申請啊」。當時美國官方佯稱需要詳加研究，無法立即針對我國的遞件申請案答覆。

其實，當時我國政府的整體考量是，假如先跟美國打商量，可能會打亂我國的佈局，甚至無疾而終，因此事前刻意不知會美國。結果美國內部各行政部門之間對我入會案無法形成一致立場，一開始美國這位領頭羊採取中立態度，並未展現對我案極力支持，對我入會案申請是不利的，讓台灣的遞件申請案陷入高度不確定的風險中。

當年GATT秘書處究竟如何「暫時擱置」台灣入會申請案，實在引人好奇。徐純芳解密說，一九九〇年一月一日遞出申請案時，GATT秘書處用一種方式回應：「茲有台澎金馬個別關稅領域，申請加入關稅及貿易總協定，其貿易體制備忘錄可以在秘書處Consult（查閱）」。簡單說，未退件、也未排入議程。

其實，GATT秘書處的處理方式對台灣入會申請案隱藏重大的影響。徐純芳解釋說，GATT秘書處平時受理一般國家案件的說明是：「茲有某某國家申請加入關稅及貿易總協定，檢附其貿易體制備忘錄，並擇期召開工作小組會議」。很明顯地，秘書處對台灣入會申請案處理有差別待遇，沒有安排召開「工作小組會議」，而貿易體制備忘錄也沒有送交其他締約成員，而是要求各國在秘書處查閱，這就是我國入會申請案與他國入會案最大不同之處。

當時我國雖受到不平等待遇，但陳瑞隆等前線經貿人員並沒有因此向GATT秘書處抗議，更沒有去大吵大鬧，反而委屈往肚子裡吞，打落牙齒和血吞，毫不氣餒，伺機再動。「站在台灣的特殊處境看國際問題時，有時為了享受國際組織權利，小小的枝節不必太過計較」，徐純芳點出當年國貿局為了推動加入GATT，凡事從大局著眼，盼委屈得以求全的做事態度。

第五節 遞件後的遊說

其實，一九九〇年元旦我國啟動加入關貿總協定正式遞件後，推動工作隨即陷入膠著的困局，各國對台灣入會案多採觀望態度，幾乎許久不曾有進展，這讓駐蘇黎世的陳瑞隆等經貿人員有些洩氣。

因此，除了一九九〇年我國入會案正式遞件之前展開第一階段密集遊說外，一九九二年九月二十九日理事會通過成立工作小組審查我入會案之前，日內瓦駐蘇黎世辦事處、國貿局、經濟部及外交部，規劃第二階段綿密的遊說攻勢，這是我政府高層在歐體及美國，展開密集遊說的高峰階段。

戰戰兢兢磨人又磨心

每當蕭萬長或江丙坤到歐洲訪問，陳瑞隆一定安排長官們與GATT官員會面，最早第一次安排秘書長鄧可與蕭萬長會面就在日內瓦，當時蕭萬長身分為國貿局長，鄧可甚至見到蕭萬長有些「緊張」，鄧可在GATT的輩份甚高，但與中國大陸關係比較密切，對台灣顯得「疏遠」。

一九九〇年元月正式遞件申請之前，我經貿官員遠赴歐體及美國等地展開遊說，一般的反應並不熱絡，魏可銘回憶，啟動遊說列車之初，一般國家對出面支持台灣都有所顧忌，並認為除非是美國這位「大哥」出面，他們才會以美國「馬首是瞻」，相繼跟進。

而我國正式遞件申請後GATT秘書處並未立即受理我案，擱置我國入會申請案遲至一九九二年九月才召開理事會處理，台灣入會案形同石沉大海，這二年漫漫長日的等待期，駐瑞士蘇黎世遠貿辦公室及國貿局都戰戰兢兢，磨人又磨心。不過，漫長等待期，正是我經貿高層分秒必爭，發揮「鐵人遊說」的黃金時刻。

我國積極展開全球各大洲的密集遊說，說經貿高層繞著地球跑，一點都不誇張。除了歐美不在話下外，足跡遍及南亞的印度、巴基斯坦，還有非洲、北非、阿拉伯國家。而第二階段遊說工作最主要目的，就是希望遊說各締約成員，支持將台灣入會申請案排入理事會議程，在GATT非正式會議討論時達成共識。

除此之外，遞件後舉凡台灣參加各種雙邊、多邊國際組織會議，或籌組各種海外經貿訪問團，一抓到機會，就會向各國遊說支持台灣入會申請案，從不錯放任何一次尋求支持的機會，一九九一年我國正式加入APEC，當時連APEC都是我國遊說的重要場合。

「我入會申請案遞件後猶如石沉大海，擱置二年的遊說的日子十分辛苦，到處磕頭拜託」，林聖忠回想這段艱苦奮戰的歷程指出，連親中國大陸的巴基斯坦，國貿局都沒有放棄過。當時魏可銘完成遞件申請的階段性任務後，就被派往英國，由林聖忠接替三組一科科長，規劃全球遊說的重擔落在他身上，當時透過外貿協會的安排，向巴基斯坦遊說二次，促其勿反對杯葛我入會申請案，有一次約在第三地泰國，會見巴國的經貿部長；另一次直接殺到巴基斯坦。

入會遞件後的幾天，第一件遊說案就在日本展開，江丙坤當時以經濟部次長名義，拜託已卸任退休返台的前駐日副代表林金莖出馬，當時林金莖擔任經建會的專任委員，林聖忠陪著林金莖赴日本展開遊說，主要對象為田中角榮、渡邊美智雄等早期日本政治家。

一九九〇年四月，經貿單位也安排陳履安部長前往泰、菲、星、馬國等東南亞各國，拜會菲總統柯拉蓉，泰國副總理彭沙拉信，馬來西亞貿工部長Rafidah Aziz，舉行雙邊會談，提及我入會案，請求支持。

一九九〇年四月四日，江丙坤以次長身分率團訪問歐洲九天，體力十分驚人。他安排赴日內瓦、法國、比利時、英國等國訪問，拜會財經部會官員，就我GATT案進行第二階段遊說工作。在日內瓦他分別與歐體、美國、加拿大、澳洲、瑞典、土耳其、菲律賓、阿根廷、墨西哥、南斯拉夫、塞內加爾、薩伊、蒲隆地等駐GATT代表團代表或副代表見面，並拜會GATT秘書長特助胡宣及法律顧問林登。

一九九一年五月十八日，江丙坤再度率領訪問團到東歐各國拓展經貿關係，排定行程預定走訪波蘭、捷克、保加利亞、俄羅斯（當時稱蘇聯）、匈牙利，那次很多經濟部記者都隨團採訪。不料，要到俄羅斯的消息提前走漏，因政治因素突然取消江丙坤的簽證，不讓江入境。

江丙坤失之東隅，收之桑榆

當時人在保加利亞的江丙坤，接到當時經濟部長蕭萬長的告知，心裡相當焦急，就在五月二十六日晚上宴請隨團媒體時，席間告訴大家說「明天你們要自己到俄羅斯，我沒有辦法陪你們去了」，話都還沒說完，很多記者哭了！台灣拓展國際活動空間的惡劣環境，其實一點都不令人意外！

就在江丙坤啟程赴蘇聯等國前夕，北京當局在五月中旬向秘書長鄧可表示，台灣入會案係中國內部的問題，必須在中共入會之後，否則無異承認兩個中國。江丙坤在之後出訪簽證旋即受阻，是否與北京當局阻撓有關，引發不少臆測。

江丙坤原本打算走完俄羅斯行程，接者再去匈牙利，簽證突然被取消，等於多出空檔。但他沒有拋下公務返國，或選擇到風景秀麗的愛琴海或地中海沿岸的度假勝地享受，好整以暇銜接下一個行程。江丙坤當下決定，在五月二十八日自保加利亞飛日內瓦，拜會GATT副秘書長Mr. Carlisle、入會處長胡宣等人，協助推動如火如荼展開的GATT申請案的遊說工作。

儘管只是一點點小空檔，江丙坤發揮「拚命三郎」的精神，展開鐵人行程。眼見長官親自披掛上陣，在前線孤軍奮戰的陳瑞隆等經貿官員士氣大振，深感有如天助般的興奮。利用長官到訪的難得機會，陳瑞隆安排江丙坤密集拜會包括南斯拉夫幾個重要第三世界國家派駐日內瓦的團長，美國及哥斯大黎加駐GATT代表團長，與我關係友善的瑞典代表團理事會主席Anell大使，還有GATT締約國全體大會主席Ricupero大使伉儷等人，尋求他們對我入會案的支持。

陳瑞隆說，我國長久以來跟這些國家關係非常疏遠，也未互設代表辦事處，因此江丙坤的遊說請託，對日後促成這些會員國在一九九二年九月GATT理事會中，決定支持我國入會案，讓理事會獲得共識決，發揮一定關鍵影響力。江丙坤對國家經貿事務及外交的重視和努力，從這些拚勁，可見一斑。他被取消蘇聯簽證，反有更多時間赴日內瓦密集遊說，未嘗不是「失之東隅，收之桑榆」。

國貿局長許柯生自一九九〇年起也針對歐洲的義大利、比利時、荷蘭、德國、西班牙，北非的摩洛哥、突尼西亞等國，安排展開遊說，小國的反映都說「要有大國出來支持才好表態」，一開始小國確有他們政治上的困難。一九九一年許柯生率團前往北歐的芬蘭、瑞典、挪威、丹麥等國訪問，遇到對方貿易外交官員，就遊說對方支持我國加入GATT。

在一九九〇、一九九一年這二年可說是遞件申請後，最密集遊說的高峰期，許柯生掐指一算，一年三百六十五天坐在國貿局長座椅上辦公時間，竟然只有一百五十天左右，僅五分之二，其餘五分之三的大半時間成了「空中飛人」。就連多邊活動的PECC太平洋理事會，許柯生都不忘呼籲大家支持台灣加入GATT；有時在OECD（經濟合作暨發展組織）舉辦的研討會中，即使主題與GATT無關，許柯生在演說的最後，仍不忘穿插一段廣告——「請大家支持台灣加入GATT」，他在國際上各種場合的遊說，幾乎已到了無所不在，無處不談，滴水不漏的地步了。

GATT總理事會每個月召開一次，扣除聖誕節，一年大概有十一次會議要開，陳瑞隆及駐蘇黎世商務秘書童本中，每個月的大事就是關心我國入會案有無機會排入理事會議程。每一次理事會召開的日子近了，我國都希望入會申請案能排入議程，但依關貿總協定的傳統慣例，任一議題排入理事會之前，都要有非正式的諮商，沒有人反對才會列入議程。因此每個月召開理事會時，經濟部參與入會案同仁都懷抱開「樂透彩」的心情，每個月努力衝刺，讓開獎時刻充滿希望。

但事與願違，在中國大陸不斷採取政治干擾，杯葛台灣入會案排入議程之下，我國入會案正式申請後，整整擱置兩年九個月。這一段推動加入GATT的黑暗期，讓位處前線的經貿人員承受莫大的壓力，也就在那段艱辛歲月，催生遞件申請的陳瑞隆、童本中二位大將，承受推動GATT申請案的沉重壓力，甚至壓力大到身體亮起紅燈，真是「甘苦誰人知」呀！

第六節 包可士開第一槍

我國遞件申請入會後，經貿高層展開分工，全球各大洲走透透，不遺餘力卯勁遊說，其中美國州政府的參眾議員，是我在美國遊說的主要力量。

「我國每年籌組赴美採購團，長期大量採購美國農產品及大宗物資，美國有很多農業州政府參眾議員都支持台灣入會案。」林聖忠說，由於布希總統對台灣入會案遲不表態，我國只好利用長期對美採購的機緣，展開美國各大州參眾議員的遊說，表明我國開放市場的決心；其中蒙他拿州的參議員包可士就是我遊說的重點對象，因此才會促成後來包可士聯名各州參議員致函布希總統施壓的行動。

一道「七月的彩虹」

終於皇天不負苦心人，一九九一年之後，我國的遊說出現重大的成果。在美國率先表態支持台灣入會案後，各國陸續表態支持，對促成GATT理事會於一九九二年九月審查台灣入會案，絕對有舉足輕重的影響。

就在一九九一年六月十九日，美國參議員包可士領銜聯合其他十五位參議員連署致函老布希總統，在連署聲明中，要求美國行政部門在延長中國大陸的最惠國待遇時，應考慮的因素之一，就是對台灣GATT申請入會案，應立即給予強烈的支持。這是美國國會對我入會申請案表態支持，最早開出的第一槍。

為了突破我入會申請案獲GATT理事會受理且成立工作小組，我駐美單位及國內政府部會官員，卯足全力遊說美國參眾兩院議員，希望其出面說服美國國務院及白宮，站出來力挺台灣入會意願書的申請案。當時我國內對美國發動的遊說攻勢，幾乎涵蓋全美各階層，舉凡國會議員，工商界都是我國遊說的對象，經濟部甚至動員國內企業界、各產業公會，及大宗物資公會，寫信給經商夥伴對象及參眾議員，促其支持台灣入會案，展現團結力量大的氣勢。

美國參眾兩院議員每年握有延長中國MFN最惠國待遇的准駁權的關鍵影響力，當時要討論一九九一年中國大陸MFN最惠國待遇案時，美國會議員除了強調中國人權問題外，參眾議院就通過一項附帶決議：「要求白宮必須支持台灣入會案」。這可是美國國會首度通過對台灣入會申請案最強力度的一次提案。

在包可士參議員領銜致函老布希總統的一個月後，一九九一年七月十九日，老布希總統函覆包可士參議員，表示「美國將堅定支持台灣加入ＧＡＴＴ，並將與其他締約國以有利態度解決台灣入會案，在各締約國同意條件下入會」。這是美國白宮首度公開站出來支持台灣入會申請案，是一次相當具指標性的白宮支持行動，為我入會案注入一劑強心針，對各國突破政治顧忌，公開支持台灣入會案，具有領頭羊效用。果然不久就發揮骨牌效應。美國的支持行動，相當是一道「七月的彩虹」！

不畏艱辛遊說各締約成員支持

九月底，包可士再度致函老布希總統，促請履行承諾。而老布希總統於十一月五日函覆包可士，美國已和ＧＡＴＴ締約國積極進行解決我入會案，並透露表明美國支持台灣以「關稅領域名義加入ＧＡＴＴ」的立場，與ＧＡＴＴ締約國磋商，要求採取有利方式解決台灣入會案。到了隔年一九九二年七月三十日，包可士三度致函老布希總統，顯見包可士參議員友我的立場，鍥而不捨對台灣入會案力挺。

美國老布希總統第一次在一九九一年七月公開表態支持我入會案後，其實就在國際間發揮明顯的骨牌效應。繼美國後，歐體跟隨美國立場，於一九九一年十一月六日在政治合作委員會決議，表態支持台灣入會案成立工作小組，GATT各締約會員國不論大國或小國對台灣入會申請案，自此逐漸轉趨明朗，且多表達肯定的立場，對我國推動入會的士氣有莫大鼓舞。

不過，當時美國初步徵詢第三世界國家，答案有點令人失望，很多第三世界會員成員都抱持「只要中國大陸覺得難堪，我們就不會支持」的態度。當時政府部門曾透過私人商業關係，例如海運航商等，向第三世界國家進行遊說，有些說「只要中共不反對就會支持」，有些國家又說「只要有共識決就會參與共識決」。但是「共識決」需要有人來領導帶頭，顯見中國大陸在第三世界的「老大哥」地位堅若磐石。

一九九一年二月輪到瑞典大使Anell擔任理事會主席時，駐蘇黎世的陳瑞隆特地前往拜會，得到的回應令我方振奮，不論他是以主席身分或瑞典大使身分，都願意支持台灣的入會申請案，也願意以主席身分和各締約成員進行非正式諮商，希望讓各國支持台灣入會申請案。最後我方獲得證實，Anell十分信守承諾，對陳瑞隆所說的每一句話，都確實有履行實踐。二月十三日以Anell大使為首之工業國，以集體行動方式達成我入會之共識。

為了遊說各締約成員支持我入會申請案列入理事會議程，陳瑞隆在GATT秘書處與各國代表團之間有很多非正式接觸，十分艱辛且漫長。當時GATT秘書處的「前提」都建立在中國大陸的態度上。

一九九二年九月台灣入會案快醞釀成熟的最後關鍵時刻，差一點因台灣國內媒體一篇報導險些生變。不過，瑞典Anell大使依然願意盡力幫忙。陳瑞隆認為，瑞典是很有「正義感」的國家，而且大家相處很投緣，當年我國並未刻意透過特殊管道影響瑞典大使，但江丙坤前往日內瓦時，都曾特別拜會他遊說，「也可能外交部等單位長期努力，帶給他對台灣的好印象吧！」陳瑞隆很謙虛把功勞歸給外交部。

第七節 名稱漫漫長路

名稱問題，一直是我加入國際組織最傷腦筋的課題。

美國老布希總統及歐體陸續公開表態支持台灣入會案後，一九九二年初，歐美各國對於台灣要以什麼「名稱」加入關貿總協定開始討論，一如台灣參與各種國際組織，面臨名稱嚴酷考驗，歐、美、日等各國將我入會名稱，列為我入會案第一解決要務。美國方面明白表示，反對我以「Taiwan」作為入會名稱，但認為台灣應該沿用APEC模式以「Chinese Taipei」（中華台北）申請入會。

第一次大陸釋出善意

中國大陸政治壓力罩頂，擬偕同「親中」的締約成員，醞釀將我國入會名稱更改為「Chinese Taipei」（中華台北）；而我國也從各種國際管道得到不利的訊息，指GATT

理事會將就我申請入會正式名稱問題召開會議研商，令我外交及經貿單位如坐針氈。

由於我國申請加入GATT的英文名稱太長（The Separate Customs Territory of Taiwan, Penghu, Kinmen and Matsu），需要有簡稱例如美國國名U.S.A.一樣，簡稱是工作用語，是入會案中的重要關鍵之一，我國原本主張簡稱採用台灣（Taiwan），但後來改成「hereinafter referred to as the Territory」（該領域），但各國仍有異見。

不過，之後部分締約國也主張，我國在亞太經合會（APEC）使用名稱為「中華台北」（Chinese Taipei），應考慮改用「中華台北」為正式入會名稱。這些紛沓、仁智互見的想法，讓台灣入會案在被理事會納入正式議程前，為名稱問題展開一場長期抗戰。

一九九二年一月二十日，GATT理事會主席印度大使舒其（Zutshi）與GATT會員國就我入會案進行第一回合非正式諮商，成員包括拉丁美洲、非洲、亞洲等十九個開發中國家代表。第二次諮商在一月二十四日，舒其大使召集美國、歐體、加拿大、瑞典、紐澳及日本等工業化國家成員。

經第一回合非正式諮商所獲得的結果，皆不利我國入會成份居多，尤其是開發中國家，雖不反對台灣入會案，但希望在各方取得共識情況下處理台灣入會案，亦即希望兼顧中國大陸的立場，在獲中國大陸同意下，開發中國家才能達成支持台灣入會案的共識。而工業化國家則傾向支持我國入會案，但中共應先入會，且要求我入會名稱的簡稱應為「中國台灣」（Taiwan, China）。

就在舒其大使與工業化國家舉行非正式諮商時，大陸代表團會晤歐體代表團成員，當面遞交一份「諒解草案」，指有條件同意就我入會案設立工作小組，這是我遞出入會意願書後，第一次大陸方面釋出善意的表態。

美國與歐體經過磋商後，決定先和大陸會商，對台灣入會案取得一個各方都能接受的折衷方案後，再交由理事會主席探詢其他主要締約國意見，若能獲得大致共識，再將我入會案列入理事會議程。

一月二十八日，舒其大使也和大陸代表團成員會晤，就第一回合非正式諮商結果交換意見，大陸代表團當場向舒其大使提交一份諒解文件，不反對就我入會案成立「工作小組」，但仍堅持「一個中國」、「中國大陸先入會」的立場，及我申請名稱應簡稱「中國台灣」（Taiwan, China）。

舒其大使在一月三十一日召開第二回合非正式諮商，包括美國、歐體、日本、瑞典、巴西、埃及及泰國等國參加，會中各國代表一致認為各開發中國家並不反對我國入會，但也不願得罪大陸，各國決議促請舒其大使依兩岸「平行入會」原則草擬一份聲明。

大陸試圖影響

同一天，大陸對外經貿部長李嵐清訪日內瓦，他向鄧可秘書長表示，對台灣入會案已採取較以往更彈性立場，會中仍強調中國大陸應先入會，最多只能接受雙方在同一理事會會期中入會，但即使如此，中國入會案在議程上順序，應排在台灣入會之前。顯見，中國大陸仍相當在意兩岸在入會順序上的細節安排，以對外彰顯其主權的地位。

一九九二年三月三日，美國、歐體邀請中國大陸代表團三名代表，就台灣入會案進行「三邊會談」，但第一次三方會談仍無法取得具體結論，只好暫時休會，並將結論整理成「理事會主席聲明稿」；同時會中大陸方面堅持台灣入會名稱必須改為「中國台灣」（Taiwan, China）。三月十七日再次舉行三邊會談，大陸方面要求我入會案名稱改名為「The Customs Territory of Chinese Taipei」（中華台北關稅領域）。

過了二天，經濟部長蕭萬長也從美方獲得有關台灣加入GATT的進展消息，和各方所提更改我入會名稱的問題，也將這些訊息呈報行政院。其中大陸意見如上所述，而美國和歐體都在我入會名稱「台澎金馬個別關稅領域」後面括弧，歐體加了（Chinese Taipei）（中華台北），美國加了（Taiwan）（台灣），作為簡稱。

蕭萬長認為，大陸將我入會名稱改為「中華台北關稅領域」的提議，我方絕不能接受；

至於美國和歐體有關在「台澎金馬個別關稅領域」名稱後簡稱我國為「中華台北」或「台灣」的提議，我方是否可以接受，則由高層會議研商後決定。這似乎意味，美國及歐體的簡稱建議，有空間可以討論。

為了排除大陸的杯葛，國貿局長許柯生奉命從台北至華府，從華府至日內瓦，環繞世界一圈共八天，目的就是和各國溝通我入會案的正式名稱及工作用語簡稱的問題，尋求各國達成共識。由於我方提出「T.P.K.M.」工作用語簡稱建議，一開始美國及日內瓦都相當納悶，覺得「T.P.K.M.」這個簡稱怪怪的，國際間根本聽不懂。

許柯生一再向對方表示「這也沒什麼聽不懂的，多聽幾次就懂了呀！」在日內瓦許柯生見到幾位重要締約成員國的大使，也向他們說明我國使用「T.P.K.M.」簡稱的問題，一開始他們也是搞不懂什麼叫「T.P.K.M.」、後來許柯生和他們見面時，就被他們開玩笑消遣「Mr. TPKM 來了！」

期間，有不少締約成員徵詢我國，對於大陸擬將我入會名稱更名的意見，當時大陸提出更改我入會名稱的意見，包括「Taipei, China」（中國台北）、「Taiwan, China」（中國台灣）等，刻意矮化台灣。顯見不只是工作簡稱，連我正式入會名稱，大陸都試圖影響各國來染指。

第八節 入會案終於排入理事會

自一九九二年四月以來，我入會案進展再度因名稱問題嚴重卡關，原本台灣入會案在四月一度有達成協議的跡象，眼見我案被列入理事會議程幾乎近在眼前。孰料，好事總多磨，中國大陸對台灣入會案名稱的態度反反覆覆。

大陸一會兒要將我入會名稱改為「中國台灣」（Taiwan, China），一會又提出四個名稱，不是在 Separate Customs Territory of 後面加上「Chinese Taipei」，就是在 Separate 之前加上「Chinese」或「Chinese Taipei」，更進一步要求歐美各國必須接受其中任一項，若此，就同意接受歐體所提的第四版理事會主席聲明稿，但當場被歐美婉拒，這是我入會案在四月份例會議程討論，功敗垂成的主因。

同年五月份，大陸對外經貿部司長龍永圖訪問日內瓦，要求瑞士吉蠟（Girard）大使向我國表達讓步，亦即不反對我入會，默認我可依 GATT 第三十三條入會，但名稱需要有China或Chinese的字眼。大陸持續在我入會名稱上糾纏不已。

一九九二年六月二十四日，美國、歐體及大陸再度舉行三方會談，當時根據我方掌握的訊息，大陸仍老調重彈，大陸外交部強烈要求，在我正式名稱前應加上「Chinese」，亦即「Chinese Separate Customs Terreitory of Taiwan, Penghu, Kinmen and Matsu（hereinafter referred to as Chinese Taipei）」，否則無法接受台灣入會案。

但美方代表團代表認為，我國既已同意在關稅領域名稱之後括弧內加上「hereinafter referred to as Chinese Taipei」，則沒有必要在此名稱之前再加「Chinese」的字眼，否則形同重複和累贅。當時大陸方面表示，可以接受以「China's」取代「Chinese」，不過仍堅守其既定立場毫不退讓，因此三方諮商破局，未達成任何協議。

不過，陸方不時對外放出耳語，指美國已接受中國大陸在名稱的要求，使外籍顧問及我方備受困擾。為加速談判達成對台灣入會案排入理事會審議的共識，各國曾提出我入會正式名稱改成「Separate Chinese Customs Territory of Taiwan, Penghu, Kinmen and Matsu（hereinafter referred to as Chinese Taipei」）」，探詢我國接受的可能性，亦即將Separate和Chinese二字對調，Chinese不放在最前面，以沖淡從屬關係的意涵，但我方並未接受。

七月，大陸在感受各方壓力下，態度轉趨積極，在歐體、美國與大陸代表三方會談就入會名稱討論中，大陸表示我正式名稱應加上「Chinese」的字眼，可接受的名稱為「Chinese Taipei, known in the GATT as Separate Customs Terreitory of Taiwan, Penghu, Kinmen and Matsu」。

就在理事會列入我入會申請案議程前夕，瑞士駐日內瓦代表團團長Girard（吉蠟）大使，也為了我國入會案理事會主席聲明稿、我入會名稱及簡稱等問題，於七月二十九日特地來台二度拜會經濟部次長江丙坤，江丙坤在國貿局長許柯生及駐蘇黎世辦事處主任陳瑞隆陪同下，也告訴吉蠟，我國主張正式入會名稱應為「Separate Customs Terreitory of Taiwan, Penghu, Kinmen and Matsu」，只能接受用括弧（Chinese Taipei）作為簡稱，請Girard大使去說服中國大陸。

台灣參與國際組織最大障礙是名稱問題

吉蠟大使拜訪過大陸後，立即電告我國貿局長許柯生，大陸方面已接受我入會名稱的立場，至於理事會主席聲明稿仍會使用：Chinese Taepei, known in GATT as Taiwan, Penghu, Kinmen and Matsu」（hereinafter referred to as Chinese Taipei）。費盡一番折騰後，終於在八月十三日，歐體、美國與大陸駐日內瓦人員數度會商後，就我入會案名稱達成協議，同意台灣入會案以「台灣、澎湖、金門暨馬祖個別關稅領域」申請入會的正式名稱不變，但為方便作業，我國接受以「Chinese Taipei（中華台北）」作為簡稱，我申請入會案名稱問題的糾纏就此底定，劃上句點。

經過歐體及美國多方奔走，我名稱問題獲得解決，九月四日歐體、美國及大陸代表，向理事會主席舒其大使確認，三方會議已就理事會主席聲明稿草案內容達成協議。

台灣入會案正式名稱和簡稱喬妥後，理事會主席舒其大使九月八日召集主要締約成員，就我入會案及主席聲明稿，與其他締約會員進行非正式諮商情形說明，並知會各國三邊會談（歐、美及大陸）已就台灣入會案達成協議，爭取各締約會員支持，不過，並未邀我方與會。

一九九二年九月十八日，在無異議的共識決下，舒其大使將台灣入會案正式列入九月二十九日理事會議程，並決定會中由理事會主席發表一份聲明，宣佈就我入會案成立審查工作小組，同時授予我觀察員資格。這意味我國在下次理事會議程，也就是十一月三日召開時，就可以「GATT觀察員」身分獲邀列席理事會，重新踏上暌違已久的GATT國際經貿組織。

從過程中不難發現，台灣參與國際組織最大障礙就是名稱問題，因為當時兩岸「漢賊不兩立」，若沒有找到兩岸及國際都可接受的適當處理方式，將會成為大陸及各國杯葛台灣參與國際組織的最大藉口。

第九節 大陸三階段杯葛

在理事會列入台灣入會案議程之前，兩岸在名稱問題的角力大戰數回合，中國大陸強迫更改台灣入會案名稱之企圖並未得逞，我方並未敗下陣來，入會正式名稱獲得保留，但最後也不得不接受以「（Chinese Taipei）」作為簡稱。即使在簡稱的小細節上不得不折衷妥協，但我國成為GATT理事會觀察員的權利義務和中國大陸並沒有兩樣，毫無任何折損。

名稱問題是我入會案最大的成敗關鍵，也是最具關鍵的政治議題，從我國入會案排入理事會的二年拚鬥過程，不難窺出，北京當局對台灣提出GATT入會案的立場，也是歷經三階段的演變。

入會案名稱兩岸廝殺筋疲力竭

第一階段北京政府是全力反對我入會案。我入會案尚未提出時，北京政府早於一九八八年一月十六日致函ＧＡＴＴ秘書長鄧可，指台灣入會申請案「完全不合法」，堅決反對我製造「兩個中國」或「一中一台」行動。

最早有關中國大陸對台灣加入關貿總協定的一篇報導，是在一九八八年八月三十一日，那是來自中央社東京的報導，指稱中國國家總理李鵬在八月二十五日向日本首相竹下登表示，「大陸將不會阻撓台灣以關稅領域地位加入關稅暨貿易總協定」，消息人士還透露，中國大陸是有意讓台灣援用「香港模式」加入ＧＡＴＴ。

這篇報導是北京當局最早拋出對台灣入會的立場，媒體以粗黑體字的斗大標題來報導，對經貿單位彌足珍貴，讓我國洞悉大陸的盤算，並掌握其對台灣入會的態度。

一九九〇年元旦我正式提出申請後，北京當局召集各國駐北京大使，要脅各國勿支持我國入會案；一九九一年五月北京當局前往日內瓦拜訪秘書長鄧可時更嗆辣表示「台灣入會案是中國內部事務，外人不宜介入，且必須在大陸之後入會」。

第二階段就是美國布希總統一九九一年七月公開表態支持我入會案後，北京當局轉而有條件支持。一九九一年一月間中共總理李鵬曾通函各國元首及行政首長、歐體、ＧＡＴＴ秘書處官員，堅持中國須先入會，且台灣入會案必須先與大陸諮商並經其核准。

一九九二年一月下旬，大陸向歐體及理事會主席主張，不反對我案成立工作小組，但中請名稱應改為「中國台灣（Taiwan, China）」。同年一月底，大陸外經貿部長李嵐清訪日內瓦時談話就更有彈性，指最多僅能接受兩岸「同會期入會」，但中國入會案在議程上應排在台灣入會案之前。

第三階段則明白表示不反對台灣的入會案，但企圖染指強迫我更改入會名稱。一九九二年三月初，美國、歐體及中國大陸召開三方會談後，北京當局即要求我入會名稱需更名為中國台灣（Taiwan, China），三月中旬三方會談又要求改為「Chinese Taipei（中華台北）」；四月在北京外交部介入下，大陸再提出四個名稱要求擇一採用；五月已默認我可依第三十三條入會，只要求我入會名稱須有 China 或 Chinese 的字眼；八月初瑞士駐日內瓦大使吉蠟（Girard）訪問大陸後，北京當局已接受我方有關名稱立場。

從一路斯殺的過程顯見，光名稱問題，我國一方面要遊說國際友人支持，另一方面還得和北京當局及其駐外人員「鬥智」，兩岸人員在入會案的名稱和簡稱課題上，廝殺數回合，戰得日月無光，筋疲力竭。

第十節 兩岸入會掛鉤羅生門

一九九二年，位於雷夢湖畔的ＧＡＴＴ總部顯得特別忙碌，從年初歐體與美國不斷與主要締約成員溝通協調我入會案開始，到理事會與主要締約成員舉行非正式諮商討論我入會案，還有理事會決定將我入會案列入九月二十九日理事會議程，一連串三邊會談及非正式諮商，一關扣一關，環環相扣。

陳瑞隆等前線經貿官員緊盯各國動態及進度，三天兩頭就可見到陳瑞隆在ＧＡＴＴ總部穿梭的身影，電報也幾乎每天或每二、三天就一則，不論憂喜，陳瑞隆都如實呈報，讓國內高層精準掌握進度，研判情勢，預擬策略。

力挽狂瀾化解危機

依據ＧＡＴＴ的遊戲規則，理事會的議事都是採取「共識決」，這項議事傳統沿用迄今，只有在共識決形成，爭議消除情況下，才會將各種議案排入理事會議程。換句話說，只要排入理事會議程，幾乎篤定可獲理事會通過或採認。

在美國和歐體居間斡旋下，GATT理事會主席舒其大使於一九九二年九月八日起邀四十餘個締約成員派駐日內瓦代表進行非正式諮商，在沒有異議情況下，九月十八日正式指示秘書處將台灣入會申請案排入九月二十九日理事會議程。

不料，一波已平，一波再起，愈接近關鍵時刻，意外狀況愈多。就在理事會確定將我入會案排入議程定案的前一天（九月十七日），舒其大使因受到中國大陸壓力及地主國瑞士政府的關切，突然要我國先釐清未來在GATT代表團組成人選等問題，否則無法將我案列入議程。歐體當時也一再強調，未來我常設代表團應該避免太濃的政治色彩。

由於各締約會員多派具有經貿背景官員擔任代表團團長，我未來常駐代表團自當比照各國慣例辦理，我國不致刻意凸顯政治性安排，當個不合群的麻煩製造者。因此經舒其主席向各締約會員溝通說明我國立場後，我入會申請案才順利排入議程。

審查台灣入會申請案的理事會，是台灣申請入會案第一道關卡的試煉，陳瑞隆回想那次過程可說「驚心動魄」。就在GATT理事會受理台灣入會申請案的前夕，國內突有一篇報導，意指「台灣入會案有政治企圖」，讓GATT理事會主席舒其認為，恐影響「共識決」形成，差點把台灣入會案議題排除在理事會議程之外。

陳瑞隆認為，理事會若不將台灣入會申請案列入議程，事態太嚴重了，立即將情勢可能的變數告知國內高層，政務次長江丙坤獲悉後立即致電人正在德國訪問的經濟部長蕭萬長。巧的是，駐美代表丁懋時也同時接獲九月理事會議程可能不排入台灣入會案申請的消息。蕭萬長接獲訊息後，立即從德國飛奔趕至日內瓦，與幾位平日交往的主要國家大使通電話並親自拜會，力挽狂瀾於不倒，即時化解一場危機。

九月二十九日理事會過程乖舛，台灣仍非觀察員，無法組團親自參與，當時只有陳瑞隆到場外關切，掌握全程實況，立即傳真回國內。依據關貿總協定的議事傳統是採取「共識決」，只要一個國家反對，申請案通過就會破局，鎩羽而歸。當時第三世界國家與中國大陸關係友好，陳瑞隆在場外忐忑不安，擔心第三世界國家會有人從中作梗，共識決過程又出現變數，讓我國入會案獲理事會通過的臨門一腳，最終功敗垂成。

那次審查台灣入會案的理事會主席是印度籍的舒其大使，印度為第三世界不結盟國家，原本我國認為，透過舒其大使的威望剛好可以整合第三世界國家，補強我國在第三世界的弱勢。不過，九月二十九日理事會審查我入會案果然如我方所擔心的，第三世界國家代表在會中，還是為老大哥中國大陸強出頭，強烈表達要求「台灣不能先於中國大陸入會」。

關鍵的主席聲明

當時第三世界國家中有五個國家強烈聲援中國大陸，包括巴基斯坦、孟加拉、斯里蘭卡、烏拉圭及古巴等國，後來經貿官員把這五國取一個綽號，就叫「Gang of Five」（五人幫）。對於第三世界國家主張，歐美各國並未同意，當場提出不同論點，美國站出來為我入會案緩頰說，「應視兩岸的外貿體制狀況，基於商業考量，決定入會順序；兩岸入會案不應連結在一起，應分開處理」。

根據GATT的正式文件顯示，GATT理事會主席舒其大使在九月二十九日的理事會中，曾針對我入會案宣讀一份聲明，指出：「經過他多次進行諮商的結果，有許多GATT締約會員認為『台澎金馬個別關稅領域』不應比中國先入會，但也有若干締約會員不表贊同；儘管如此，大家都希望能為Chinese Taipei的入會案成立一個工作小組。……理事會應充分考量各方有關『應先審查中國入會工作小組報告和採認中國入會議定書，再審查Chinese Taipei入會工作小組報告和採認Chinese Taipei入會議定書』之看法；但是此兩份工作小組報告應分開加以審查。」這項主席聲明稿獲得理事會無異議通過（Agreed）。

上述主席聲明其實是各主要國家在理事會召開之前角力的結果，其中有關我國和中國大陸何者先行入會的敘述，只是國際政治現實情況的反映。當時在外交上承認中國大陸的國家數目，遠多於承認我國的國家數目，因此也是允許不同意見國家「各自表述」的妥協安排。理事會並未採取特定的立場，因此認為台灣和中國大陸的工作小組報告應該分開加以審理。

理事會召開時，我國因為還不具觀察員身分，因此並未出席理事會，惟在會前我駐蘇黎世辦事處已取得主席聲明全文，而且也在會前將相關訊息報回國內，當時國內各部門均有充分掌握並了解，且並未提出反對之意見。

至於舒其大使在該次理事會通過上述聲明後，又說了一段有關 Chinese Taipei 未來在 GATT 中之代表團的地位和名銜的話，人在日內瓦總部最前線的陳瑞隆強調，「事實上並不是上述主席聲明的一部分，也不具有法律約束力」。陳瑞隆的得力助手童本中也從文獻中提出有力證據，佐證從該次會議對這一段話的處理方式是「Take Note（予以記錄）」，而非如上述正式聲明獲得「Agreed（通過）」，兩者有所差異，可以很明顯的區分出來。

各國主張兩岸同時入會

雖然我國非觀察員，無法在現場表達立場，但事後經濟部也擬妥一份聲明稿，對舒其大使發表的聲明稿作出五點聲明回應，包括：

一、我提出加入GATT已逾二年半，理事會決定成立審查我案之工作小組，我除表示歡迎，並對理事會中支持我加入案之成員表示謝意。

二、我國係依GATT第三十三條以「台灣、澎湖、金門、馬祖關稅領域」名義申請加入，GATT理事會決議依該條審議我案，至為適當。

三、我政府有效控制「台澎金馬」關稅領域，且對外商務關係完全自主，我以該領域名稱申請加入，完全符合GATT規定，與中國主權問題無涉；我政府對於GATT不相關聯之任何聲明，表示保留。

四、我申請加入GATT與中國大陸之申請加入GATT兩案互無關聯，我盼GATT注意分開審理兩案，並依經貿體制符合GATT規範之程度決定兩者加入之時機。

五、我將就加入GATT案與各締約者交換意見，俾儘速完成各項手續，及早加入GATT。

從上述聲明稿嚴肅表達我國的立場，可以明顯看出，對主席聲明中「大陸先台灣入會」的各自表述，我國並不承認也不同意，到各國遊說時，連「兩岸同時入會」的說法我國都表示反對，外交部甚至向美國反映，兩岸入會案件應分開處理，不應連結（Link）在一起，哪一個國家先完成入會的條件規範，就應先入會。

由於國際氣氛，加上中國大陸的態度，理事會受理我入會案後，才有締約會員主張「兩岸同時入會」，最早提出的國家是澳洲，後來美國也贊成。一九九二年九月二十九日的理事會主席舒其在審查台灣入會案時宣讀的主席聲明稿，雖然具有政治力量，但外交部認為，並非具有法律效力的裁決，是幕後磋商的印象及結論罷了。當時我外交部自始至終並不承認，曾經與各國有過「兩岸誰先誰後入會」的諒解（understanding）。

九月二十九日GATT理事會無異議通過受理我入會案，並成立入會工作小組審查我入會案，該工作小組開放所有有意願參與諮商的締約成員參加，並指派英國駐GATT大使摩蘭為我入會案工作小組主席，同時授予台灣「觀察員」身分。這是我國重返GATT的關鍵起點，拜觀察員身分之賜，我國比照中國大陸，可參加理事會及其他相關會議，兩岸平起平坐，台灣向GATT叩關就此再向前邁開一大步。

第十一節 成為觀察員

一九九二年九月二十九日的GATT理事會，處理台灣入會案的實質重點，就在主席聲明稿。我國堅持的立場有無受到尊重，成為觀察員及入會後的權利義務，有無受到不平等待遇，只有從這份主席聲明稿內容的推敲，才能作出評估。

扎實跨越第一關

理事會主席宣布台灣入會正式全名是「台灣、澎湖、金門暨馬祖個別關稅領域」，這一點聲明凸顯我案入會的法源依據是GATT第三十三條，絕對沒有被中國大陸矮化，我國堅持國家尊嚴的基本立場獲得理事會充分尊重；陳瑞隆等前線經貿人員多時的苦心佈樁終不負使命，不致在國內招來「喪權辱國、矮化台灣」的罵名。台灣入會案排入理事會的過程若拍成一部電影，勢必也是高潮迭起，精采可期。儘管擦撞出不少火花，但台灣在邁向GATT經貿聯合國之路，終於跨越第一道難關，扎扎實實邁出關鍵的第一步！

GATT理事會就我入會案作成決議後，GATT秘書處於十月五日通函邀請各締約成員參與我入會工作小組會議，並將我在遞件同時，一併送出去的外貿體制備忘錄分送各締約成員。但外貿體制備忘錄的分送動作，已較我國精心策劃的第一時間晚了兩年多。

為了展現我國對推動重返關貿總協定的高度重視，經濟部指派政務次長江丙坤率領國貿局長許柯生等高層代表團，於十一月一日到六日，親赴日內瓦參與理事會，並發表謝詞。江丙坤也趁機拜會主要締約會員駐日內瓦代表、GATT秘書長、理事會主席，以及我入會工作小組主席等重要官員，表達對各國代表團為我案奔走努力並支持的謝忱之意。

參加理事會第一次觀察員會議，並出席台灣入會案第一次工作小組會議，江丙坤並未鬆懈，抓緊前往日內瓦機會，以拜會及餐敘方式，分秒必爭展開旋風式遊說。包括美國代表團，我入會工作小組主席英國大使摩蘭、理事會主席舒其大使、GATT秘書處官員、印度及新加坡代表團，北歐的瑞典、芬蘭、挪威及冰島等國大使、歐體代表及中南美五國代表團，全都見到面，握到手。

江丙坤從一大早的早餐會就開始排行程，上午、中午、下午、傍晚、晚上，「拚命三郎」的江丙坤，再次展現拚勁，安排緊湊行程，唯一的願望，就是儘可能拜會對我入會案有助益的對象，為我國入會案在往後的審查階段掃除不必要障礙。

回憶歷歷往事，江丙坤指著行事曆上密密麻麻的行程表說，「這些都是會面行程，每分每秒都是在做事，為了達成工作和目標，那種要把事情做好的精神力量很大，工作時根本一點都不覺得疲倦，不知道累！」這種過人的意志及體力，連年輕的經貿官員都自嘆弗如！

我入會工作小組會議啟動

一九九二年十一月四日，台灣以ＧＡＴＴ觀察員身分出席關貿總協定理事會，江丙坤作了五分鐘左右的致詞，發表正式感謝聲明，他言簡意賅地說：「中華台北以觀察員身分，在此代表我政府對於理事會主席及所有締約成員，就我方申請入會事宜，經過多方努力，終於設立入會工作小組，進行審核並達成共識，特別表達感謝之意。我方重申對於『關稅暨貿易總協定』所揭櫫的自由與開放的貿易政策的積極參與意願，與對於多邊貿易機制的強力支持。這些承諾，中華台北除自一九九〇年一月一日以來，透過多次貿易開放措施來達成外，今後將繼續逐步推動貿易政策的自由化，俾追求其實現。中華台北對於十一月六日召開第一次工作小組會議，感到欣慰。我政府已準備好與所有締約成員合作，並期待工作小組的入會審查程序能儘早完成，以利中華台北在多邊貿易機制上，可扮演建設性的角色。」

「第一次我們進到會場，桌子好小，我還保留當時的相片，我們是一個會員兩個位置，我跟許柯生面對面坐著，桌子是長條型」。那天親自出席理事會且督軍坐陣第一次入會工作小組會議的江丙坤，相當興奮指著歷史照片回憶當年場景，江丙坤和許柯生這一趟旅程，是台灣重返關貿總協定相當具有歷史性的一刻。

十一月六日上午十時，GATT秘書處舉行台灣入會工作小組第一次會議，參加的國家共有五十五個，把會場擠得水洩不通，我入會工作小組主席摩蘭大使在簡單致歡迎詞後，立即邀請我國貿局長許柯生發言，許柯生就貿易體制進行二十分鐘口頭報告，重點在強調國際化、自由化、制度化經貿政策的一貫性，並補充說明一九九二年元月十七日我國將修訂版的外貿體制備忘錄提出，及各項經貿措施的後續發展。當天有四十八個會員代表及七個觀察員參加。

第一次我入會工作小組的啟動，將台灣加入GATT，推向另一個談判階段的漫漫長路。

第四章

國際市場的洗禮

第一節 入會工作小組成軍

一九九二年十一月六日，GATT舉行第一次台灣入會工作小組會議後，十一月中旬國貿局立即函請各部會提報參與談判工作小組名單，十一月二十日如火如荼展開成立以部會為單位的入會談判工作小組。十一月初江丙坤率領的代表團拜會我入會工作小組主席英國大使摩蘭時，摩蘭說我參加工作小組人數並無限制。

不過，根據陳瑞隆從日內瓦打聽的結果，一般國家代表團人數都是十～十五人，經濟部因此要求各部會參與談判工作小組人數，比照台美諮商談判方式，以一～二人為限，不宜過多。不過，真正參與諮商時，有的單位仍派出二～五人談判代表，最令國貿局關切的是，各單位談判代表是否真正獲得部會首長授權，才是諮商順利與否的關鍵。

八個部會相繼成立GATT談判工作小組

經濟部、農委會、財政部、央行、內政部、衛生署、新聞局及外交部等八個部會都相繼成立GATT談判工作小組，當時各部會談判代表都是一時之選，且都由各部會副首長擔任國內談判工作小組的召集人，而總談判代表則為國貿局長許柯生。

從一九九二年十二月開始至一九九三年二月，各部會相繼組成談判工作小組，展開多邊談判準備工作，重點包括收集各締約國對我貿易體制備忘錄提出的書面質詢、研擬調適方案、延聘諮詢顧問群、展開GATT談判人才培訓工作、建立GATT資料庫、召開研討會、展開國內宣導等，在入關的漫漫長路就戰鬥位置。

有關談判人才的培訓更是刻不容緩。江丙坤率領許柯生等代表團赴日內瓦參加GATT理事會，及我第一次入會工作小組會議時，江丙坤一行人就曾拜會GATT秘書長鄧可及秘書處法律顧問林登，就我入會案交換意見。GATT官員都表示，為協助處理入會諮商答詢技術問題，可以為台灣入會案訓練專案小組成員，秘書處針對台灣需要，在隔年（一九九三年）元月中下旬就可陸續派人來台，處理技術指導及訓練課程。

當時國貿局函請各部會的專案小組，提供主管業務需要上課的內容，各部會開出的上課清單相當多，包括關稅、非關稅措施（歧視性貿易政策、關稅配額、補貼與平衡稅、反傾銷法規、原產地規定、電影片之特殊規定）、東京回合規約（政府採購、技術性貿易障礙協定）、智財權、與貿易相關之投資措施。

此外，還有服務業、爭端解決、GATT條文解析、GATT對非市場經濟體之特別適用、與中國大陸進行談判及貿易問題、入會案實例介紹、談判技巧，及國際經貿法規等等，幾乎與貿易談判相關的專業議題無所不包，看起來相當精實，顯見這次是台灣走向自由化的一次大改革，台灣要與國際市場接軌，有許多功夫要學習，從開出的課程清單可見，各部會參與諮商官員對國際規範知識的貧乏，急欲加強汲取GATT相關知識。

陳瑞隆就這些上課清單，代邀GATT秘書處官員來台為我國官員上課。不僅如此，國貿局在培訓計畫中，也邀請國外GATT事務專家來台授課，研習主題包括服務業、非關稅貿易措施及防衛措施、競爭與貿易等主題。這可說是一次大規模、有計畫的培訓談判人才。

第二節 專案小組&策略小組

由於入會涉及層面甚廣，對國內產業影響至鉅，經濟部在正式提出入會申請案之前，早已擘劃組成高層的「GATT策略小組」負責入會策略之研擬，並作出政策性建議；另外再成立一個「GATT專案小組」，負責產業調適方案的研擬等技術層面工作，讓政策在跨部會間充分協調，行動密切配合。我國入會之所以能一棒接一棒，不因人事更迭而中輟，這二個小組平台是重要的祕密武器。

六巨頭成立策略小組

「工欲善其事，必先利其器」，要打一場經貿聯合國的世界盃，成功之鑰就是談判指揮體系的有條不紊。一開始構思入會談判工作指揮架構的幕後操盤人，就是心思細膩、素有「江科長」之稱的江丙坤，早在他接掌國貿局長時，接棒蕭萬長未完成的加入GATT

籌備工作，就開始構思入會工作組織體系及運作模式，他將運作策略、分工層次，設想得相當周全。

江丙坤在構思時，將入會談判指揮體系架構分為三個層次，第一、成立跨部會專案小組，由經濟部政務次長擔任召集人，國貿局長為副召集人，各部會司處長級為當然成員；第二、成立高層決策的策略小組，原先設計希望提升至行政院層級，但當時經濟部長陳履安認為在經部主導就好；第三、因應諮商談判，在一九九二年十一月底各部會正式成軍的談判工作小組，主要由部會次長級擔任召集人，是負責與各國談判的前線部隊。

最早成立的是專案小組，早在一九八八年三月底行政院核定同意經濟部成立「加入關貿總協定專案小組」，這是屬跨部會技術性的平台，同年五月五日經濟部會同財政部等各單位，籌備設立GATT專案小組，由經濟部次長擔任召集人，當時部長為李達海，首任召集人為當時經部次長王建煊。專案小組討論涵蓋範圍十分廣泛，共分成關稅組、非關稅組等七大小組，進行關稅、非關稅措施、工業製品、農林漁牧品、進出口法規、金融、服務業、投資、爭端解決等事宜的分工，以技術工作階層為主。

有感於當時很多決策必須高層直接下達指令，以縮短決策時間提升效率，一九八八年十一月二十一日經濟部再度向行政院建議設立一高層的「策略小組」，負責研擬評估及作政策性建議，包括申請入會時機、入會方式佈署、入會名稱、如何爭取國際支持等。一九八九年四月正式成立策略小組，由經濟部長擔任召集人，首任召集人由經濟部長陳履安擔任，還有外交部長連戰、財政部長郭婉容、農委會主委余玉賢、經建會副主委蕭萬長，及GATT專案小組召集人王建煊等六人組成，加速跨部會的協調及策略研擬工作。

第一次策略小組會議於一九八九年四月二十二日在經濟部召開，由經濟部長陳履安主持，當時針對申請入會使用名稱、入會時機及入會身分等三大敏感問題交換意見，這次會議決定先用五個外交部報請行政院核定的名稱，試探中國大陸反應後，再見機行事；俟名稱問題解決，再與美、日、歐等國舉行高層會談，尋求支持。

策略小組認為，應在大陸正式獲准入會前，加緊與美、日、歐體及第三國諮商，以決定入會時機；在入會身分上，這次會議拍板，為爭取歐美各國對我案支持，將原則接受美方建議，以「已開發國家身分」申請入會，不過在日後諮商、遊說、入會意願書及貿易體制備忘錄中，都必須強調台灣為新興工業國家的事實，要求GATT秉持不歧視原則，讓我國尚未進入已開發國家之前，仍享有和其他新興工業國家相同待遇，擔負相同國際義務。

指揮體系有條不紊

一直到了一九九三年，江丙坤接任經濟部長、蕭萬長接經建會主委，江丙坤建議蕭萬長把策略小組帶到經建會，一九九六年江去接經建會主委時也正式主持策略小組。策略小組在入會過程中扮演舉足輕重角色，例如：第三次策略小組在一九八九年十二月六日，討論入會名稱、入會時機、入會申請方式，包括對大陸要不要引用互不適用的排除條款等，顯見當時的策略小組扮演決策性很高的角色，多數入會決策在部會層級就可作出重要決定，而非事事提升至府院層級解決。

之後，徐立德以副院長兼任經建會主委，策略小組名正言順提升為副院長層級，當時菸酒開放就是由副院長協調的。正因為加入ＧＡＴＴ談判組織運作架構完整，要處理數千項政策開放的問題，才能層次分明，有條不紊。

當時國內談判工作小組及專案小組，同時參與諮商談判，其中專案小組負責體制改革、市場開放及產業調適方案的研議；談判工作小組是先由部會解決自己轄管業務市場開放的問題。大多數跨部會間疑難雜症先在專案小組解決，不至於什麼事情都往上推給策略小組決定，或提報行政院及總統府作決策。

當年經濟部處理國際經貿事務，不必事事請示府院，高達九成以上事務均由經濟部或經建會首長出馬協調就能搞定，財經閣員格局廣闊，常能獨當一面，是內閣中雄視睥睨的一方霸主，在GATT推動歷程中，陳履安在關鍵時期的關鍵決策，就足以證明。

遙想當年，徐純芳對江丙坤細膩的操盤規劃佩服得五體投地，認為這些事前準備功夫了得，是入會功不可沒的關鍵要素之一，至少讓士氣凝聚一大半，有目標、有戰略、有戰術，讓前方將士知道為何而戰、為誰而戰。

第三節 黑白臉唱雙簧

曾經參與諮商的團務秘書、現任職國安會的黃麗惠就在幾年前整理家中物品時，拿出入會當時開會保留下來的錄音帶，一時興起倒帶來聽，才覺得當時在談判過程，國內專案小組會議的對談內容真是精采絕倫，雖然物是人非，事過境遷，但如今聽來更令她覺得回味無窮、拍案叫絕。

「當部會擬答的內容不合理時，專案小組召集人許柯生就會做球給徐純芳打」，黃麗惠說，有一次徐純芳在專案小組報告：「農委會準備退縮立場」，許柯生一聽就扳起臉孔說，「在專案小組不准立場退縮，如果要退縮請提到策略小組，談判只能繼續往前走。」

許、徐一搭一唱合作無間

面對部會採取保守立場，徐純芳會「借洋力」說：「日內瓦傳來的消息好像不行喔」；

緊接著許柯生也會對著各部會曉以大義說：「你們要不要再研究、研究啊，不過這次談不完，下次再談，愈來愈困難喔，你們回去考慮考慮」。許、徐二人一搭一唱，一扮黑臉、一扮白臉，合作無間。

開過刀與癌症纏鬥過的徐純芳回想美好的仗已打過，娓娓道來時笑得相當開心，不但佩服長官的遠見，更佩服自己投入GATT的執著，甚至可以和長官扮黑白臉、唱雙簧，默契十足，在當時「官風」保守的世代下，實在不可思議呢！

當時專案小組會議動輒五、六十人以上，有時甚至達八十餘人的大陣仗，必須借用台電大樓二十七樓開會，只要一有會議，台電大樓進出管制就相當嚴格，如臨大敵般。專案小組每次召開會議，國貿局從議題、案由的研擬規劃，每一項議題整理得清清楚楚，鉅細靡遺，不但讓會議進行十分順暢，大部分難題在這個平台可以獲得解決，也正因事前國貿局都會周詳準備，讓各部會在爭議點上，沒有猶疑退縮或模稜兩可的空間。

江丙坤任國貿局長時，不只針對談判組織運作架構有周詳規劃，在對外遊說、國內宣導規劃，完成雙邊諮商後如何爭取國會最迅速立法程序等，幾乎入會案該籌備的工作程序，及作戰計畫，設想得面面俱到，全套統包，可見他的心思細膩，又具高度執行力，在在都是長官賞識倚重的原因。

在談判架構上，江丙坤從各部會成立談判工作小組、草擬入會議定書、遊說三分之二的締約成員支持、國會批准、完成入會程序等，所有入會每一個階段的工作，都理路清晰的規劃在一張A4的紙上，彷彿我入會案的過關斬將躍然於紙上。還沒有遞件申請，江丙坤卻早同仁好幾步，將入會的每一步棋局，鋪排出完整的流程圖，不論新進者或初學者，都可以輕鬆按圖索驥，接棒GATT的工作。

當時國內宣導層面擴及產業界、立委、國會助理、媒體，尤其和國會搭起良好互動的對話橋樑。此外，向國際人士遊說的功夫做得更是扎實，可說前無古人，後無來者。當前馬政府亟欲加入TPP、RCEP等區域經貿整合，還有ECFA後續的服貿、貨貿諮商的佈局，其中服貿因缺乏充分對外溝通引起產業界反彈，其準備功課的種種鋪陳，恐怕都不及當年加入GATT的功力。

第四節 小孩蛻變成大人

申請加入GATT最棘手的，除了名稱問題外界最感興趣外，以什麼經濟體身分申請加入，策略小組有很多著墨。台灣用「已開發」或「開發中」國家申請加入關貿總協定差別有多大？影響在哪兒？這是台灣入會案爭議課題的外一章，未深入了解GATT規範，可能難窺其堂奧。

已開發國家申請具吸引力

台灣到底是要用什麼身分申請加入GATT？我國政府各部門絞盡腦汁。研究結果，經貿單位認為我國應表明願意以「已開發」國家立場申請加入，比較容易得到各國支持，依GATT條文，「開發中」國家身分具有特殊優惠，但當台灣申請入會時，已是第十五大貿易國，套句「微笑老蕭」的話，以經貿實力來看，台灣已從「小孩」蛻變成「大人」了。

設若台灣一方面想進入GATT，另一方面卻要求更多減稅或免稅優惠，各締約國勢必會重新思考台灣入會案；因此國貿局接受國內法律顧問建議，用「已開發國家」申請的另一層深意，是想趁機告訴開發中國家，台灣入會後不會和其他開發中國家爭取優惠特別待遇，讓開發中國家進一步支持台灣入會案。

工總秘書長蔡練生回憶說，一開始我國原擬爭取以新興工業化國家（簡稱NICS）加入，因為當時各國都定位台灣的經濟發展程度為新興工業化國家，不要用「已開發」或「開發中」國家申請加入，但當時試探GATT各主要締約會員反映，各國認為，依GATT規定只有「已開發」和「開發中」二分類，不知我國提議的新興工業化國家擺在那裡，如何適用。

繼承陳瑞隆衣缽、曾任蘇黎世辦事處主任的中油董事長林聖忠卻認為，「開發中」和「已開發」二者間承擔義務截然不同。已開發國家的義務，提升至先進國家的位階，要負擔很多義務，享受權利相對很少。

當年為爭取順利入會，法律顧問建議我國應接受美方要求的條件，最好用「已開發」國家申請加入，主要著眼於「讓台灣入會申請案變得更具吸引力」，同時讓歐美各國認為，台灣若加入這個俱樂部，對整個外貿體制會有正面貢獻，不會像落後國家，只是要來坐享權利、分食好處，卻不承擔義務。

一九九二年，國內一再倡議「三化」信念——自由化、國際化、制度化，各國對台灣經濟前景看好，台灣經濟成長率以二位數成長，國內經貿單位評估，台灣在「已開發」國家體制調整上不會有很大社會及經濟問題，朝野也一片贊同聲，不反對台灣用「已開發」國家概念加入GATT。「大家不知道這背後代表的意義，包袱是很沉重的！」林聖忠這麼說。

深諳GATT（WTO）法條的林聖忠最能體會箇中差異，因為已開發國家在聯合國的經費必須負擔很多，必須提供開發中國家協助，各國洽談的協定（例如烏拉圭回合談判）若有新措施研擬出來毫無過渡期，只有開發中國家有過渡期，可適用較優惠規定，而落後國家則根本不必履行。

例如智財權保護措施如果達成新決議，台灣若用「已開發」國家入會，毫無緩衝期，對商業利益影響很大，像美國要求著作物保護期限從五十年延長至七十年，這是著眼於美方的利益，如果在WTO的烏拉圭回合協議中達成共識，我國必須遵守執行，期限多了二十年，必須多付二十年權利金；但是，國內能否有著作物可從別人那兒收到權利金來平衡？如果以「開發中」國家入會，就有權利要求強國給予三～五年過渡期，我國若用「已開發」國家申請入會，形同放棄緩衝期權利，我國產業承受的衝擊會很大。

在0與1之間找出第三條路

一開始遞件申請入會，為了展現決心，行政院確曾作成決定，同意依美方要求，向GATT各締約會員口頭表達，同意用「已開發」國家身分申請加入關貿總協定，但因我國申請入會案的受理拖了二年，等到GATT秘書處接受我入會案，我國對GATT的相關規範已了解得更透徹，深知用「已開發」國家身分加入，恐怕是不可承受之重。

了解愈深，我駐外單位對這個敏感課題就愈「閃爍」，直到最後必須攤在陽光下面對時，我方不能否認過去曾經說過的話，也不能放棄產業該享有的權利。事實上，依據經貿單位保留下來的文書及背景說明文件，都顯示我向GATT總部提出的入會意願書正式申請文件上，並未表明以何種身分申請加入GATT。

林聖忠證實說，在貿易體制備忘錄審查時，出現一段「妥協」的文字這樣記載：「我們願意承擔經濟發展程度相類似會員所有的義務；也同意不使用GATT給發展中國家特別優惠的待遇」，這就是我國在入會申請書所表述的立場。

對此，蔡練生進一步闡釋說，即使是已開發國家，六十分與一百分也有很大差距，但在GATT沒有很明顯的界線，各國只認為台灣是貿易大國，且國民所得已達一萬美元的已開發國家。但我方立場認為，我國只是在已開發國家及格邊緣，不應承擔所有已開發國家應盡的義務，因此才在文字上作些彈性的表達與安排。

整體經濟發展略遜於台灣的南韓，一九八九年起即不再被GATT容許繼續以國際收支為由，採取進口限制措施，南韓就是被視為「已開發」國家的例證；再者，自一九八九年起，台灣也有從美國普遍化優惠關稅（GSP）畢業的事實。因此，即使當時台灣經濟發展程度僅達新興工業化國家，距離先進工業化國家還有一大段距離，不過，現實是我國的入會案，很難被允許適用「開發中國家」的優惠待遇。

「WTO有一套高標準，專門對準新會員，與對待創始會員並不相同。」林聖忠自嘲，也許在國際政治現實上，新加入的會員總要付出較大代價，要購買較昂貴的入門票。不過，從這段過程，不難發現，為了國家利益，經貿單位官員也會據理力爭，在0與1之間找出第三條路，展現彈性靈活的一面，並非一味僵化地盡信法條與規定。

第五節 貿易體制備忘錄遭質疑

一九九三年四月，我國入會案第二次工作小組會議正式展開我國貿易體制備忘錄的實質審查，其中有許多面向不符合GATT要求，很多措施與MFN最惠國待遇有所悖離，進口限制規定也違反GATT主張的市場開放法則，及法規透明化精神。

農業不是單純的經濟問題

由於遞出申請書時，我國表達希望以「已開發」國家加入關貿總協定，因此在第一次入會工作小組會議中，部分締約國成員就提問：「你們到底是開發中國家或已開發國家？」、「台灣若用已開發國家身分加入，為何貿易體制備忘錄中各種措施及法令規章都像是開發中國家，尚未改善？」

一九九二年九月江丙坤率領代表團首次以觀察員身分出席GATT理事會時，在發表的簡短感謝聲明中即提到：「我國有若干產業需要特別調適期」。此話後來在入會工作小組會議時，遭到許多國家質疑，「既然是已開發國家，為何不依照規矩來，還要什麼調適期？」各國交頭接耳，提出不少詰問。

擔任我入會談判工作小組總談判代表的許柯生，在第一次工作小組就我外貿體制備忘錄提出報告後，面對各國連環炮似的問號，他不疾不徐地一一說明我國的現況。許柯生說「台灣貿易發展快速且有成就，在OECD架構下有一個名詞叫NICS，台、韓、港等國均歸類在這個新興工業化國家，而『I』這個字，台灣尚未達到Newly Industrialized國家程度，而是Newly Industrializing的國家，有些產業也尚未完全達到工業化程度。」

不過，此一說明各國並不滿意，希望台灣能闡述更清楚些。許柯生進一步直白的列舉台灣仍有三項產業必須要有特殊的調適期，包括一、汽機車工業，二、航空業，三、農業。

外界經常誤以為經貿單位動輒犧牲農民權益，逼迫農政單位讓步，其實許柯生在談判桌上強調，農業不是單純的經濟問題，是政治社會問題，我國對農業相當重視，不希望為了入會而受到重大衝擊影響。

「農業體制為何有那麼多違背GATT規範？農業若是單純的經濟問題，自由貿易問題若是那麼容易解決，為什麼一九八六年啟動的烏拉圭回合談判談了六、七年仍未談成？」許柯生在會場上，反應敏捷，以各國保護農業論點反問各國，以子之矛攻子之盾，希望大家將心比心。

歐體代表在我國第一次入會工作小組會議中，就立即挑剔我國農業措施根本不符合GATT規範，許柯生毫不客氣還以顏色說「歐體也參與烏拉圭回合談判，農業問題最多，台灣不過是向你們學習，你們都未能解決，我們是加入GATT的Freshman（新生），正在學習過程中，怎麼可能要求我們一下子即達到GATT要求的規範？」。

此外，在貿易體制備忘錄的實質審查，質疑我國進口簽審制度透明度有問題佔最大宗，其次還有農業、智慧財產權、政府採購等，都受到各國很大的質疑與挑戰。其中，進口簽審制度有相當多稅則號列經常註記為「非經主管機關同意，不得進口」，在我方看來每一個字都寫得很清楚，怎會不透明呢？

其實，在談判桌完全不是那麼回事。就各締約國來看，他們希望了解主管機關是誰？在那些條件下可以進口？那些條件不得進口？不能進口的條件符不符合國際規範？舉凡種種，我國在進口簽審規定上，並沒有依照國際規範訂明，難怪在入會談判工作小組會議中，會備受各國輪番挑戰。

理直氣壯表達立場

以鹿茸為例，紐西蘭就表示「為何不得進口」？我方說「會產生很大社會問題」，主因鹿茸是鹿身上附加價值最高的部分，鹿農收益以鹿茸為主，如果鹿茸開放將影響農民生計，鹿農不能生活，就會影響工作權益，而帶來社會問題。但農政單位這樣的說法，各國無法接受，反嗆「這是產業問題，不是社會問題」。可見當時政府雖然有產業保護概念，但在國際上能否行得通，卻備受質疑。由此可見，台灣與國際規範差距真是十萬八千里。

而日本代表團在入會工作小組會議上，每每挑戰台灣的市場開放條件，指責台灣有很多措施對日本產品嚴重歧視，尤其是小汽車，倘若我方不改善現有市場開放規定，「別想日本會支持台灣入會」。許柯生一聽十分不悅，不客氣對日本反駁了，他說「汽車是相當特別的工業，如果那麼單純，為何日本輸往美國及歐洲的汽車都會自我限制數量？顯見這是很特別的產業，汽車問題可以雙方坐下來談，不必在這裡攪和！」顯見許柯生在談判場合，不是任人宰割，而是理直氣壯表述立場。

服務業問題在GATT受理我入會案時，仍在烏拉圭回合如火如荼進行，也有他國代表詢問，一旦服務業市場開放談判成功了，台灣是否願意遵守烏拉圭回合談判的決議？當時金融業主管機關單位顯得相當保留，當場不敢作出承諾。主談人許柯生有意從大方向替金融機構回答，隨行人員遞上條子給許柯生，建議他讓部會自行回答。

不過，當許柯生一放手時，部會代表又會把話題扯遠，加上談判代表大多未獲長官充分授權，也缺乏談判經驗，不敢、也沒有權限承諾太多。各國與我國代表團第一次的接觸，觀感並不佳，對我談判代表保守的應對表現，大大不滿的表情盡寫在臉上，有些國家代表一直在台下猛搖頭，看得主談人許柯生膽戰心驚，如坐針氈。

談判是堂震撼教育課程

我國因為沒有談判經驗，參與第一次入會工作小組會議的談判代表團多達四、五十人，真正能回答問題的人少之又少。有趣的是，剛開始諮商時，各部會代表經常千篇一律回答「這個問題稍後再回答」，於是白天收集題目，晚上打電話回台灣找答案討救兵，再由法律顧問寫成擬答內容，隔天由許柯生以聲明的方式，向各國宣讀解答。

總之，我國提出的經貿體制備忘錄，在第一次工作小組會議上遭遇各國品頭論足，挑三揀四，處境相當難堪，各單位出席的與談人個個臉色沉重，心想「天呀，外貿體制備忘錄如果每一項都要改，要改至何時才能入會哪？」想到這裡，個個頭皮發麻，不敢想像這一條入會路究竟會有多漫長？

其實，從一九八四年俞國華院長宣布自由化、國際化、制度化等三化精神以來，只有經濟部在貿易管理措施走得最快，積極降低關稅，開放進口產品，改採負面表列等，其他各部會的業務仍相當保守，因此在貿易體制備忘錄遭遇各式各樣的挑戰也就不足為奇了。

第一次工作小組會議，我談判代表團就像「劉姥姥逛大觀園般」，什麼事都新鮮，但台灣也像個「鄉巴佬」似的，面對國際化、自由化的認知實在太貧乏了，在國際場合究竟要如何談判，可說上了一堂震撼教育課程。

第六節 拋玉引磚

一九九二年九月二十九日GATT秘書處受理我入會申請案後，將我國貿易體制備忘錄和自主性的貿易自由化措施，送給各締約成員國去檢驗，各國卻先丟回來四百七十多個問題，其中僅美國就提了一百八十三項，另外談判對手國可根據我國的答案，再重新提出新問題，次數不限，後來不斷衍生上千項的經貿問題，讓國貿局官員似有解題解不完的感覺，為答覆各國丟回來的問題，經常疲於奔命。

自由化、制度化、國際化

時任三組一科科長的徐純芳解釋，這四百七十多個問題代表了四個意涵，一、台灣貿易體制充滿了各種問題，不符合國際規範；二、貿易體制可能影響這些國家產品在台灣的通路；三、我國貿易體制不符合自由化、透明化原則；四、爭議性措施不改善，會影響整體經貿體制改革的工作。

可以明顯看出，儘管台灣政府整天喊出自由化、制度化、國際化，但實際上台灣在當時自由化腳步非常「龜速」，如果不是透過加入世貿組織的過程，台灣要靠自發性調整經貿體制根本是不可能的事。「這次入會過程，經貿部門認為是一次借力使力，使台灣產業轉骨的過程」，徐純芳為我國邁向新一波自由化革命這麼下註腳。

徐純芳說，第一次準備解答時，國貿局將法律顧問及同仁集中在國貿局七樓會議室，準備茶水及三明治放在旁邊，準備一條一條擬答。但一開始毫無頭緒，只是單純認為這是法律文件，答覆必須小心。沒想到一開始法律顧問們對法律見解就有異見，當場激辯起來，有時一個問題討論一個多小時，毫無效率可言。

徐純芳把領頭的法律顧問蔡英文找來，一旁低聲地說「這樣吵下去，四百七十個問題何時才能答完呀？」蔡英文回說「已經在想辦法了」。蔡英文當時參與台美智財權談判很久，熟悉政府的運作，她邀請幾位法律顧問團隊專家協助我入會案。為了增進解答效率，後來改變方式由法律顧問團隊針對每一道題目，主動找各部會詢問並擬答。「掌握重要技巧，擬答時就是要結束這項議題，不讓對有機會找到新的東西回來問，滿足對方需求與立場。」蔡英文在商業周刊出版的《蔡英文——從談判桌走向總統府》一書提到，就是找到這項訣竅，才將四百七十個議題逐一答覆各國。

在擬答的過程，政府官員方才真正體認到，為什麼我國的貿易體制備忘錄一送出去，會引回來四百七十個問題，實在是因為我經貿體制和國際規範有很大的落差。徐純芳綜整心得一一剖析的說，像商港建設費由從價稅改成從量課稅，不能有地方財政的目的，因為商港建設費是規費，依照GATT規範必須專款專用，但我國卻有一半拿來作商港員工的福利金，完全不符合國際規定。當時GATT締約成員詢問「只對國際港課徵規費或所有商港均課規費？國內線也作為商港使用為何不必課規費？」徐純芳說，這就是國民待遇的課題。

小汽車方面，我國只允許歐美小汽車進口，但禁止日韓車進口，理由是我對日本貿易逆差太大，要求日本改善。但這樣的理由，日本無法接受，日本強調貿易失衡主要是產業結構差異所致，何況台灣有需求，需要進口日本機器設備，生產後外銷全世界賺取外滙，因此日方認為，日本對台灣貿易順差是健康的。

拋磚引玉VS.拋玉引磚

「台日的經驗，對照台灣去大陸或越南投資，不就是日本模式的翻版嗎？」徐純芳說，經過入會談判的洗禮，我國對日本貿易逆差已不再那麼敏感了。從事實來看，我國入會後，日本車開放進口，並未衝擊台灣市場，透過汽車談判設計，日本車以進口高級車為主，台灣生產以國民車為主，讓市場有所區隔，也因此國產車市佔率由五〇％提高至八五％，顯然對汽車產業升級帶來不小助益。

此外，再從服務業市場角度來看，原本早期台灣只有四大銀行，公務員都捧著一小包薪水去台灣銀行等幾家銀行存款，但到銀行存款，每次排隊時都很生氣，前面有不少民眾帶著小鈔券，行員慢吞吞的數算，市場開放後，台灣的銀行業與世界接軌，銀行服務品質逐步提升，讓我國見識到國際服務業的高水準及進步開放。例如台灣銀行後來能為櫃檯服務設置號碼條，旁邊也有股市行情，黃金外匯及利率行情，大廳內擺了幾張椅子，讓等待辦理各項存款或匯款民眾可以舒服坐著等候，甚至有的民營行庫還會提供茶水招待。在在顯示，服務品質的提升，是外力刺激的結果。

外貿體制自由化、制度化的安排，是國家進步重要源頭。從加入WTO來看，與國際接軌，對台灣來說更是好處多多，利大於弊。像農委會原本堅持不願意開放保久乳，理由是國人只喜歡喝「鮮奶」，而主張開放的人則認為「開放不過讓民眾多一項選擇」，不必害怕國內外乳品因此產生競爭。

然而，國內還是有些弱勢產業令人擔憂，在自由化與國際化調適過程會因此受到傷害，因此，各部會在談判過程中，也研擬國內各項弱勢產業的調適方案，需要結構改善的，就採取結構調整，這些是入會專案小組必備的配套作業模式。為了因應農產品衝擊，李登輝前總統更是立即交辦，大手筆設置一千億元農業損害救濟基金，規劃相當完整。

「人家是拋磚引玉，我們是拋玉引磚。」徐純芳說，三十頁的外貿體制備忘錄，招來四百七十個議題，四百七十個議題答覆後又招來許許多多上千個新的議題，這意味我國貿易體制與國際間落差甚大，透過與各國諮商談判的慢火細燉，逐項按部就班處理，台灣的外貿體制才逐步與國際接軌。

「我經貿體制經過WTO的洗禮，是一次借力使力的過程，讓我國的產業結構歷經一次徹底轉骨，這一次產業結構調整在台灣算是成功的典範。」這就是「徐班長」參與多年經貿談判的心得。

第七節 國內社會溝通

經貿單位要求加入GATT／WTO的宣導溝通，一點都不馬虎，當我國入會申請案遞進GATT秘書處，立即展開所有各領域的宣導活動，包括說帖、答客問都隨時隨地更新。尤其在一九九二年召開第一次入會工作小組會議之後，國內各項準備工作緊鑼密鼓展開。當時經濟部規劃下鄉進行數百場宣導GATT工作。

減少入會阻力加強產業調適能力

國內宣導不但有外貿協會舉辦北中南巡迴研討會，針對GATT爭端解決、原產地規定、裝船前檢驗、貿易有關投資議題，及GATS服務業有關之金融、保險、航空運輸等方面，詳細講解，讓廠商了解GATT及烏拉圭回合談判相關議題，以提升產業認知，讓業者有所因應。

另為增進ＧＡＴＴ專案小組及經濟部各單位主管官員對ＧＡＴＴ組織架構的了解，對我國的影響與因應，也專門針對專案小組成員再舉辦研討會，介紹ＧＡＴＴ、烏拉圭合回談判重點，以及我國加入ＧＡＴＴ應有之調適與因應，順便說明推動我入會案最新進展及配合工作，讓參與談判人員對ＧＡＴＴ有進一步認知。

同時，國內系列宣導溝通，最重要的一塊就是和切身利害關係的產業界舉行產業策略座談會，增進企業對加入ＧＡＴＴ問題的認識及共識的建立。工業局與工業總會合辦五十多場各項研習會、研討會、座談會與說明會，與工業有關的敏感議題則分別另行召開祕密會議，或以電話方式交換意見，與產業界代表進行廣泛及地毯式的溝通與討論，此對我加入ＧＡＴＴ／ＷＴＯ談判底線擬訂，促進業界儘早採行經營調整措施，及工業局研訂產業調適政策與措施，都有極大助益。

一九九五年二月十四日起，工業局固定在每週二舉辦重點產業發展座談會，邀請鋼鐵、機械、機車、資通訊、石化、食品、紡織等十三個重點產業公協會，研究機構與政府機關代表進行系列產業策略座談會，同時趁機對參加座談會的企業主進行問卷調查，以了解企業對可能影響與衝擊之認知及計劃採行策略，從業者寶貴建議意見中，期在雙邊諮商時獲得最大利益，並提供國貿局參考。這些活動的舉辦對我國加入ＧＡＴＴ的政策推動，凝聚產業界共識，有相當的助益，也有助減少入會阻力，加強產業調適能力。

此外，為增進各地基層農政單位及農民團體對GATT及烏拉圭回合談判議題的認知與了解，國貿局與農委會、台灣省農林廳，分別下鄉到雲林、台北、台南及花蓮，巡迴舉辦「我國加入GATT農業部門因應對策說明會。」當時任國貿局三組組長的蔡練生回憶，國貿局規劃上百場全國各階層的溝通說明會，積極和社會對話，他個人就親自跑了百場以上，包括扶輪社、獅子會、成功大學校友會等，風吹雨打未曾缺席。

GATT宣導部隊是一支勁旅

有趣的是，蔡練生受邀出席的中南部各社團都是「台語社」，開會都要用閩南語溝通，為了多爭取加入GATT形成全民共識的溝通機會，只好硬著頭皮，用台語講專業的GATT。蔡練生是廣東汕頭人，五、六歲來台在台南長大，略懂台語，但要用台語講這麼專業的內容，還是很吃力，最後他會來一句「歹勢，我是外省囝仔，講不好的地方請多多諒解包涵」，反而贏得台下聽者抱以熱烈掌聲。

既然要形成全民共識，國貿局規劃的對外溝通不限產業，針對社會各階層，走入校園、各社團、媒體等，只要有機會就不厭其煩去說明，因為當時社會上對GATT是陌生的，究竟參加有何利弊？為何要加入？要承擔什麼權利、義務？目前烏拉圭回合在談什麼？蔡練生帶動部會風氣之先，印製一本彩色的「GATT答客問」，用淺顯易懂、深入淺出文字編寫，在各項研討會一路灑，並與工業局、農委會、經建會等各部會分工，形成社會對GATT朗朗上口，「宣導可說相當成功」，蔡練生這麼認為。

令徐純芳印象最深刻的一次是，她代表國貿局到台南新營盛產稻米的大縣進行GATT宣講，徐純芳站在台上才正要開始講話，台下農民就鼓譟嗆說「什麼叫做GATT，就是夾到，咬到啦（台語）」。徐純芳當時在台上聽不懂台語，立即向台下農民致歉說「很抱歉，我台語麥輪轉（講得不夠好），因為我在國外十年時間，確實沒有好好學習台語」，徐純芳態度柔軟誠懇，姿態又低，台下農民並沒有為難她。為了讓農民了解GATT，後來那一場活動，由相關同仁先將國語翻成台語，再將台下台語又翻成國語，卻也引為笑談。

在宣導過程，遇到任何民眾攻擊，國貿局人員絕不退縮，打死不退。時任三組組長的蔡練生即使是廣東人，為了GATT也賣力以台語去宣導溝通，用心到這種程度，令部屬同仁折服。「GATT宣導部隊，可說是一支勁旅，都能針對問題一項一項答覆，雖然沒有培訓就倉促成軍出去宣導，但個個練就一身功夫，學習能力很快，外界所關切的問題，宣導部隊都具即席答覆能力。」徐純芳細數當年英勇事蹟，認為政府對國內重大公共政策的溝通工作就該如此啊！

第八節 不可或缺的要角

為因應入會需要，談判組織架構中，有一層中間媒介顯得十分特別，那就是由國貿局引進的法律顧問團隊，猶如陪襯紅花的綠葉，是一開始諮商時，不可或缺的要角。

一九九二年十一月底的談判工作小組會議上，正式延聘包括蔡英文、羅昌發、黃立、張新平、方嘉麟及楊光華等六位教授為法律顧問。當時法律顧問負責提供GATT法律諮詢、協助相關文件審核及撰寫、擔任入會諮商談判時中英文翻譯及法律顧問工作，協助各部會與國際接軌。

法律顧問成就非凡

「有時國貿局認為部會擬答不妥，或談判策略不妥，由法律顧問專家表達意見，比國貿局直白點名某某部會的不妥，聽起來舒服些，也有轉圜空間。」徐純芳認為，一個協調機制建立在中間媒介的架構下，檢視有無符合國際規範，在入會諮商過程中顯得更平順，也不得罪人。

法律顧問團隊深諳法律，但未必熟悉業務，在展開雙邊談判時都邀請法律顧問參加，這些教授因此成長神速。許柯生主持的跨部會專案小組開會，法律顧問一定列席，同時就議題別分配，請法律顧問照顧不同的部會，連座位都精心安排，例如蔡英文、楊光華坐在主談人許柯生左右兩旁負責總體部分，羅昌發負責政府採購及補貼，張新平負責服務業，農業部分由蔡英文及楊光華負責。

除了專案小組之外，談判的沙盤推演，法律顧問也在一旁參與。有一次「火爆娘子」楊光華有很激烈的舉動，為了重型機車能否開放騎上高速公路發了一頓很大的脾氣。當時主辦單位交通部表示「汽缸ＣＣ數愈大，愈容易騎快車撞死人，增加對民眾生命的威脅」。楊光華一聽相當火大，拍了桌子就走人，她認為這種理由怎能上得了國際談判檯面。當時交通部堅持不開放的理由，根本不能算是國際語言。

「東西安不安全在於使用上的注意，騎摩托車是使用人要控制時速的問題，並不在於汽缸數多或少」，團務秘書之一的黃麗惠這麼解釋。二〇一四年冬末某一天的午後，徐純芳、黃麗惠，併肩坐在一起喝茶，徐、黃二人妳一句、她一語，快樂地回憶參與ＧＡＴＴ

諮商的過往，但徐班長卻不禁慨嘆，我國參與GATT才知道，台灣的貿易體制與國際規範的落差竟然脫節這麼大。在我國入會過程，聘請的法律顧問在國際接軌的諮詢上，當時發揮很重要的角色。

值得一提的是，參與入會談判，造就法律顧問每一個人日後的輝煌成就，尤其在協助政府處理國際事務時，這些歲月的淬練成為相當寶貴的人生經驗。當時法律顧問因參與GATT談判工作，汲取很多談判經驗，羅昌發、楊光華及蔡英文都曾經獲邀擔任WTO仲裁（爭端解決）小組成立時委員，相當WTO法官，後來僅身為大法官的羅昌發接受邀約，對一個學法律的人來說，能獲國際組織青睞，這是莫大的榮寵呀！而蔡英文在商周出版的《蔡英文——從談判桌走向總統府》一書也揭露這件事。

這群法律顧問尤以蔡英文在從政路上最受矚目。一九九〇年代，三十歲初頭的她，剛從英國留學返台在政大任教，留著一頭清湯掛麵髮型，就被國貿局三組相中，延攬她擔綱各項國際貿易談判的法律顧問，舉凡台美工具機、智財權、雙邊投資協定、關稅及匯率談判等無役不與。

蔡英文與政治結下不解之緣

後來參與WTO密集談判，經常被安排坐在我方主談人身邊，視情況有時提建議、有時負責喊停。英文嚇嚇叫的她，陷入僵局時竟叫翻譯英翻中、中翻英，「這是她緩和僵局、讓場面輕鬆、降溫的策略」，工業主談人何美玥觀察幾次後這麼說。也不知幾時，美國談判對手發現蔡在談判桌上扮演角色不簡單，開始注意這號人物的一舉一動。

有了參與入會諮商的這段磨練經歷，更熟悉政府的運作，蔡英文、楊光華後來在後李登輝總統時期，進入國安會擔任諮詢委員；蔡在扁政府時期更上層樓，一路從陸委會主委、不分區立委，升至副院長，二〇〇八年更扛起民進黨爛攤子接下創黨來首任女性黨主席，二〇一二年、二〇一六年相繼參選總統，於二〇一六年一月十六日當選中華民國首位女總統，與政治之路結下不解之緣。

除了法律顧問，傳譯人員也是談判期間不可或缺的螺絲釘。雙邊諮商剛開始，我方採取用逐步翻譯做法，如此可以讓主談人有多點時間反應，至少各部會講得不妥適時可以有更多時間修改，例如有些部會說「提頭來見」，傳譯就會用另一種語言去翻譯，當時我方翻成「It's bloody」，許柯生立即向傳譯示意說「這麼翻夠了」。多邊工作小組會議至少有二至三個傳譯一起參加，有一次一項農業議題，楊光華聽一聽覺得不太對，就向傳譯示意說不要翻譯這一段，但傳譯常本於職責只有照翻。

傳譯出國參加諮商通常都帶一整個行李箱的資料，很多人在飛機上休息時，他們卻要準備各行各業的對照表，即使薪資行情看漲，那些跟著許柯生東征西討的傳譯，為了國家大事，他們收取的費用比一般市場行情更低。但當時國貿局要聘用傳譯，十分慎重，甚至出題考試，令這些在市場上很搶手的傳譯人員心中有些嘀咕呢！後來愈來愈習慣雙邊和多邊諮商後，國貿局率團出國諮商才逐步降低對傳譯人員的倚賴。

第五章

雙邊談判列車開動

第一節 王志剛御駕親征

GATT入會談判有二個層次，一個是入會工作小組，有五十五個國家參加，他們要求我國要把經貿法規翻成英文，五十五個國家拿回去一條條審閱，看哪一條不了解，哪一個條文違反GATT規定提出問題，且不限一次提問，只要是想到問題就可以一再提問，完全沒有時間限制，前前後後恐怕提出不只數以千計的項目。國內要針對這些問題一一答覆，每次答覆資料傳回去GATT秘書處若接受就過關，若各國不接受，就得修改法案，我國邁向自由化各項法案修法源頭，就是來自GATT入會工作小組。

三十個締約成員與我國雙邊諮商

另一個層次是雙邊談判。一九九二年十一月六日開始我入會工作小組有關外貿體制大體審查工作，經過三次入會工作小組會議審查接近尾聲，我方開始計畫邀請各成員與我進行雙邊談判。從實務面來看，雙邊談判是我國入會歷程的最高峰，與各締約成員展開一系列密集的談判，歷時五年有餘，台灣入會申請案能不能被接受，雙邊談判具有左右全局的關鍵。

有些國家認為跟台灣貿易量不多，不談雙邊，就搭便車、揀便宜；但有些國家和台灣經貿往來密切，不但要談，還要斤斤計較。雙邊談判談完之後，我國承諾各項關稅減讓事項都會變成關稅減讓表，依照GATT最惠國待遇原則，未參加雙邊談判的國家自然可以比照享受，最後我國與三十個國家前前後後共談了二百四十場。「光看這數字，就知道是一場艱困的馬拉松長跑了！」江丙坤這麼說。

一九九三年十月舉行第四次入會工作小組會議時，我方覺得可以進行雙邊談判了，擔任我入會工作小組主談人的許柯生，就在這次工作小組會議聲明中宣布，「願意展開雙邊的關稅談判，有興趣與台灣展開雙邊談判者可與秘書處聯繫」。

結果有三十個締約成員表達與我國談判意願，各締約成員陸續對我提出關稅減讓及市場開放的要求，其中最重要的是美國。一九九四年二月，美國與台灣首次在台北舉行入會雙邊會談，而美國所提出的訴求涵蓋全面性議題，只要美國談完，各國就可以坐享其成，坐收漁翁之利。

GATT入會工作小組會議之所以辛苦，是因為我國貿易體制無法符合締約成員的要求，每次對外打完一仗，返國後就得準備在國內再打另一場仗，戰場從日內瓦換成國內罷了！每一次針對入會工作小組擬答問題，國內都會沙盤推演，包括承諾何時要修正內部法規以符合GATT規範，這樣的作法無異要求各部會洞開門戶。「通常對抗國內本位主義的戰役，要比對抗GATT締約成員更加艱苦激烈」，徐純芳和參與初期諮商的經貿人員都這麼認為。

而在貿易體制檢討修正上，提出意見最多的也是美國，包括一般關稅，進出口簽審規定，及服務貿易等，美方都未曾手軟。我國也對各國承諾，俟服務貿易在烏拉圭回合擬訂新協議後，就依新協議展開談判。

我國和美國、日本、歐盟舉行的雙邊諮商最辛苦，最終收割期就是在王志剛擔任經濟部長任內。一九九八年七月二十三日我國和歐盟達成雙邊協議，我代表團專程到歐洲布魯塞爾，當時歐盟負責對外關係執行委員布林登（Leon Brittan）特別在布魯塞爾歐盟執委會辦公大樓舉行慶祝酒會。

前經濟部經濟參事童本中回憶這段過往時，補充一個「將錯就錯」的小故事。由於我方與瑞士進行雙邊諮商時，兩邊還有細節尚待釐清並未談妥，但當王志剛看到瑞士經濟部長時，很熱情握著對方的手說「我們已經達成協議，握握手！」對方丈二金剛摸不著頭緒，基於禮貌，笑咪咪握手回應，瑞士經貿部門底下的官員瞬間臉色大變，王志剛就不管周遭如何反應，照樣一直熱情地握著對方部長的手不放。

「我方強渡關山是事實」，童本中說，後來瑞士多所抱怨，幸而不是什麼太大問題，兩邊「老闆」靠著「握手」示意拍板定案，我國與瑞士的雙邊諮商協議，就在將錯就錯中這麼「搞定」了，這可說為雙方經貿官員上了一堂「握手」政治學。

台美諮商入會最高潮

雙邊談判過程是最折磨人的，陳瑞隆嘆一口長氣說，在台日諮商談判時，日本一再修改會議紀錄，最後Ａ４的影印紙用了二、三包之多，日本的法務單位盯得很緊，這個字要修，那個字也要動，會議紀錄可說邊諮商邊修改。日本官方行事的謹小慎微，從諮商過程中一覽無遺。

這場馬拉松式的雙邊諮商，和美國的談判成為入會過程的最高潮，若能得到美國的支持，台灣入會案才有實現的可能。當時，美國提出要求台灣關稅減讓清單，以級距方式要求全面降稅，讓台灣談判人員頭痛不已，只能不停在談判桌上折衝，甚至利用喝咖啡

（coffee break）時間，闢室密談，爭取底限。

從一九九四年起，台灣和美國展開十七個回合長達五年雙邊諮商。陳瑞隆及國貿局人員都認為，雙邊以美國這一役最精采，特別是一九九八年在美國華府最終回合（第十七次雙邊諮商）的談判，自七月六日持續至二十日，總計長達兩週，這一次談判創下歷年來層級最高、歷時最久、過程最艱辛等各項紀錄。

為加速台美雙邊諮商進程，時任經濟部長的王志剛，利用一九九七年十一月前往加拿大溫哥華出席APEC部長會議之便，會晤美國貿易代表白茜芙（Charlene Barshevsky）大使，呼籲美方適度展現彈性，儘速與我國完成雙邊諮商。

一九九八年二月初，我國工作小組成員已和美國舉行入會雙邊諮商談判多天，但久攻不下，並無突破性進展，對於必須結束台美雙邊諮商目標壓力沉重，最後決定使出撒手鐧，提高談判代表層級。經濟部長王志剛表示同意親自領軍披掛上陣擔任談判代表團團長，他率領農委會副主委林享能、經建會副主委薛琦、財政部次長吳家聲、經濟部次長林義夫等四位次長級高層，趕緊飛往美國華府。

雙方在華盛頓郊區的Hyatt飯店舉行最後一回合諮商，從王志剛「御駕親征」的政治動作，不難嗅出我國要與美國進行最終回合諮商的堅定決心。當時雙方在指揮官提升層級下鑿戰十多天，並不輕易破局，我方就是要和美國諮商劃下句點，不想再拖延下去，否則與其他國家雙邊諮商恐更難以收尾，歹戲拖棚，年復一年。

第二節

台美最終回諮商

當時我方談判代表團雖設定目標是最後一回合，但並沒有完全把握。「如果沒有結束，再把問題帶回國內，各部會研擬策略底限，再等待美方有時間舉行下一回合諮商，來來回回少則三、四個月，多則大半年，這大半年台美雙方談判人員很可能陣前換將，想法思維都會改變，美方背後利益團體遊說更會接踵而至，將難以收拾。」童本中說，愈早結束，可避免夜長夢多，所需付出的代價成本愈低。

台美雙方談判過程堪稱雙贏

在談判策略上，與領頭羊的美國完成諮商可發揮骨牌效益，以利我與歐盟、瑞士等各國儘速結束雙邊諮商，以早日入會。其實，當時還有另一個主要考量，就是距離一九九九年準備二千年的總統大選腳步愈來愈近，我方擔心二〇〇〇年總統大選一旦出現變天，不利拚及早入會，一旦中國大陸先我入會，我國入會案就會充滿變數，「儘速結束加入WTO雙邊諮商」自然成為蕭萬長內閣下令達陣的最高目標。

王志剛一抵達飯店，立即在房間內設立台美諮商指揮總部，經貿人員在前線談判，他在後方督軍，隨時聽取軍情報告，支援協助，軍情緊急到寸步不離。主帥親自壓陣，讓我談判人員在為期近二個禮拜的諮商，士氣大振，愈戰愈勇。

王志剛揹負台美諮商結束的重擔，農業談判到第四天、第五天尚未傳出「重大突破」佳音，心情也跟著忐忑不安。他問了陳瑞隆一句話：「要怎麼做才能突破僵局、達陣成功？」陳瑞隆向王志剛打個比喻，就像俄羅斯輪盤或是「火車對撞」理論，眼見就要達成協議，美國已經拿到很多項優惠了，堅持一下，成敗就看誰要先閃開，看那一方挺不住先行讓步！

在美國時間一九九八年二月二十日下午二時，美國談判代表署終於和我方達成台、美入會諮商雙邊協議，由我駐美代表處代表陳錫蕃與AIT理事主席卜睿哲簽署協議文件，王志剛及美國貿易談判代表（USTR）大使白茜芙，為雙方簽署的見證人。

王志剛返國記者會時再三強調，此次台、美雙方談判過程，雙方各自揹負沉重國內民意壓力，談判結果美方宣稱得到重大勝利，我方則「少輸為贏」，堪稱是一個「雙贏」的結果。

有趣的是，王志剛返國後，逢人談起美國最終回談判歷程，總是向人提起「有的同仁為談判犧牲，幾天沒有洗澡」的故事。其實故事主角就是童本中，當時他扮演傳令兵角色，一天到晚守在電話旁邊，必須接收台北來的指令訊息，絲毫不敢離開電話半步，沒有時間每天洗澡。幸好，二月天的華府天寒地凍，二、三天不洗澡也是常有的事。

台、美雙邊諮商最終回，「棘手農業議題達成共識，是完成諮商的突破關鍵」，陳瑞隆這麼說。那次農委會由副主委林享能率隊，他準備充裕，談笑用兵，掌控全局，「一點都不緊張」，即使有完成談判的時間壓力，但他不曾蹙眉。林享能因有長期外交歷練，又善於表達，在馬拉松式談判中，每項議題我方退讓並不多，確實相當不容易。農委會隨團官員被林享能集中在他偌大的套房內，不論吃睡都在一起，沒有人喊累或打瞌睡，士氣昂揚。幕後的精采舖排，在後面的農業章節，且聽林享能說分曉。

艱困項目爭取調適期

我國在台、美這場入會戰役中，不論農業、工業、服務業等市場開放，都有舉足輕重的結果，最困難的稻米、豬腹脅肉、雞肉、動物雜碎等農業議題，汽車及米酒等，均成功說服美方給予調適期，使我業者可進行必要調適期。

農業方面同意開放美國豬肉、雞肉、牛肉等進口，稻米比照日本模式開放，入會時取消進口管制，至二千年時進口配額將增至十四萬四千七百二十公噸；最棘手的豬腹脅肉（俗稱五花肉、三層肉）、雞肉及牛豬動物雜碎，我方爭取入會後採取關稅配額（TRQ）方式開放進口，並享有調適期，至二〇〇五年一月一日起才完全開放進口。我方爭取二〇〇二年完成農產品降稅，七十四項產品降稅期程延後至二〇〇四年，三十三項提前至二〇〇〇年完成。

工業產品中，汽車我方同意課稅方式簡併為以引擎汽缸二〇〇〇ＣＣ為界限之二級課徵關稅方式，二〇〇〇ＣＣ以下者稅率二五％，大汽缸二〇〇一ＣＣ以上者稅率三五％，入會五年再一次降為三〇％，另五〇％汽車自製率我極力爭取自一九九九年元月一日起才降至四〇％，入會時取消。

服務業有諸多項目進一步開放市場，包括基本電信服務業市場開放，外人投資比例限制放寬，電信接續費等；開放銀行服務業之境外消費；雙方就我直接保險市場開放範圍、外國相互保險來台設立據點、保險仲介服務開放項目、保單核備時程等達成共識。至於菸酒，我國爭取美方同意可將我紅標米酒單獨分類，適用較其他蒸餾酒為低之菸酒稅（從量稅），並享有五年調適期，但單獨分類不為美方所接受。

第三節 棘手雙邊難題

雙邊諮商中，美國要求的降稅項目最多，如此麻煩也跟著來。早期因為我國對美方有很大貿易出超，為改善雙邊貿易失衡，我對美國有很多項產品採取優惠措施的歧視性待遇，但加入GATT後就不能如此。例如牛肉問題，我國對美進口高品質的牛排肉稅率課很低，品質較差的牛腱稅率較高，而台灣自美國進口較多高品質牛排肉，這是很不合理的現象。

牛肉議題順了姑意將逆嫂意

為了加入GATT，澳洲、紐西蘭及加拿大均出口牛肉，稅率要如何調降，何時降至各國可以接受的水準，壓力接踵而至。澳、紐、加牛肉分類標準與美國不同，澳紐主張其飼養的牛肉是吃草而不吃飼料的，比美國好，反而要繳高關稅是說不通的。

但美國牛肉在台灣所享有的既得利益，當然不願意放棄，如果要接受澳、紐的立場，美國一定不高興；反之如果繼續維護美國的立場，澳、紐絕不會答應，猶如面對公婆各言其理，相當頭疼，順了姑意將逆嫂意。牛肉議題的困難度可見一斑。

牛肉議題，在入會十多年之後，仍然成為當今政府頭疼的市場開放議題。陳瑞隆認為，牛肉一開始是關稅議題，後來演變成衛生檢疫的問題，但議題雖不斷演變，歸根究柢其本質不變，就是農業保護和市場開放的衝突。

當年的農業議題，包括豬肉、牛肉、雞肉、內臟及稻米等問題糾葛，讓談判人員相當費心思，不僅牛肉難纏，豬肉問題也不好搞，各國都反對我國單獨授予美國豬肉的頭期款，要求美國的頭期款必須吐出來分配給各國，簡直要人家把咬在嘴巴的肉吐出來。而另一方面，國內的豬農也激烈抗爭，不同意擴大市場開放，農委會可說國內外交迫。

菸酒是最棘手的問題

入會除了雙邊談判要顧及，還有多邊利益衝突要兼顧擺平。農業在國內面對強大保護農民利益壓力下，要如何因應？最棘手的，無非是國內協調問題，國內有民代立委出面力挺農民利益，時常拿農業議題質詢。而農業因為無法滿足締約成員要求，因此動輒提升至跨部會策略小組協調會報，說農業是雙邊諮商最頭疼的議題，並不為過。

入會工作小組總談判代表許柯生印象深刻的是，雙邊諮商除了農業議題難談外，另一個最棘手的課題就是菸酒。我國菸酒專賣制度維持數十年，在此制度下，稅制相當特殊。為保護國內專賣利益，外國菸酒關稅稅率課得很高，其實早在一九八六年前後，美國已對我菸酒市場開放施加很大壓力，在申請加入WTO之際，美國及歐盟二大集團更不輕易放過，共同要求降稅、開放市場等，使台灣面臨前所未有的談判壓力，因為菸酒公賣利益收入在財政上佔很大比例，一旦順應歐美要求，調降外國菸酒很大稅負，對國庫稅收的衝擊將會很大。

與美國舉行雙邊菸酒談判時，許柯生說，美方撂下狠話，指稱我菸酒制度若不修改就談不下去，但相對地，國內也有財政部高層警告談判代表，「不能隨意讓步，否則提頭來見」！諸如此類重話都脫口而出，可見當時菸酒公賣制度面臨多大的變革。要制定菸酒管理法，讓國內外酒商都可以自行釀酒，可以自行進口酒類，對台灣菸酒專賣體制的衝撞是頭一遭，是一次革命性的改變，加上美國及歐盟均要求大幅降低菸酒關稅，或大幅調高米酒稅負，使財政部陷入前所未見的壓力與困境。

第四節 天上掉下的禮物

一九九四年我國還不是WTO會員，正在申請加入世貿組織的過程，當年二月正要與美國正式展開雙邊諮商，美國一開口，就要求我國參與資訊科技協定（ITA），這對台灣來說，是「big event」（重大事件）。當時的ITA協定，也是一種複邊協定，但與GPA政府採購的複邊協定不同，不是只有參與簽署的國家才能受惠，WTO的所有締約國都可以「搭便車」享受好處。

高興得做夢都會笑醒

當時台灣的資通訊產業發展迅速，正因為我國資訊科技產業在國際上具一定重要地位，美國才會要求台灣加入資訊科技協定，對我國來說簡直是「big honor」（很大榮耀）。徐純芳很興奮跑去工業局協調這件事，並找上工業主談人何美玥，當時徐純芳告訴何原委，但何美玥就像是一個好媽媽在保護她的小孩般保護我國的資通訊產業。何美玥問徐純芳：「如果資訊科技產品全面自由化，先進國家的東西不就會大量佔據我國的市場？」但何美玥很快念頭一轉，改說要去問問產業界的意見，結果產業界的答案，竟是一面倒支持我國加入資訊科技協定，令何美玥有點出乎意料之外。

科技業者當時向何美玥表示，我國資訊科技產業實力堅強，希望各國都降為零關稅，我國資通訊產品才有機會出口。不過，正當多數高科技產業舉雙手贊成時，通訊業者卻講話了，認為通訊產業剛起步，立即降為零關稅對我競爭力不利而反對簽署。ＩＴＡ降稅期間是一九九七到二〇〇〇年，四年分五次降稅，但我們特別困難的項目保留到二〇〇二年，即最長的爭取到六年調適期。

而我國面板是二〇〇〇年之後才大力發展起來，因此當時面板來不及納入零關稅。不過，後來ＷＴＯ會員國在ＩＴＡ協定針對面板是各自表述，台灣目前已對各國進口面板給予零關稅，但大陸面板關稅卻仍高達五％，因此不論兩岸ＥＣＦＡ貨貿談判中，或陸韓ＦＴＡ，都在面板關稅項目上，與大陸錙銖必較，要求大陸開放市場，爭取立即調降至零關稅或分年降至零關稅。

還好當年努力加入這項ＩＴＡ協定，讓資訊科技產業即使沒有ＦＴＡ，也能在歐美市場享受出口商品零關稅的好處，但歷經快二十年，科技發展一日千里，ICT產業已經增加很多新的項目，像是智慧型手機，液晶顯示器等多達數百項上千項，還是得靠雙邊FTA磋商及多邊擴大ITA協定的簽署，才能擴大資通訊產品的免關稅範疇。

而擴大的ITA協定（ITA2）就在二〇一五年十二月十五至十九日，在肯亞奈洛比舉行的WTO第十屆部長會議中完成談判。包括我國、美國、歐盟、日本、韓國及中國大陸在內共二十四國，同意自二〇一六年七月開始降稅，共涵蓋二〇一項科技品，我國出口金額約九百億美元，進出口關稅淨利益約八．二億美元，其中一百三十六項對我極具競爭優勢及出口利益商品，占整份清單六八％。

很多人會納悶：「為何台灣在ITA協定扮演關鍵角色？」徐純芳解釋說，因為ITA協定生效必須等到參加簽署國家的資通訊產品貿易額達到全球貿易額八五％以上時才會正式生效，台灣雖然還沒有成為GATT會員國，但卻是關鍵少數，美國如果沒有邀請台灣加入，ITA協定的比例門檻根本達不到。

一九九六年十二月舉行第一屆WTO新加坡貿易部長會議，時任經濟部長的王志剛率團與會，由於當時王志剛是以觀察員身分參加，那次會議王也高度緊張，積極備戰，事前也找來陳瑞隆作了很多次的沙盤推演。

前副總統蕭萬長當時擔任立法委員，也同時率領立法院財經立法促進社的委員前往新加坡，與美國及歐盟的國會議員交流，促請各國儘速與我國完成雙邊諮商，並支持我國早日完成入會程序。

對國貿局同仁而言，我國不是WTO會員，只是觀察員，卻能成為ITA協定在新加坡部長會議的二十九個簽署創始會員之一，提前加入這項重要協定，「高興得做夢都會笑醒」，當時國貿局上上下下都認為，「這是天上掉下來的禮物」！

「政府採購協定」二〇〇九年生效

不過，王志剛簽署此重大協定返國後，財政部卻表達異議，令經部傻眼。財政部認為，ITA協定將資通訊科技產品一下子全面降為零關稅，對國家稅收將會有一定衝擊。當時經濟部提出的論點是，如果我國科技產業壯大，對經濟發展有幫助，既然對經濟發展有幫助，稅收自然就會增加，根本不需要靠科技產品的關稅收入了。

當時財政部次長吳家聲聽到經濟部代表的論點，起初有些不悅，經歷一個多小時唇槍舌劍的論戰後，財政部態度逐漸軟化，逐漸釋懷。當時的政治現實是，我國已參與WTO複邊協議ITA的簽署，這是國際承諾，可不是開玩笑的，財政部體認我國在國際承諾的重要性，不得不轉為支持的態度。

一九九七年三月間，ITA協定簽署國家達三十九國，已涵蓋全球九二．五%的資訊科技貿易，超過門檻規定九〇%，價值近六千億美元，因此宣布七月一日生效。三十九國同意分四階段，在二千年逐步撤除電腦、電信設備、半導體、軟體和科技設施等產品關稅，亦即降至零關稅。包括台灣、南韓、印度等七個開發中國家另有五年寬限期，但台灣有些項目最長爭取到六年調適期。

在入會過程中，還有二項協定在談判過程中，我國並未迅速承諾要簽署，其一是民用航空器協定，另一項是政府採購協定，這二項也是東京回合衍伸的協議，是一種選擇性的複邊協議，參加簽署的國家才會受到約束或享受好處。

其中有關民用航空器協定部分，我國在正式入會後，於二〇〇二年一月一日成為WTO「民用航空器貿易協定」簽署國；而WTO「政府採購協定」則是在二〇〇九年七月十五日，才成為第四十一個簽署國。

自一九九五年起，我國即依GPA規定程序，分別與各GPA簽署國進行雙邊諮商。歷經多年努力，GPA委員會在二〇〇八年十二月九日通過採認我國申請加入「政府採購協定」一案，同（二〇〇八）年十二月二十六日送請立法院審議；二〇〇九年五月十五日立法院通過此條約案，馬英九總統於二〇〇九年六月八日批准，我國隨後在六月十五日向WTO秘書長遞交同意加入書，WTO秘書長通知各會員，自二〇〇九年七月十五日對我國生效。

政府採購協定使簽署國政府採購公開化、透明化，並可確保我國廠商與其他各簽署國的廠商，互相參與簽署國的政府採購標案，使我國得於政府採購市場取得公平競爭的立足點。

第五節 立法策略——包裹立法試探

一九四九年自大陸撤退來台，我國以「台澎金馬個別關稅領域」新名稱重新申請入會，係屬空前作為，當時的行政部門對於GATT文件到底要不要送立法院審查、核備或批准，再三推敲琢磨。

「懇請立院支持」六字真訣

經濟部與外交部除了翻出一九四八年國家檔案，找出立法院在一九四八年第二次會期第十八次會議就憲法六十三條「條約案」的解釋確認。「GATT入會議定書」雖未具備條約、協定或協議的名稱，但綜觀其實質內容，應視為條約或協定的一種意涵，自此定調入關文件應送立法院審查方具法律效力。

但問題來了，如果立法院擁有決定權，入會議定書內容只要更動一點點，談判無異回到原點，結果恐會功虧一簣，因此行政部門在一九八九年萌生「快速立法」的想法，想要師法美國制度，請立法院授權行政部門，在特定範圍有權對外談判，立法部門則在一定期限內做出接受與否的決定。

快速立法概念出籠後，在一九九一年十月的第七次策略小組會議中卻主動「喊卡」，策略小組認為，台美國情不同，完全沒有辦法比照美國快速立法模式。為此，作成決議在GATT入會工作小組審查我貿易體制及進行雙邊談判時，行政部門要隨時協調爭取立法院支持，同時舉凡重要關鍵議題，更應以非正式方式和立法院各相關委員會溝通，以爭取順利立法。

確立入關文件需送立法院審議後，行政部門火速就溝通模式擬訂策略。江丙坤透露，行政系統內部，從高層的策略小組，乃至跨部會專案小組，每次開會念茲在茲的就是「懇請立院支持」六字真訣！

我國入會案需送立法院審議文件有三大類，一是一九四七年GATT條文及烏拉圭回合最終協議及附錄，其中包含十四項多邊協議，共兩萬餘頁，二是入會議定書及關稅減讓表，三是相關法律條文的增修。第一項我入會時需全面接受，不能增刪內容，第二項依國際慣例只能就接受與否表示意見，第三項涉及的法律數量驚人，衍生的行政命令更是一大堆。

由於入會法規涉及層面既廣泛且複雜，GATT策略小組決議，需在行政院與立法院間建立一套有效的溝通模式，以避免日後出現爭議，以致入會法案遭到杯葛，甚至功敗垂成。

因此，在一九九三年四月八日舉行的第八次策略小組會議，提出「立法院GATT專案小組成立」的討論案，經貿部門認為，入會法規都是要獲得國會批准，建議立法院成立「GATT專案小組」，兩院可進行定期或不定期的溝通。

當時出任經建會主委的蕭萬長，先在一九九四年七月五日簽請行政院核定經由黨政協商，促請立法院成立「GATT專案小組」，行政院同意並核示提交國民黨政策會推動。不光如此，前總統李登輝也以執政黨主席身分在同年七月二十七日作出裁示，「請立法院儘速成立跨黨派的GATT專案小組，以此做為行政部門與立法部門溝通GATT的窗口」，希望我國入會談判及入會議定書能在立法院順利通過。

江丙坤首度拋出「包裹立法」之想法

對於執政黨黨部溝通這一塊，行政部門亦不敢輕忽。當時，國民黨政策會執行長為饒穎奇，時任經濟部長的江丙坤以專函請託，期盼透過黨政協商，鼎力協調行政及立法部門有效連繫，以早日達成入會目標。就在信函中，江丙坤首度明確拋出「包裹立法」的想法，「為爭取時效，行政院將視法案內容採包裹立法方式進行，即由行政部門將涉及修正法案的相關條文彙整為一法案，併同入會議定書送請立法院優先審議。」

提到包裹（綜合）立法，得將時序拉回到一九九四年四月份的專案小組會議，法務部檢察司提出「綜合立法」（即包裹立法）構想。先前提到我國入會案需送立法院審議文件有三大類，第三大類有關國內法規配合調整案，因涉及法律文件相當多，法務部檢察司認為，為爭取立法時效，部分法律案採「綜合立法」比較恰當。依其建議，專案小組作成決定，先由各部會就職權事項檢討相關法規有無牴觸GATT，並據此配合修正，再以「綜合立法」方式送立法院審議。

撤回綜合立法

在一九九四年九月上旬，國民黨中央政策會特別舉行黨政協商，由經濟部長江丙坤向立法院黨政協調工作會就「我國加入關稅暨貿易總協定」提出報告，會中與會委員反應激烈，批評行政部門想強渡關山，質疑「綜合立法」的正當性。

法務部檢察司說明，就程序而言，綜合立法並未省略任何立法應具備的程序，只是求取快速審議效果，可以納入綜合立法者，原則上以違反GATT規範相關法規，且修正幅度不大或條文不多者為限，將其彙編為「系列法案」，如果法規係屬全面翻修，還是採逐案送審，稱「同步法案」。

行政部門為了入會案火力全開，多管齊下強化溝通力道，入會法律案開始有了進展，一九九四年九月二十七日，在立院黨團朝野協商會議，經濟部長江丙坤就「我國加入GATT案未來工作事項」提出報告，就入會案進展、入會未來工作程序、行政部門與立法院未來溝通計劃、入會須配合修正相關經貿法律、入會需送請立法院審議之文件等等深入剖析，江丙坤並建議立法院成立入會工作小組，並說明包裹立法的方式。

經濟部在說帖中，透過表列方式洋洋灑灑列出八大亟待與立法院溝通議題，囊括工業產品、農業產品、服務業、商港建設費、智慧財產權、菸酒專賣改制暨菸酒稅制、政府採購及特別匯兌協定，把加入GATT的複雜事項化繁為簡。

一九九五年一月十二日，經濟部國貿局初步彙整我入會須配合修改之法條，列入綜合立法者共十八項，不列入者八項，須制訂或修正之行政命令就有三十項。一九九五年三月十五日江丙坤以從政黨員身分向國民黨中常會做「我國加入GATT／WTO最新進度與措施」專題報告，爭取支持。

一九九六年五月十七日，行政院將「中華民國加入世界貿易組織修正部份相關法律綜合法草案」及相關法案正式送交立法院審議，其中綜合立法共提二十項，包括貿易法、商品檢驗法、商標法、海關進口稅則修正、公司法、貨物稅條例、商港法、營業稅法，及專業服務業的「三師」法律例如會計師法、律師法及建築師法等；同步立法有著作權法、著作權仲介團體條例、加工出口區設置管理條例、菸酒稅法、菸酒管理法，及入會最後階段才能定案的海關進口稅則等十二項。

對於綜合法案審查方式，經濟部甚至建議立法院三種審查方式，包括一、由關係最密切的委員會主持審查；二、成立聯席委員會審查；三、成立特種委員會審查，此乃仿效日本方式，好處是易掌握入會進度並作全面考量，且審查及備詢人數精簡，辯論焦點易於集中，有助增加立法效率。

一九九六年十月十一日，經濟部向立法院簡報我國加入世貿組織相關法案時，特別就綜合立法和同步立法，一再遊說立法院支持，指我經貿發展接近「已開發」國家水準，立法技術若能採取先進國家運用成熟的「綜合立法」，將十分妥適；並指出綜合立法與傳統個別立法並無不同，仍須經正常三讀審查程序，不會減損立法院審查法案的權限及功能。

經濟部並向立委諸公說明，採行綜合立法，行政部門仍應就法案內容作必要解釋、說明與答覆，立法部門也可修改行政部門所提出綜合法草案內容，但其修改後條文必須符合WTO協定的規範，及我對外諮商的承諾。此外，經濟部並分析，立法院在制訂法律時考慮的立法穩定性、公平性等，都不會受到影響，因此希望立法院能儘快審查入會相關法律，以早日達成入會目標。

不料，行政部門在溝通過程中，發現採行此種「綜合立法」方式，終究屬於新制，在無法律明確規範下，因涉及對立法權行使的可能限制，即立法委員無法就全部法案審查，僅能割裂觀察其中一條或數條條文，且法案通過後，如何將修正後的新條文轉化於舊法中，無法突破。

由於綜合立法涉及立院審查法案方式及法案通過後如何整理等問題，並未被立法院接受。行政院乃於一九九六年十二月十日以「配合貴院多數立委建請將該綜合法草案拆開審議之需要」為由，函請立法院同意撤回該草案。立法院十二月十七日經提報第三屆第二會期的第二十六次院會，決定「同意撤回」。行政院同時將拆開之法案，火速送立法院逐案審議。

第六節 綿密國會溝通

儘管綜合立法波折迭起，行政部門對於改選後之第三屆立委溝通攻勢依舊綿密，除由經濟部長王志剛帶著立委，以觀察員身分參加WTO新加坡及西雅圖部長會議外，行政部門在一九九七年六月，亦成立「我國加入WTO與立法院溝通之跨部會工作小組」，定期向立法院「推動參加WTO立法計劃工作小組」展開建制性溝通，期盼立院能快速審查法案，並讓立委了解我國入會的各項承諾。

國貿局同時對立委助理舉辦六場說明會，立委助理在說明會所提的問題，與會部會答覆的內容，經國貿局彙整後，交由各部會再次檢視，定稿後再送交各立委助理參考。當時與立委的溝通說明會，只要立法院主辦，行政部門一定派員列席參加，對於立法權的充分尊重，由此不難窺見。

一九九六年六月江丙坤轉任經建會主委，同時接掌策略小組，負責研擬WTO談判底限，並負起立委溝通重責。當時立法院幾個熱門大案，除了入會案，還有亞太營運中心；一九九七年五月六日，江丙坤向立法院黨團會議提出「為因應加入WTO及建設台灣為亞太營運中心」，必須進行修改法令，其中WTO相關者計三十五案，亞太營運中心三十五案，共七十個法案，其中已完成者三十六項，另有三十四項亟待積極推動。

江丙坤很自豪的說，「那個時候我們對立法院的溝通做得很徹底，既深層又細膩，從黨團、委員到助理，從點、線到面，每個層級都不放過！」像江丙坤深諳立法院生態，跑黨團更是有技巧，他會先到民進黨繞繞，依序是新黨再到國民黨，而經濟部大、小官員也沒閒著，在立法院各有各的責任分配區。

鍥而不捨向國會溝通

經建會還會順勢就地利之便，在立法院附近的台大校友會館舉辦簡報會議，如果是需要送內政委員會審查的法案，先邀內政委員會委員，再請內政部政務次長做簡報，用這個方式走過一輪，溝通的普遍性皆獲得正面回應，最後七十幾個法案都能順利一一完成。

「行政院為推動如亞太營運中心等攸關國家發展願景經建計劃時，當時的經建會主委江丙坤和副主委薛琦，在立法院開議前，必定要求我等承辦人員詳細而具體地規劃各法案的立法策略；會議期間更是親自拜訪相關立委，主動說明各法案的立法宗旨和目的，當會期結束後，立即就該會期立法成果及缺失進行檢討，並據以擬定下一會期的立法策略」，曾在經建會任職的高雄大學政治法律系教授廖義銘在二〇〇三年六月十八日，曾以「面對立法挑戰，官員的天賦」為標題，投書聯合報，說明當年的政務官，為達立法目的，鍥而不捨向立委溝通的用心。

相較江丙坤擔任海基會董事長時，由於各協議均由主管部會代表直接協商，他只需負責協議簽字，堅持不參加立法院委員會報告，最清楚昔日江丙坤對國會溝通拚勁作為的綠委柯建銘後來總會碎碎唸：「過去的江丙坤可以，為什麼現在的江丙坤不可以？」「只要真心、有心、用心，就能促成多項立法清單順利過關」，江丙坤說，這就是所謂的「眉角」。

時至今日，兩岸有很多急迫性法案需要推動，像是ＥＣＦＡ的服貿協議及貨貿等要順利上路，江丙坤在海基會董事長任內，一直在馬英九總統主持的兩岸小組會議中強調，兩岸協議在協商過程中必須做三件事：第一，主管機關要充分與企業界溝通；第二，要與立委溝通，包括助理都要了解；第三，向社會大眾說明。江丙坤在海基會任內簽署的十八項協議，包括ＥＣＦＡ（兩岸經濟合作架構協議）簽署後能順利實施，與他過去的從政經驗有關。

第六章

工業談判

第一節 汽車重頭戲

我國入會史上，在談判桌上出現不少實務談判英雌，舉凡蔡英文、何美玥及徐純芳等，但七千多項的工業產品談判，很難想像，是由骨瘦如柴，身子單薄的何美玥，一路走來過五關斬六將，打敗十八銅人陣，完成所有工業品項的市場開放協議。

汽車談判最棘手

工業產品談判雖多達七千多項，但其中最棘手的就屬汽車談判，可以說只要搞定汽車，其他再難的工業產品，簡直小巫見大巫。我方傳譯人員看完何美玥與各國談判對手唱作俱佳的汽車談判交手過程，個個「大呼過癮」，很難想像汽車那種硬邦邦、冷冰冰的產品，談判過程竟如此精采。

「汽車談判在入會過程是一項很有趣的布局」，何美玥事後回憶時說來輕鬆，但實際上當年汽車談判耗盡她所有精力，還有背後需面對的談判逆境、身體負荷及如何兼顧家庭生活等不為人知的酸甜苦辣。

汽車，是日、韓、歐盟及美國等主要談判對手國提出工業產品諮商最重要項目之一，我國在入會談判前，汽車市場早已像春秋戰國時代，開放西歐及北美汽車進口，但其他地區均一律限制進口，而因先前與南韓有邦交，在亞洲地區又准許南韓進口。

我國是在一九七八年開放南韓進口汽車，一年以三〇%為成長率，後來在趙耀東任經濟部長時期，才取消南韓汽車進口配額，改以南韓向我國採購零組件之金額，折換進口整車之額度。直至一九九二年八月南韓與我國斷交，隨之完全終止汽車進口，且宣布斷航，當時我國汽車已對南韓開放一萬九千輛的配額，惟韓國並未充分使用。

我國汽車市場開放政策並不符合WTO的最惠國待遇精神，汽車談判範疇面臨的棋局相當複雜，一方面給北美（美、加）、西歐的進口數量完全沒有限制，一方面對韓國又有過去開放的基礎，究竟要如何打開汽車市場的機會之窗呢？工業局相當費思量。

錯綜複雜的汽車入會談判策略，是在工業局長尹啟銘充分授權下，汽車主談人何美玥和工業局同仁經過事先沙盤推演，精心設計，突破當時現況與GATT／WTO規定的歧異，兼顧不同國家期望及國內產業發展需要，擬訂一套戰略與戰術。

何美玥將「孫子兵法」奉為圭臬

戰略上設計是以關稅配額來替代進口限制，利用進口實績計算配額，達到歐美與日韓的實質差異，再利用全球配額增加日車進口機會，滿足日本與韓國差異的期望，且以漸進式配額增加及關稅微量遞減，爭取我國汽車市場開放「十年」的緩衝期。何美玥並搭配國內獎勵措施，例如自行設計部分重要零組件的國產汽車可減免貨物稅，國內車廠輸出零組件可換取進口車全球配額等，增加我國整車及零組件廠的競爭力。

在戰術上，是以關稅配額來造成日韓與歐美之間的差異，維持歐美在我國市場的既有競爭力，說服歐美同意接受配額限制。同時利用馬來西亞急於建功心態，達成受限國家分配的數額，利用「先達成協議，即可先取得輸入許可」的誘因，及馬來西亞已取得配額的聲勢，逼迫南韓降低談判要求，換取及早取得輸入許可，再以南韓的結果加上全球配額，讓日本得到市場的尊嚴及談判的滿足。

或許不諳汽車市場的人，聽起來相當複雜，但何美玥對她的戰略和戰術似乎頗為得意，因為的確是從錯綜複雜中，理出一些頭緒來，她將「孫子兵法」奉為圭臬，在兩軍未交戰之前，即先謀算，希望籌算較多以獲勝。孫子兵法有云：「知彼知己，百戰不殆；不知彼而知己，一勝一負；不知彼，不知己，每戰必敗」，何美玥一直謹記在心，作為談判用兵之術。

第二節 二個圈圈走天下

汽車談判，工業局根本不敢承諾完全開放市場，一來會打擊正在發展中的我國汽車產業，二來直接影響歐美利益，如此歐美國家一定要求殺低進口關稅，否則平白放一隻老虎（指日本）進來市場攪和，歐美業者受不了，國內汽車業者也承受不了。如何擺平歐盟、美國、日本、南韓等不同利益糾葛的族群，讓人人都滿意，正是汽車談判最棘手，也最有趣之處。

「畫二個圈圈」打遍天下無敵手

工業局出手的第一招策略，就是提出關稅配額取代進口限制，先說服歐美國家接受配額。倘若歐美國家不接受配額，日本一定要求和歐美有相同待遇，更會要求和南韓有所差異（當時南韓在汽車領域根本無法和日本市場相提並論）。歐盟、美國、日本、南韓各國之間多邊利益的衝突，彼此要求公平待遇，又要求有不同差別籌碼，相當男女之間的三角戀情般複雜。剛開始在思考戰略戰術時，的確讓汽車主談人何美玥相當頭痛。

後來，何美玥將複雜情勢簡化區隔成不同利益的二個群組，何美玥在入會後形容，汽車談判是靠「畫二個圈圈」打遍天下無敵手。她將複雜的棋盤區分成A和B二個群組（Group），A組是原來沒有設限的國家，現在同意讓我方設限，給他們一個配額；B組是原來全部設限，現在要開放市場，也給他們一個配額。

畫一個圈、二個圈看似容易，但是要將這些概念說清楚講明白，本來就不是一件容易的事，因為要讓國內汽車業界了解，對歐美設限會對國內業者帶來何種衝擊，因此圈圈之外的文章才大著呢，不同國家必須採取不同配額策略，每一步都必須精打細算，精心布局。

為了將這些理念闡述清楚，工業局找上一個沒有利害關係的澳洲作為實驗對象，澳洲汽車從未進入台灣市場，最有潛力在台灣發展其汽車工業，也可藉此觀察全球市場遊戲規則是否公平。

何美玥將澳洲列為B群組，給他們一個配額數量，初期數量不高，但為了說服其接受配額，工業局告訴澳方，若能接受我方提供的數量，最後與各國談判結果開放多少數量，依最惠國待遇原則，澳洲最後也可比照享受，最後澳方同意接受我方提出的條件。

當時工業局設想給美國汽車進口數量是依過去幾年平均值，例如依過去五年平均的二倍，形式上有所限制，實質上等於沒有；對歐洲配額則是以歐盟全部國家加起來算一個總量，個別國家的配額讓歐盟自己分配。

剩下來最頭疼的就是日本和韓國。韓方認為過去韓國年進口實績八千多輛，若沒有斷交，必須以每年成長三〇%計算。倘若汽車談判終極目標是一九九四年必須完成台韓雙邊諮商協議，以一九九四年完成諮商年限為基礎，計算應給予南韓的配額是三萬零八百輛。

日本也表示，如果要設配額，必須依WTO規定，要給任何國家配額，應符合該國在國際市場的競爭力而定。以日本來說，當時日本在國際市場市佔率約三分之一，因此喊出在台灣的配額應給五萬輛。這是當時談判桌上日本和南韓要求的數字，可說漫天要價，獅子大開口。

第三節 引蛇出洞——台韓戰役

汽車談判以日、韓的談判最複雜，要如何讓他們彼此妥協，簡直傷透腦筋。而韓國向來桀驁不馴，汽車談判這次可是碰到台灣的對手，比較難談。

南韓一直主張過去有進口來台灣的紀錄，可以根據過去開放基礎的數量來談判。果真一開始，南韓即依過去開放數量為基礎，一開口提出三萬零八百輛要求，當時工業局採取的策略是不和韓國接觸諮商，反而密集和日本談判，目的是要先探知日本的底限是多少，再回頭找韓國談判。

來招「皇帝不急，急死太監」

汽車主談人何美玥在談判環境中，刻意塑造讓南韓汽車廠商「急得跳腳」的氛圍，故意忽視與韓國談判的急迫性，讓民族性格強悍的韓國慢慢等，等到急不可耐，再揮刀殺價，主動掌握制敵的時間與空間。然而，逼急南韓的做法是，先找一個不重要的對手達成協議，讓他們取得進口配額，激怒急著想進入台灣市場的韓國汽車業者去壓迫韓國官方放手。

工業局首先找上馬來西亞，企欲打草探蛇，引蛇出洞。之所以找上馬來西亞，主因馬國對台灣威脅性較低，且馬來西亞是右駕的車子，為了要銷售給台灣，車廠還要刻意改裝成左駕有實質上的困難，不像日本汽車為了全球化，駕駛座設計有靠左也有靠右的彈性。馬國只要求取得優先開放的權利就算贏了，至於賣不賣得出去無所謂。

我方也明確告訴馬國，只要同意先簽署雙邊協議，就可先取得輸入的配額，以後不論和其他各國談判到什麼程度，最後承諾開放多少輛，馬國照樣都可以比照享受，先簽署協議即可以先進入台灣市場，搶佔先機。正是如此，馬國與台灣簽署三千輛市場開放協議，未入會前可先取得頭期款的市場開放配額。

我方刻意將台、馬二國簽署汽車協議的談判內容對外公佈，讓消息迅速傳遍韓國，果然一直夢想將汽車打進台灣市場的韓國汽車廠商跳腳了，回過頭去逼迫韓國政府，指馬來西亞車子可以進入台灣市場銷售，且取得輸入許可，為何韓國汽車不能？一直等到氣氛醞釀成熟後，何美玥才找上韓國談判。這一招可真是「皇帝不急，急死太監」。

在日內瓦談判時，韓方設定底限一定要超過一萬輛，因為一九九二年八月斷交那年同意其進口數量約八千七百八十八輛，南韓要求每年成長率以三〇%基礎計算，到雙邊諮商那一年，成長已一萬多輛，若沒有談到一萬一千輛，算是談判失敗，因此南韓怎麼也不肯降下來。

反觀我方設定的底限，一定要在入會前低於一萬輛，但入會後可以達一萬輛，雙方拉鋸甚大，僵持甚久。韓國諮商通常率領廠商隨行，即使廠商不上談判桌，但在大環境中南韓汽車廠商往往塑造很大壓力給政府，南韓汽車廠商既然在場外等結果，何美玥就抓準其焦急的心理因素，將計就計。

我方「贏了裡子」，韓國「贏了面子」

多次雙方談到一萬一千輛時談不下去，何美玥就表示必需請示國內高層意見，其實何美玥請示的人，就是當時的長官工業局長尹啟銘，當時是一個週六的下午，尹啟銘記得就是在局長辦公室接到何美玥的電話，他一聽情況即指示何再談談看，並詢問「南韓汽車業者有無一起前往？若有，就可塑造一些快破局的壓力」。顯然，尹啟銘雖未御駕親征在現場指揮調度，但也深諳南韓汽車業者焦急的心態，尹說，汽車談判策略在國內都經過工業局多次沙盤推演，交由何美玥臨場判斷。何美玥請示完，回頭卻告訴韓方代表，國內高層指示是「完全不同意一萬一千輛，沒有讓步的空間」，當晚索性就讓台韓的汽車談判破裂。翌日上午，雙方再戰，何美玥等一行工業局談判代表已買好當天下午機票，準備束裝返國，何美玥在談判桌上凸顯時間壓力，逼迫韓方妥協讓步。她態度強硬的告訴韓國代表「談不攏，不惜破裂返台，要嘛七千輛成交」。

包括入會前頭期款，每年成長率，入會後數量等，何美玥在過程中不斷訴諸破裂等語帶「威脅」的話，以吊胃口戰術，雙方你來我往，出現很多鬥智角力的精采對話，連國貿局隨行的官員都認為，台韓汽車諮商是一場唱作俱佳、精采絕倫的談判，心理戰術奏效。

南韓談判桌上開價三萬零八百輛，最後以「簽約第一年七千輛，成長率每年一〇%，入會前上限一萬輛，入會後第一年一萬輛」等條件成交，贏得漂亮的一仗，把強悍難纏的阿里郎打得落花流水。台韓完成汽車諮商，簽署雙邊協議是在一九九六年十月二十四日。

談完之後，南韓代表要請何美玥等人吃飯，席間南韓代表還像悶葫蘆似的詢問，為何日內瓦一役能達成協議？當時我方「贏了裡子」，讓韓國認為是「贏得面子」，因此何美玥回應「你們的談判代表實在太強了，談判技巧很好，七千輛對我們來說是很痛苦的決定，對台灣市場衝擊很大」，沒有讓南韓代表團察覺自己輸了一大截，以免回頭再多要些籌碼。

我方秉持不「驕矜自喜」的態度，恭維對方，但心中正為打一場漂亮的勝仗而雀躍不已呢！「汽車談判並不是菜市場式的任意喊價」，何美玥說，每一次戰役的讓步都是有策略、經過精心安排的。

第四節 用勢造勢——難纏的日本

與日本的汽車談判最不輕鬆，歷經十二次論辯，中間日本換手過三位主談人，與南韓完成雙邊協議後，隔年的一九九七年一月二十六日，台灣也和日本完成雙邊諮商，簽署雙邊協議。日本主談人三次易手，每一次換人就會推翻前面協商的基礎，企圖裝傻不認前帳，推翻前面談定的條件，試圖爭取較前次談判更有利的籌碼。

「以理服人」正確的談判策略

工業局赴東京談判汽車，我方主談代表就是何美玥和主管汽車官員曾繁漢，頂多再增加一位主管關稅的官員李素華等三人，但日本往往派出二十幾人的大陣仗來迎戰我國區區「雙人組或三人組」的代表團。其實，日本這種大陣仗式的談判方式是有策略的，就像老兵帶新兵、母雞帶小雞，利用上談判桌訓練新手，進行機會教育及經驗傳承。

原先日本一上談判桌即提出要求我市場開放五萬輛的要求，但何美玥告訴日方，剛開始不可能有五萬輛，但當市場完全開放後，若日本汽車有競爭力，自然就會有五萬輛，開放市場需要有一道像喇叭的過程，應該先少量開始，然後逐漸放大，就像喇叭的形狀一樣。不過，每次日本談判主將易手，都從五萬輛談起，連平時很有耐心的何美玥都受不了，甚至不悅的告訴日方「我終於知道為何雙方談判無法快速達成，因為距離太遠了」。

這句話是一語雙關，因為台、日之間談判的會議室，雙方中間空出一條通道空間，有點像U字形會議桌，當時日本汽車談判代表團一聽到何美玥說「雙方中間有一條鴻溝」，日方主談人立即把桌子拿起來，向工業局那邊的桌子靠攏併在一起，表示雙方沒有間隙，只是壓力太大，不得不然，令何看了啼笑皆非。

在這一場汽車談判中，儘管雙方的桌子併排距離是拉近了，但日本仍堅持主張要求開放市場進口五萬輛，何美玥忍無可忍用英文罵人，連珠炮式的數落日方，在責備同時也對日方曉以大義，說明為何我方要限制日本較少進口數量，目的是為了箝制韓國，讓南韓的數量減少，這麼做是保護日本汽車產業的利益。

「台灣的汽車廠商都是與日本合作，我對日本是輸入國，台、日間有很大貿易逆差，難道日本不該盡其義務適當平衡台日貿易逆差嗎？在台灣思考日本利益的同時，日本何苦一再相逼強求五萬輛配額數量，如此無異幫韓國打開台灣汽車市場。」何美玥就這麼一邊罵、一邊說道理，劈哩啪啦罵了半小時。

日方代表中途一度想要插話解釋，但日本人的英文並不流利，說得很慢，哪裡是何美玥的對手？根本絲毫沒有插嘴餘地，只好乖乖地聽訓長達半小時，何美玥說，「有理走遍天下」也可以是一種談判策略呢！

這個場景有趣的是，日本是個父系社會，主談人都是男性官員，與談人也大都是男性，只有一位女性，女人在日本並不太有社會地位，平時日本女人不可能也沒人敢如此強勢的對男性說話。

結果「以理服人」這個談判策略是正確的，情勢對我方有利，日方代表覺得顏面盡失，拉不下臉來，眼見情勢無法再拗下去，因此立刻改口解釋說，「剛剛所談的只是把過去所談的再重述一次，並非主張非要五萬輛的立場。」事後回想，何美玥認為，那是一次非常有趣且難忘的談判過程。

一九九七年一月二十六日，我國歷經與日本交手十二回合，終於達成汽車配額雙邊協議，當時給予日本簽約後第一年數量是七千七百輛，與韓國一九九七年配額相同，成長率一〇%，入會前上限是一萬輛；入會後第一年為一萬輛，每年成長率二〇%；全球配額入會前是三千三百輛，入會後為七千五百輛，但每年成長四％，配額關稅則逐年降低，入會後第十年的汽車關稅為二二．五％。

日本提不合理要求暗助大陸早入會

不過，最終與美國及歐盟達成的協議是，入會後第十年配額關稅殺低到一七．五％，基於WTO最惠國待遇精神，最後各國都享受與歐美達成協議的成果，所有WTO會員國都可以搭便車。

台、日達成汽車協議，還有另一段插曲，與江丙坤訪問日本東京有關。其實何美玥到日本談判之初，我方代表陸續送回日本各種匪夷所思的要求，著實讓我方運籌帷幄的策略小組頗費思量。江丙坤回憶，「何美玥跟日本談判汽車花了很多時間，印象最深刻是日本提了很多不合理要求，連合板及雞肉竟然都納入調降關稅清單」。

經常帶隊參加入會工作小組及雙邊談判的前經濟部長林義夫也說，日本故意拿合板市場開放議題在談判桌上刁難，林義夫率團諮商時，很不客氣的斥責日方，指謫日本根本沒有生產合板，拿合板問題來談判，簡直是浪費時間，刻意刁難我國。他認為，日本這麼做，其實就是因為汽車市場開放配額談不攏，故意在其他工業產品項目上「找碴」。不過，當時誰也料想不到，日本當局找碴的背後還有「暗助」中國大陸比台灣早入會的深沈城府。

日本通的江丙坤接到談判情資，心裡直犯嘀咕：「日本人做事是有邏輯的！日本既不生產合板，也不生產雞肉，竟然要求降稅，實在相當不合理！這些開口要求的東西全都是從外國進口的！」

一九九五年九月十三日，江丙坤到澳洲參加APEC中小企業部長會議，江丙坤即向與會的日本友人抱怨台日諮商進展緩慢，提出一些不合理的要求，該名日本友人神祕一笑，對著江說：「江先生啊！不是他們刁難你，他們是在拖延時間！」真是一言驚醒夢中人，為了大陸，日本人竟捨去邏輯章法，胡纏瞎搞死命拖延台、日雙邊諮商時間，希望促成大陸比台灣早入會。

一九九六年十一月份，在菲律賓馬尼拉的APEC部長級會議，剛好江丙坤的好友日本通產省大臣佐藤信二與會，江丙坤見機不可失，緊抓著佐藤信二遊說幫助我入會案突破阻力。（佐藤信二大有來頭，他是日本前首相佐藤榮作的次子，佐藤榮作時期的日本，處於高速成長期黃金時代，任內政績斐然，也是曾訪問中華民國的日本首相。）

江丙坤重批日本落井下石

江丙坤到佐藤住宿的房間，方才坐下，迫不及待打開天窗說亮話，「我們都是好朋友，但我不客氣地跟你說，對台灣入會案的事情，日本一直沒有誠意解決。很多國家包括歐盟、美國等，在我們入會過程，給我們支持鼓勵，只有日本做壁上觀，更不用談曾經積極支持我們入會，你們提出很不合理要求，阻礙兩國的談判。」日本話很流利的江丙坤更以日本俗諺「落井下石」重批日方，二十多年後回想這一段過往，江丙坤仍認為，「落井下石」是很嚴重的字眼，而說出這麼重的話，無非期待佐藤返國後能夠好好暗地裡協助台灣入會雙邊諮商。

就在與日本達成汽車協議前幾天，時任經建會主委的江丙坤赴日本東京訪問，為了我入會問題，特別再度與日本通產省大臣佐藤信二會面，時間是在一九九七年的一月二十三日。江在出發前先晉見李登輝總統，江丙坤跟李總統報告說，這次到日本是為了入會事情，他準備買一份禮品，希望總統同意以總統的名義送份禮，做為佐藤升官通產大臣的賀禮，李總統連忙擺手說：「不要、不要，由總統府來準備賀禮即可。」

抵達日本後，佐藤請江丙坤吃早餐，跟他同席的是麻生太郎（現任安倍內閣副總理兼財長，當時麻生太郎是經濟企畫廳長官），江趁機就台灣入會案進度做了溝通，並就台日雙方沒有達成協議的關鍵做了說明，江丙坤並把李總統準備的禮物遞給佐藤說：「李總統叫我帶了份禮物給你，祝福你擔任大臣，也特別拜託你幫忙解決入會問題，請日本高抬貴手。」結果才兩天，二十六日下午台、日雙方就汽車就達成協議，江丙坤回憶這段往事，臉上依然難掩愉悅的笑容。

其他工業產品諮商，日本一開始要求我減讓二千七百八十二項工業產品項目，以及十五項合板降稅要求，簡直比美國更獅子大開口，不合理的降稅清單除了合板外，還有雞肉。日本數度以合板議題卡住汽車關稅諮商，令我經貿官員為之氣結。

第五節 知己知彼——與業者溝通

汽車產業一直是政府過度保護的溫室花朵，因此當政府醞釀加入WTO，要與各國展開談判之初，各種研究評估報告，都認為對汽車的衝擊最大，國內汽車市佔率恐怕要被便宜的日系車或歐、美車系搶佔一空。因此一開始與國內汽車業者溝通談判才是最棘手的課題。

擬訂打勝仗的策略

業者聽到各國開放市場的訴求不是五萬，就是三萬零八百輛，各種足以衝擊國內汽車市場的數量，令他們膽戰心驚，也不斷向政府施壓反彈，一直吵嚷不休，但工業主談人何美玥與業界溝通時，不能公然透露底限或公開說明策略，否則就會破局。因此何美玥一家一家拜訪業界，也因此與當時的車輛同業公會理事長林信義結下善緣，所有汽車業者都跑去向當時的經濟部長王志剛告狀施壓。

工業局請來了林信義，向他祕密簡報全盤的談判策略設計及底限，當時計算每年成長率及稅率如何，每一年數量市場開放後，對業者影響如何，何美玥都一五一十告訴林信義，她甚至撂下一句「如果業者覺得我這個主談人不適格，可以要求撤換，我們已盡力了，擬訂這樣的談判策略，有打勝仗的把握」。

當時業者因不了解而造成反彈很大，何美玥心裡反而覺得高興，因為可以把業者的壓力轉化成談判的助力，拿國內反對的聲浪向對手國要籌碼，反制對方。林信義一聽完簡報立即拜託何美玥及工業局幫汽車業者爭取最有利的空間，繼續談下去，因為工業局的規劃、設計、甚至分析，都比汽車業者考慮得更完善、周詳。當時林信義也因此對何美玥這位認真、負責的公僕留下深刻印象，之後棄商從政進入扁政府團隊，林信義對何美玥相當信任及倚重。

何美玥一一與每家業者董事長及總經理祕密說明溝通，讓業者了解要採取何種策略因應，業者有任何投資生產計畫，也都讓工業局了解，政府趁機了解業者所能承受的市場開放數量，作為談判底限，配合汽車業者的生產計畫及建廠完工時程，爭取最有利的緩衝空間。工業局並把開放後汽車市場的競爭分佈態勢讓業者了解，以利業者及早整併因應，業者與政府因為汽車談判綁在一起，就像命運共同體。

當時入會諮商時，國內有十一家汽車業者，經過工業局評估，入世後只有五家業者可以生存，至今國內汽車市場真的只剩下中華、裕隆、福特、國瑞等幾家業者瓜分台灣市場的局面，與工業局評估的狀況相當吻合。

第六節 苦旦阿信與女金剛

何美玥在汽車談判中一戰成名，更被我方談判代表團取一個綽號叫「阿信」，也就是形容她的談判策略都是扮演苦旦「唱哭調」，以博取對方同情。

訪談過程中，何美玥在書架上抽出至今還保存完整的談判紀錄筆記本，對她歷經多年艱苦戰役而言，這些紀要手冊都是她的寶貝，入會十年後，她仍小心翼翼收藏著。裡面記載著密密麻麻談判行程、談判策略構思、底限計算與圖表、一個圈圈又一個圈的圖畫，代表每一個國家，每一步策略。

何美玥瞬間成了「女金剛」

對我國而言，汽車談判關鍵在於「讓」字，但這個字是有謀略、有設計的，不是漫無目的地「讓」。台大農業化學系畢業的何美玥，利用外國人算術比較「遲鈍」的弱點，採取複雜的談判技巧，搞得對方似懂非懂迷迷糊糊。筆記本中針對相同問題，卻對每一個不同國家擬訂不同策略，且針對問題一一抽絲剝繭，計畫十分周詳，這都是主談人邏輯及推理分析能力很強所致。

第一次汽車談判要向歐盟說明開放策略時，原本抵達歐盟布魯塞爾前，有心臟宿疾的何美玥，暈機暈得相當厲害，下機時甚至需要人家攙扶，徐純芳等一行談判代表團，看著臉色慘白的何美玥，還擔心隔天會議會不會開不成唱空城計。不料，正式向歐盟簡報時，何美玥瞬間卻成了「女金剛」。

與歐盟諮商當天，何美玥將歐盟該適用的數量、配額，與日、韓之間差異，和沒有進口紀錄國家之間，如何區隔開放等做法，詳細說明，一談長達三小時，毫無冷場，令歐盟代表佩服得不得了，直稱讚我方構思及做法堪稱「世界創舉」，儘管配額分配很複雜，卻是相當理想。

美國則是坐收漁翁得利的最後一匹狼，一直在監看我與日、韓如何談判，達成多少配額，因為這會影響美國利益，美國坐等砍殺最後一刀。不過，在汽車談判的配額關稅，最後一刀竟然是由歐盟半路殺出程咬金揮刀的，連美國也失算了，全面開放市場的關稅從原來談判底限二〇％，殺到一七．五％，這個數字遠比我方準備讓步的底限還低。歐盟補砍最後一刀，讓我國像一隻遍體鱗傷的羔羊，受了傷，且鮮血直淌。顯見在談判的殺戮戰場，往往是螳螂捕蟬，黃雀在後。

結束與美國談判後，何美玥贏得美國談判代表深情的擁抱，即使結束諮商還英雄惜英雄，經常書信往來，保持這一段難得的友誼。當時我談判法律顧問蔡英文也佩服得五體投地，向何美玥建議，這一套汽車談判策略可以寫成一本博士論文了。

汽車談判另一項成就，就是在工業局策略運用下，台灣爭取到的開放市場的緩衝期比中國大陸還長，大陸二〇〇五年汽車市場得全面開放，只爭取到五年調適期，但台灣爭取十年調適期，至二〇〇九年才全面開放市場。兩岸之所以爭取到不同籌碼，與談判策略息息相關，我方設計的複雜程度不只在配額分段，連時間表也分段，時間的分段與配額的分段二者交叉運用。汽車談判的化繁為簡，堪稱是一部活生生的談判教材。

第七節 工業產品外一章

工業產品談判中，最艱難的項目是汽車幾乎無庸置疑，這是主要貿易對手國第一高度關切的項目，但事實上，整個工業產品依貨品號列別來看，高達七千多項，光看數字，就令人頭皮發麻，不禁要問：「要談到什麼時候呀？」

美國喊價絲毫不嘴軟

烏拉圭回合談判結束（一九九三年十二月十五日完成）後，我國才展開入會雙邊諮商，因此各國皆要求台灣加入GATT／WTO，至少必須達到烏拉圭回合談判的要求。而烏拉圭回合談判，工業產品平均關稅降幅達三八％，另還有酒類、鋼鐵、營建機械、農業機械等九大類產品降至零對零，或必須採取調和關稅（亦即某些產品例如化學品、醫藥品等，雖不降至零關稅，但必須分類，調和至某一個相同的稅率上）。

入會前，我國工業產品平均稅率為六．五三％，最後諮商結果降至四．一五％，平均降幅為三一．一％，較烏拉圭回合談判的降幅三八％幅度略小，而有興趣與台灣展開工業產品諮商的國家有二十六國提出清單要求。

要展開GATT入會談判時，GATT已轉為WTO，工業局鎖定以美國老大哥作為談判典範，認為只要說服美國，決定一個諮商模式，其他各國就會跟隨美國（Follow USA）。結果沒料到，美國竟然就每項工業產品都提出一份降稅和開放市場的清單要求，當時美方是由USTR助理談判代表Dorothy Dwoskin作為對應台灣入會談判的總窗口，工業產品的主談人是Rick Ruzicka。

在一九八〇年代中期，台美之間出現很大貿易順差，時任經濟部長的蕭萬長，曾經和美方洽談一份台美經貿綱領，當時我方自動承諾幾年後關稅要降至多少比率，但我國承諾的目標並未達標，當我方有意和美方展開入會談判時，美方卻放話說「倘若沒有達到過去承諾目標，就沒有必要再往下展開入會諮商談判」。

當時，外在環境對我國不利，因為台灣對智財權保護不力，美方揚言要對台灣祭出特別三〇一條款進行貿易報復，因此美方開出的條件是──「舊帳必須先了」，亦即要求台灣在展開入會談判之前，必須先針對美國提出的清單先行降稅。當時台灣還不是WTO

會員國，除了對美國降稅以外，自然沒有必要遵守最惠國待遇，讓其他國家搭便車，為了入會談判考量，政府不得不在入會前對美方履行降稅承諾。

何美玥依稀記得，國貿局長黃演鈔在一九九三年十二月率領一支台美談判代表團赴美國，同行有何美玥、總顧問蔡英文、工業局科長曾繁漢、專員李素華、國貿局三組組長蔡練生、科長徐純芳及農業主談人陳武雄等人隨行。美國喊價絲毫不嘴軟，總計提出一千多項工業產品清單，要求台灣以機動減半方式先行降稅。

何美玥對這次諮商記憶猶新，因為那一次搭機赴美後，遭逢美國百年來最大的暴風雪，華府降至零下二十一度，整個華盛頓白雪皚皚，像極了雪花花的城市，還因此停止上班、上課，我方代表團可說經歷一趟難忘的談判旅程。

見識大國如何宰殺小國

當時我方談判人員踏上華府土地才知道美國下如此猛烈暴風雪，每位團員並沒有準備保暖長大衣，冷得直打哆嗦，一進飯店後，每位團員趕緊衝至飯店旁邊共構的購物中心添購一件長度及於腳裸的長大衣，後來大家都笑稱這是專為談判準備的「戰袍」。如今看來，那件深色戰袍早已褪流行了，結束諮商後，大家都把它封存在衣櫃裡，鮮少再拿出來穿，但那是入會前「台美諮商」的紀念品，也是一份有意義的記憶。

這一場台美諮商戰役在加入WTO之前的台美雙邊諮商前展開別具意義，也是台美之間很值得紀念的重要戰役。在此之前，每次因為我對美國巨幅順差問題的諮商，與美國交手無數回合，但往往都是在美方祭出三〇一條款或特別三〇一條款等報復手段的壓力罩頂下，被掐住脖子談判，有時不得不囿於政治現實，為了息事寧人而妥協讓步，無法理直氣壯捍衛我方立場。

這次台美諮商相當密集，且產品規模很大，令我方談判人員見識到何謂「真正國際談判」的陣仗，洞悉美國USTR採取的談判策略，大國如何宰殺小國，算是上了一課扎實的「國際談判」課程，「對後來入會時的工業產品諮商，學到很多攻防的戰略和戰術」。何美玥娓娓道出這場WTO入會諮商前先行「暖身」的台美談判之戰略意義。

「我國之所以未依據台美經貿工作綱領達到降稅承諾目標，主因當時國內已如火如荼展開重返關貿總協定的談判準備工作，我方評估衡酌，倘若依和美方的約定降稅，在入會談判時又要符合烏拉圭回合談判降幅（三八%），屆時我工業產品降稅幅度勢必會超過，在入會雙邊諮商陷入毫無籌碼的窘境，對產業衝擊太大。」何美玥解釋為何我方失信於美方。

第八節 入會談判前的練兵

當台、美雙方正面交鋒後，美方當場提出一千多項清單，何美玥毫不示弱提出百般理由推遲，包括必須送國會審議有很大困難等理由，亟欲守住談判防線。但美方並不因此死心，揪住台灣還有一條「關稅法」可以機動降稅，可說將我國法律規章摸得透徹，知己知彼，步步進逼毫不手軟。

接受美方談判震撼教育

何美玥心想只要向美方說之以理，動之以情，應可以獲得美方諒解，因此引經據典搬出關稅法第七十一條規定：「為應付國內或國際經濟特殊情況，並調節物資供應及產業合理經營，對進口貨物應徵之關稅或適用之關稅配額，得在海關進口稅則規定之稅率或數量五〇%以內予以增減」。也就是說，機動降稅要有一定條件，必須在國內外經濟環境變化太大，物資供應失調或因價格上漲時，才能採取機動降稅策略增加國內物資供應。換句話說，採取機動降稅的規定目的在平抑物價。

美方負責工業產品談判主談人是位難纏的律師，工業局將一千多項清單中的每一項工業產品價格變化，國內進口情形，國內供需情況都做出分析，告知美方是否符合機動降稅條件。而美方主談人仍提出很嚴格問題，左右開弓，當工業問題卡住，就改打農業議題。

有趣的是，美國人習慣以牛肉為主食，耐餓指數很高，一坐下來談判，中午根本沒有喊停的休息時間，談到一半時，美方代表當著我方代表團官員面前，從包包裡拿出貝果和蘋果開始吃起午餐，邊吃邊攻防，談到晚上六、七點才肯暫時休兵，告一段落，最後一天甚至談至晚上近十一點，中間幾乎沒有休息。第一天我方代表團完全摸不清楚美方的攻略，只能拿糖果充飢，從第二天開始，我方代表團也買了五穀棒作為乾糧，補充談判團員的體力。

對我方代表團來說，這一場硬仗十分了得，連續談了三天三夜，雙方激戰得日月無光，有些項目我方堅不讓步，但美方又採取強硬態度，開價非要不可，何美玥就利用晚上打電話回台灣，和工業局長尹啟銘沙盤推演策略，華府和台北時差剛好十二小時，白天好不容易才打完一仗，晚上何美玥還要繼續和台北奮戰，疲累加上緊張，胃都糾結在一塊兒，食不下嚥。直到最後一天，國貿局透過駐外代表處，很晚十一點過後帶大夥去華人餐廳打牙祭，何美玥吃了一碗熱騰騰的湯麵，那一碗麵竟是有史以來她記憶中吃過最美味的湯麵，可見主談工業產品的她，肩上承受的壓力有多沉重。

何美玥晚上幾乎都到助手李素華房間和台北電話熱線，方便做紀錄，有天晚上和台北會談結束，二人都覺得飢腸轆轆，決定叫一份十二吋披薩大快朵頤一下，但客房部說沒有十二吋，只有十六吋可送。在等待的空檔，何美玥先閉上雙眼休息，等客房部送來十六吋披薩，何早已累癱在溫暖的被窩裡，李素華不忍心叫醒她，一個人把整盒披薩往肚裡塞。回想起這一段過往，何美玥不禁要糗一下組員李素華，直呼李的食量實在嚇人，簡直餓虎撲狼似的！

「好像接受一次真正且完整的談判訓練！」入會雙邊談判前的這場台美諮商，可說是一次扎實的練兵場，何美玥學習到很多，美方要求一千三百多項，最後只讓了一半約七百多項，證明我國準備工夫到位，方向正確，也因此得到對方的尊敬。由於我方理直氣壯，並沒有被美方凌厲攻勢嚇倒，不過，與USTR「頭號談判殺手」Cassidy交手後，何美玥才有真正被「震撼教育」的感覺，之後在準備WTO雙邊諮商時，工業產品談判就依照這次台美諮商談判模式做足準備，反而顯得輕鬆省力，游刃有餘。

二〇〇一年十二月二十八日，USTR工業主談人Francis F・Ruzicka（Rick）突然寄了一封信給何美玥，那是在二〇〇二年元旦台灣入會案將生效成為WTO正式會員的前幾天，這封私函何美玥保存十多年，信裡主要內容是對何在主談工業產品的表現大表讚賞與肯定，但最後入會一刻，卻未被邀請見證歷史一刻，美方工業主談人頗有替何美玥抱屈意味。經建會副主委任內收到這封信，何美玥讀後，心裡覺得暖呼呼的，認為談判的辛苦還是有代價的，一切都值得了，正印證台灣一句俗話「不打不相識」。

即使讓〇・五%也像割一塊肉那麼痛

歷經台美難忘戰役後返國，何美玥與業務單位召開無數次會議，把每一項工業產品劃出三條線的底限，包括進出口資料，自何地進口，稅率高低等，一律輸入電腦，並委託中經院建置工業產品談判資料庫，從海關進口資料中一一海撈，與二十六國雙邊諮商國家進出口資料逐項比對。例如，各國的關稅有無比台灣高，該國有沒有進口這項工業產品項目，若關稅比台灣高，或根本沒有進口，顯示該國沒有資格向台灣開高價。不論走到那裡，工業談判團隊都帶著一部手提電腦和一顆超大顆硬碟的資料庫，四處應戰。

工業產品項目中，紡織品屬於談判艱困項目，因為紡織品過去稅率原本就很低，在國內屬弱勢產業，我方不但反對降稅，且逆向要求把紡織品稅率提高，約束在較高稅率。何美玥說，過去我國紡織品出口量很大，為了出口不再退稅，政府將紡織品稅率調得很低，衣服最終產品稅率一二．五%，紡織品的絲、紗只有一．二五%、二．五%，布料才五%～七．五%，只有蠶絲較高。

「WTO談判有一項規定，若未提出特別說明，工業產品在諮商階段要凍結在原來稅率上，若承諾凍結，之後就不能調高」。何美玥說，我國因擔心進入WTO後，開放其他國家產品進口，毫無機會再調高工業產品稅率，因此談判倒過來談，即別人要求我降稅，我們反而逆勢主張調高關稅。類似這樣反向操作的工業產品項目，除了紡織品外，還有水泥、電子產品（例如：LCD，原本稅率一%要求提高至五%，CRT影像管也由一%調高至五%）等，總計約二百四十項。

何美玥面對工業產品諮商，向各國唱哭調的手法不僅用在汽車，弱勢產品項目也是，必須找出我國弱勢產業艱困處境的理由，例如工資上漲、新台幣升值、國內工廠從兩千多家變兩百多家、產業外移不具競爭力、產值縮水、各國同類產品稅率比我國高……等，以百般理由博取各國同情，為艱困項目爭取調高稅率。

「我們很小氣，關稅稅率每次只讓〇．五%，錙銖必較」，何美玥說，談判不能隨便讓步，否則對方認為你口袋還有籌碼，要讓對方認為，我方即使讓〇．五％也像割一塊肉那麼痛，才不會成為談判桌上的俎上肉！我工業產品在入會減讓清單中總計三千四百七十項（有些項目早已降至零關稅，無法再降），平均降幅三一．一八％，最後談判的結果較烏拉圭回合談判要求的三八％降得更少。正因為工業產品的攻守得宜，才沒有成為俎上之肉任人宰割。

第七章

農業談判

第一節 入會狀況外

經濟部國貿局剛開始研究加入GATT案，農委會並未被告知，是個狀況外的單位，一直到一九八八年五月五日，經濟部邀集各部會研商成立GATT專案小組，才開始投入對GATT的研究。直到一九九二年理事會已接受台灣入會申請案，經濟部才更積極要求農委會準備資料參與雙邊談判。農委會在談判過程扮演舉足輕重的角色，沒有農業的犧牲讓步，就沒有今天入會的成果！在功勞簿上，農政單位及農民都值得大書特書。

美方不同意我適用韓國模式，得採日本模式

代表農委會參與入會談判伊始的談判代表是前主委陳武雄，當時他身為企劃處長，經常站在談判第一線。第一場參與國內談判專案小組地點在經濟部台電大樓，由於沒有經驗，不知如何談起，農業單位內部提出一些談判原則，一開始即主張入會一次談判，比照

GATT會員國待遇，希望稻米享受特別處理條款，即依GATT農業協定的附錄五，享受SSG的特別防衛條款。

一開始即說得大言不慚的這些要求，當然碰了美方的大釘子，美方談判代表不客氣的回答說「這些權利並非你們想享受就可以享受，別的國家談判談了好幾年，有的談了七年，付出很大的代價才能享受，你們不能做Free Rider（搭便車），別人談好了你們就能享受，這些都要重新談判！」。

農委會一開始打的如意算盤提出的策略是，稻米採用韓國模式，即開發中國家的模式，條件比較好，第一年開放一％，第十年才四％，但日本是已開發國家模式，第一年就開放四％，第六年達八％。農政單位當然是站在保護國內稻農的立場研擬保護策略。

對此一訴求，美方談判人員聽了不禁莞爾，反問：「你們的外匯存底有多大？」原來，為了宣傳台灣的經濟實力，國內不斷在外匯存底的數字上吹捧有一千多億美元，外交經貿人員也不斷擬以我國為「已開發國家」名義加入GATT，如此龐大的外匯存底還處在「開發中國家」嗎？數字會說話，這樣的外匯存底讓美方無法用「開發中國家」的條件和我方展開農業談判，當然也顧不得台灣在農業面臨開放市場衝擊所產生的負荷，是否為不可承受之重。

後來農委會退而求其次，要求稻米介於日、韓之間的模式，美方聽了還是一笑置之，認為我方頗有「創意」，但答案還是「對不起」，因為附錄五中只有二種模式，一是已開發國家模式，一是開發中國家模式，沒有「In-between」（介於二者之間）的模式。美方不同意我適用韓國模式，因此只有採用日本模式可以談判。

第二節 統計數字小兵立大功

管他老美同不同意，農委會在敏感的稻米談判策略一直鎖定介乎日、韓之間的談判模式為終極目標，如此對內、對外都能交代。對外可以說「只能讓步到這樣」，對內不論面對輿論、立法院或農民的壓力，都有立場可站得住腳，至少雖未能爭取到韓國模式，但條件總要比日本好。稻米談判最高戰略定位在日、韓之間，似已成為農政單位堅持談判底限的最高指導原則。

在GATT條款附錄五中明白規定，日本模式須符合幾項條件，包括：一、稻米控制生產面積，這方面我方已實施稻米減產計畫，可以達到；二、過去三年進口量未超過消費量的二〇％；三、沒有出口補貼。唯獨對出口補貼這一點，可以說最難、也讓我方最擔心，即使美方最後支持我國用日本模式，如果沒有達到這三項要件，美方也無能為力。

我國出口稻米價格較低，但國內售價較高，以此作為比較基礎，則可看出我國明顯有出口補貼現象，因此農委會絞盡腦汁要想出對策向美方提出辯駁。農委會向美方說明，國內銷售的稻米不能與出口視為同一等級的產品，因為外銷出口稻米是陳舊的米糧，在倉庫裡堆放了好幾年的「老米」，為了清倉只好低價出售，價格自然不能與國內新鮮的稻米相提並論。美方一聽覺得甚有道理，認同了農委會的說法。

因此，要比較的基礎是，在國內銷售「老米」的價格。國內的清倉米一般多用來作飼料，糟糕的是，在談判期間最近三年年平均價格計算出來，出口老米售價還是低於國內飼料用的清倉米價格，明顯有「出口補貼」現象。當時農委會的心情真是忐忑不安極了，擔心如此一來，可能連日本模式都沒得比照，若為了入會，我國稻米市場被迫要開放的代價，可能遠超乎農民所能挺得住的衝擊程度。

當農委會內部正為這個問題廢寢忘食，傷透腦筋，手足無措之際，有位農委會同仁即時提出一個新點子，指並非每一個月都有稻米出口的紀錄，試圖要找出有稻米出口月份的價格與當月飼料米的價格拿來比一比，也就是不用傳統的「年平均」價格為基準，而改採「月平均」價格作比較基礎。結果，找到一線生機，出口老米月平均價格比國內飼料米月平均售價稍微高一點，農委會這會兒才放下心中一塊巨石。

農委會興沖沖地把計算出來的資料送交給美方，美方竟然未刁難，也接受了採取月平均而非年平均的計算基礎，顯然有意睜隻眼閉隻眼「放水」。

小小統計數字學問大

事後，陳武雄思前想後美方的態度及企圖，也認為美方是刻意在稻米這個項目上「放我一馬」。因為在日、韓，稻米都是高度「政治」敏感性的農產品，大農出口國的美國深刻了解，一旦躁進要求台灣開放稻米市場，會造成該國農民鬧革命，後果更堪慮，恐怕賠了夫人又折兵。

沒錯，農產品在各國都是最敏感的政治性談判，稻米尤甚，所有農業項目談判都是經過行政院批准談判原則及底限，才和各國達成協議，只剩下稻米一直到諮商結束前的最後關鍵一刻，當時已位居閣揆高位的蕭萬長才批准採用「日本模式」為底限。也就是說，等到農政單位已經與主要會員國達成稻米談判採用日本模式共識後，行政院才批准，顯見政府高層對稻米諮商高度謹慎的態度。

「事實上，舊米出口價格本來就比較低，但和國內飼料用的清倉稻米比較並沒有比較低，非刻意做出口補貼」，陳武雄事後回憶談判歷程說，因為舊米出口價格偏低，很容易被「誤解」是採取出口補貼，一旦構成出口補貼的印象，稻米就不能滿足附錄五的條件，不能比照採日本模式談判，必須關稅化，「這是十分嚴重的後果」。

稻米談判的成功，陳武雄認為：「統計數字小兵立大功，大大有學問的」，在兩軍對陣的諮商中，統計數字運用的巧妙，可謂存乎一心啊！

入會要付的代價，對我國農業衝擊甚大，但五年多來，農委會採用且戰且走戰略，每次談判回來，就找那一次談判項目的農業團體代表，向農團報告談判結果，包括農會、農權會、畜牧業及漁業代表等，充分與他們溝通，把政策攤在陽光下，不斷聽取農民心聲，利用農民壓力形成反制對手的談判策略，化壓力為助力箝制美方。因此談判過程中，很少見到農民團體對某項農產品有激烈衝突或陳情抗爭的場面，這全歸功於農政單位對農民的體貼及用心。

談到統計數字的學問，陳武雄很興奮再舉出另一個具體實例。就是我國與紐西蘭的談判。紐國是一個很難纏的對手，想要得到的東西會不惜千方百計，其中一項產品是液態奶，即包括鮮奶、保久奶、調味奶、醱酵奶及優酪乳等。我方是以奶粉類、奶油及乳酪等儘量開放市場，交換液態奶這一塊領域不要被殺得太慘。不讓步的部分，紐方除拚命要求外，很會運用統計數字來和我方周旋，「拌嘴抬槓」。

液態奶的諮商，最後決定採關稅配額方式開放進口，配額外採高關稅，由於採用國內消費量作為計算進口數量的基礎，一旦雙方的基礎數字不同，就會影響進口量的多寡。我方提出的數字，是官方數字，但紐國認為我方農政單位提的數字太低，他們拿到一份也號稱是「官方」數字，消費量比農委會談判的數字多出二〇％。惟紐國的數字不可能是瞎編的，而是來自經濟部的統計數字，結果雙方談判陷入僵局，談不下去，只得暫停休兵，農委會回來再和經濟部作詳細查核比對。

果然，經濟部的統計月報確實刊登紐國所提出的國內消費量數據，但經濟部的計算基礎是採國內幾家大廠的銷售量推估總銷售量，農委會的統計數字則是包括所有大小廠的銷售量，是以母體計算，並非採用推估值。後來，向紐國說明後終於接受農委會的說詞。談判教戰守則明白寫著「談判三要素」，即時間、人力及資訊，與紐西蘭談判的經驗，就是利用「資訊」這項要素，積極爭取談判籌碼，在兵臨城下時扳回一城。

第三節 用時間壓迫阿里郎

時間這項談判要素，在談判中常能作為克敵制勝的戰術運用，陳武雄舉出的具體案例就是與韓國的談判。

一九九五年，前總統李登輝突然下達指令，要求各部會儘速完成與韓國的雙邊談判，主因當時中國大陸的入會談判已經走在台灣入會案前面，一旦雙邊談判沒有結束，就無法與大陸「同時入會」，屆時「代誌大條」了，恐怕大陸會利用其先我入會優勢，政治杯葛或干擾我入會案。

台、韓水果等值貿易強勢談判

另一方面，把小國及中型國家的入會雙邊談判都完成，入會進度的表面數字會比較好看，對大國也能產生一定的壓力。因此農業議題不能延宕擱置在那兒，讓進度落差太大，成為台灣入會阻力的眾矢之的，於是農委會在自我施壓下，拚了命要交出談判戰果。

農委會在一九九五年八、九月間與韓國交手諮商，當時農委會設定的策略是，將每年台韓水果等值貿易談判與韓國入會談判兩者掛鉤，韓國不同意，希望脫鉤談判，但我方十分堅持。

當時農委會研判，兩軍交戰，韓國顯得比較急躁，急於完成諮商。對我方而言，再拖個幾個月與韓國完成雙邊談判根本無所謂，因為還有很多部會的諮商問題陷入膠著，農委會絕不會殿後。

不過，韓國卻等不及了，水果等值貿易若未能儘速於八、九月間談妥，韓國水果九、十月無法出口到台灣，韓國國內水果將陷入「供過於求」的窘境，價格勢必會崩盤。韓方的談判弱點很快被我軍掌控，於是緊抓著韓國在時間上壓力的弱點，對準要害猛烈攻擊。

當時農委會心中盤算過了，韓國水果出口到台灣有很大的市場，每年有高達六、七千噸，還有韓國梨，都是秋天收割，冬天來臨之前必須處理出口的水果，有些雖然可以等到翌年再處理，但水果會因此不新鮮，必須即採即出口。

最後韓國的弱點圖窮匕現，迫於無奈，妥協同意水果等值貿易談判與入會雙邊諮商掛鉤，否則水果等值貿易如果未能談妥，韓國的損失將更慘重，不得不兩害相權取其輕。陳武雄一聽南韓同意兩項諮商掛鈎，暗自竊喜，且十分篤定的想：「這下子完成與韓國的雙邊農業協議有希望了」。

當時，農委會與韓國的談判在另一個處所，陳武雄隱身在幕後擔任總指揮，調兵遣將打仗，他本人並未親自披掛上陣，派遣當時的企劃處貿易科長廖安定負責入會雙邊談判，而由當時的企劃處副處長黃欽榮負責水果等值貿易談判。陳武雄下了一道明確的戰略指令：「農業雙邊入會談判如果沒有進展，水果等值貿易談判就要拖住，不要有進展，一切等到入會談判敲定，水果等值貿易談判才可以加速完成。」

但左等右等，一直磨到深夜十二點了，雙邊入會談判才結束，雙方同意簽署農業雙邊入會協議。陳武雄獲悉戰情回報後，立即打電話向黃欽榮打Pass，指示水果等值貿易談判腳步可以加速進行了。一直等到午夜十二點多，那廂擺妥、這廂也搞定，兩項談判同時間順利完成。這個案例，是在談判過程中充分運用對手時間壓力的心理戰術，也是採取「強勢談判」的作法。

可用籌碼傾巢而出

在農業使用強勢談判的策略，除了對韓國有較大的籌碼外，與菲律賓的談判也因為蘇比克灣有很大的投資計畫，成為入會雙邊協議的很大助力。

有一回入會談判總土談人許柯生率領的談判代表團打算從日內瓦返國，但接到一道來自國內不知名高層下的指令，下令代表團即刻轉往菲律賓馬尼拉，並訓令這次一定要與菲律賓完成農業及非農業的雙邊談判，陳武雄心裡還直狐疑：「怎麼可能？」

到了馬尼拉開始展開談判，本來有點進展，後來因為香蕉問題又卡住，大家休息進行各自內部的磋商，我方談判代表團打電話回國內請示，時任經濟部長的江丙坤立即打電話給馬尼拉菲國經濟部長Navaro，N部長再打電話至談判會場，當再度展開諮商時，又開始有了較大的進展，但談了幾回合後再度卡住。會場、台北與馬尼拉的三邊諮商電話又開始忙碌了起來，後來與菲律賓雙邊協議果真在這次諮商中完成了。

根據陳武雄的了解，是因為我方投資蘇比克灣的大案子協助菲律賓，菲國為了感謝台灣，採取實際行動，配合我國入會案釋出善意，這是一九九五年台菲入會雙邊諮商獲得重大突破進展，火速結束雙邊談判的主要關鍵。其實，Navaro部長與江丙坤是多年好友，一九九三年，江丙坤參加西雅圖APEC部長會議時，N部長特別安排東協各國經濟部長與江丙坤舉行早餐座談會，討論經濟合作事宜。二人在一九九四年二月二十日共同參加我國在蘇比克灣投資的台灣工業園區開工典禮。

其實，國貿系統人員雖不願承認，政府常利用各種投資或採購機會作為談判籌碼，但是從菲律賓案例不難見微知著，政府為了加速成為WTO成員，針對各種可用的籌碼可以說是傾巢而出。

第四節 牛魔王大戰高低級牛

農業談判中較艱苦的戰役，除了稻米，另一項就是牛肉。為了牛肉談判，要擺平美、加、澳、紐等各國多邊利益的差異及爭奪的糾紛，幾乎演出一齣「人牛大戰」。

當年申請入會時，我國在牛肉進口方面違反GATT的最惠國待遇，但我國用技術問題予以克服。我方承認美國牛肉分級制度USDA，牛肉分級有AAA及AA，AA以上的就稱為高級牛肉，關稅每公斤二十三元，其餘一般牛肉關稅為三十元，加拿大、紐澳牛肉分級與美國並不相同，因此要求我國入會時取消分級制度，以求取公平。

程中江被封為牛魔王

我農政單位當時的答覆是，「美國有分級制度，你們又沒有，你們高級牛肉如何與美國比較？」紐澳立即提出說明，指他們飼養的牛是用「草」餵的，美國是用「穀物」飼養的，但紐澳強調，用「草」飼養的也有高級牛肉，銷售至歐洲地區都是好的牛肉。農委會一聽則不管他們是用草或穀物餵食的牛，一律要求必須像美國一樣提出「分級標準」制度，以評斷誰是「高級牛」。美國並不同意讓紐澳得到相同待遇，我國因此成為這一場「高級牛vs低級牛」的夾心餅乾，若順了紐澳，就會得罪美國，姑嫂之意一時之間很難擺平。

紐澳一直提不出牛肉如何分級的標準，我國只好以技術杯葛拖延時間，當時任職農委會畜牧處科長的程中江想盡各種方式，設法訂定高級牛和低級牛的比較基礎。

例如穀物飼養的有「大理石紋」，但吃草的牛肉不明顯，用大理石紋無法做出比較。於是，他又想出用「年齡」做比較，如何比較呢？較幼齒的，比較嫩（Tender）。但要如何測量？總不能像人一樣看身分證，於是程中江想出，用「牙齒」來做比較基礎，愈嫩的牙齒愈沒有長好。但這樣也不行，牙齒的長相並沒有一定標準，不能說牙齒幾顆就是高級牛。再者，他也曾想出，看骨頭的硬度來做比較，老牛骨頭硬，嫩牛的骨頭軟。林林總總各種比較因子，程中江幾乎想破了頭，有時我國提出的比較基礎美國不能接受，有時則是紐澳無法認同，搞得非常複雜。

最後農委會提出用牛的「部位」來分級，雜碎屬另一欄關稅，用部位分級的建議獲得各國認同，才找到牛肉談判的基礎。但用部位如何訂定降低關稅的基準？各國同意不論高級牛或低級牛，至某一年稅率全部降為零，中間有調適期，每公斤的關稅從三十元，一路降至二十元、十三元，最後降至每公斤十元，對美國優惠待遇逐步取消，慢慢與紐澳拉近，終於解決了棘手的牛肉問題，讓農政人員鬆了一大口氣。

至今陳武雄回想，當初為了稻米及牛肉絞盡腦汁，亟欲突破談判困境的點點滴滴，他並不覺得辛苦，情緒還很興奮，因為一想到拿什麼牙齒、骨頭或年齡作為高級牛及低級牛的比較基礎，就覺得當初談判的夥伴實在太有「創意」了，這些都是程中江科長的精心傑作，因此當時程中江就被同儕封了一個綽號叫「牛魔王」，牛魔王大戰高級牛、低級牛數回合，最後好不容易才得出一個共識。

另外，稻米竟可以用自創月平均數字作為談判基礎一戰成功，農委會對這樣的創意也十分得意，因為沒有任何一項農產品的談判不用年平均，只有稻米例外。凡能想出任何解決問題的創意，且對手國又能接受，讓每一項產品闖關成功，有重大突破時，篤信佛教的陳武雄不禁就會說出「阿彌陀佛」。

美國要求公平貿易

除棘手的牛肉外，我國和美國洽談雞肉及內臟，也曾數度談不下去，美國對雞肉配額外關稅採取多高，配額內稅率要多低，最低進口數量多少，切割成雞腿和雞胸，提出一大堆清單。我方則主張用「全雞」進口，以降低對農業衝擊，農民比較不害怕；但美方希望分開，因為雞腿肉比較有利可圖。

於是，我方採取聲東擊西策略，向美方心戰喊話：「要求台灣進口美國雞肉對美方並沒有好處，如果美國把台灣的養雞業打垮了，則美國的飼料就進不來了」，之所以這麼喊話，主因台灣大宗物資玉米、大豆的主要採購國正是美國。美方談判代表卻認為這是兩回事，美方並不在乎在這場談判中，美國國內業者究竟誰得利，誰享受好處，美國要求的只是公平貿易，且態度十分堅定。

不過，我國並不死心，派遣大宗穀物採購團赴美國遊說施壓，由前工總理事長林坤鐘帶隊，業者發揮愛國心對外團結一致，美國大宗物資業者也十分熱心招待，採購團並拜訪了美國政府官員及國會。不料，返國後證明採購團前往美國遊說這一招並不管用。

雜碎內臟在談判中也是棘手項目之一，內臟在美國售價是較低的，在國內卻相反，雜碎及內臟比豬肉等肉品昂貴，美國將便宜東西賣到台灣來，我雜碎等價格壓低後，整隻雞或豬的價值就變低了。另外豬腹脅肉（俗稱三層肉），則是以頭期款方式（Down Payment）換得與美國諮商的順利完成。

未入會之前，政府設法要平衡台美貿易逆差，限量讓美國進口蘋果、梨、香蕉及柑橘，人家都笑問：「美國有生產香蕉嗎？」為何政府不讓菲律賓及中南美等各地區的香蕉進口，卻唯獨圖利美國，開放其香蕉進口？美國也感到「無妄之災」，竟不知道台灣特別獨厚他們。為平衡台美貿易逆差，我國有十四項農產品對美國採取差別待遇，違反GATT中MFN最惠國待遇原則。

第五節 台美最終回刺激又浪漫

農業談判歷經多年且多人經手，但經貿官員認為，就屬台美諮商最終回一役最有看頭。

台、美雙方歷經十六次農業議題諮商，我方雖已在關稅減讓及市場開放給與美方大幅減讓，仍有稻米、豬腹脅肉、雞肉、牛肉、動物雜碎之市場開放、水果關稅稅率、縮短降稅期程等議題尚未解決，同時美方農業主談人換人，屢次提出不合理要求，導致雙方對上述議題立場差距反而擴大，有待此次最終回談判解決。

密室協商助攻農業談判

「美國人談判很有『技巧』，今天談稻米，明天談雞肉，後天再談雜碎，再隔天再談別的，每項議題只煮熟七分，都沒有完整，最後又翻過來談第一天的稻米，企圖擾亂我方談判思緒。」台美諮商最終回我國農業主談人為農委會前主委林享能（當時為副主委），偏偏他的記性很好，對談判細節瞭若指掌，不受美方左右，還能糾正對方的錯誤，美方農業組談判代表察覺此點，認定林享能是認真又信守言行的對手。

當時台灣是美國農產品外銷第五大市場，因此美方對台灣進一步市場開放甚為重視。台美最終回農業談判，是安排在美國貿易代表署內舉行，美方由農業部海外農業署（Foreign Agricultural Service）副署長 Patricia R. Sheikh 擔任主談人，團員包括貿易代表署法律顧問及國務院官員，我方則由副主委林享能領軍，擔任主談人，團員除農委會主祕黃欽榮、陳文德科長等官員外，尚包括經濟部次長林義夫、國貿局長陳瑞隆、駐美代表處經濟組組長鄧振中及財政部代表等人，陣容整齊，引起美方高度重視，還出動四位次長級官員，凸顯我國要結束諮商的決心。

政大外交系畢業的林享能，從外交部基層出身，曾任委內瑞拉、智利代表，並數度擔任密使任務，長期外交歷鍊，英語流暢，又善於表達。他在談判開場白致詞時，即坦率表明：「在台灣政務副首長對外所言，係代表政府，不用質疑」。這項開門見山的表白，給予美方極大的信心，因此為期十日的馬拉松式談判，堪稱順利，有節奏，有步調，無爭執，談判中也無中斷會議，必須內部討論後再答覆的情形，一路如行雲流水，氣氛融洽。據參與此役談判的團員表示，「從頭到尾，會談順利愉快」。

「談判所以順利及讓步，並非在談判桌上完成，大部分協議係利用中場休息場合，喝咖啡時間（Coffee Break），單獨與美方主談人 Patricia 在其個人辦公室協商，告訴對方我國的難處，可以讓步，讓到什麼地步？用什麼來做交換？……等等」。林享能說，雙方談好取得協議，他還充當「導演」，表示得「套招」，回到談判桌時，雙方要如何切入，均談妥默契，雙方立場回到談判桌充分表達後，再做下結論。

為順利進行談判，林享能和美方女主談人 Patricia 取得「諒解」，即「密室協商不公開」，因此我方團員迄今均未知悉這一點，直至這本書的訪談，他首度「解密」。林享能多年後很得意地說，這就是談判所以會有節奏感，能順利進行，未有爭執的根本原因。但事實上，林享能也非省油的燈，為了打這場硬仗，他猶如要準備大專聯考般「用功」，準備應戰的功課十分充裕。

美方對我市場開放留下待協商的項目，要求過於苛刻，林享能心想，如果單純以產業技術性策略論斤論兩，開低走高，恐怕勢難讓美方縮手，因此他在談判策略上，改以雙方利益為前提，台灣安全及穩定做考慮，並要求美方求最大的戰略利益，不要在單項產品項目中爭取，否則會傷及台灣。

自美進口稻米握手君子協議

經他剴切剖析利害得失的說明，美方確也能了解這一點，因此在談判上趨於保守，未向我方步步進逼，爭取原先苛刻要求我方讓步的小利。「談判並無爭執，乃此種大方略切入協商的結果」，林享能自豪地說。

何謂大方略？他舉最棘手的稻米為例說，經歷十六次協商，美方要求我加入WTO後，稻米產值須減少三三%，我方則承諾減少一二%，林享能私下向美方主談農業的Patricia說明，且表達在談判桌公開之立場，跳脫產業思維，強調國家糧食安全及美方的戰略利益。他指出，一九九六年台灣向美國進口農產品達三十六億美元，台灣在農產貿易方面，已成巨額逆差。

另外，他請美方應特別重視台灣的處境，因為兩岸仍軍事對峙，一旦有狀況，例如中共封鎖台灣，運糧海運中斷，台灣必須靠自己確保基本主食稻米一百五十萬噸的安全供應量，即庫存米六十萬噸，一期稻作九十萬噸，合供一百五十萬噸。因此台灣的稻田不能因加入WTO大量進口稻米而荒廢，況且台灣已準備放棄糧食生產自給自足的政策，改採供需平衡。

「以農業副部長作此種表示，希望美方有所重視，何況『台灣關係法』開宗明義，美方關切台灣的安全」。林享能一面侃侃而談，一面遞給美方英文本「台灣關係法」。經過這番說明，美方放棄原先訴求，接受我方一年糧食安全供需量一〇%，即一百五十萬噸的一〇%（十五萬噸），最後達成協議進口稻米十四萬四千七百二十公噸。

惟談判完成後，林享能與美國貿易代表署官員見面時，美方要求稻米需向美國進口，林婉言表示，此完全違反WTO精神和規定，無法同意，只有在進口時盡量安排，美方要求納入協議中，但林享能伸手表示，用「握手君子協議」替代，不形諸白紙黑字。二〇〇二年我國入會後，美方來向我國要求兌現，卻找不到門路及依據。談判的虛實策略，林享能運用自如。

豬雜碎議題的過招，更是精采。在談判當時，台灣豬腸一斤已賣到六十元，比豬肉還貴，林享能在談判桌上指出，台灣市面上銷售豬大腸、豬腰，比起豬肉還更貴，在美國這些都是「垃圾」，但在台灣卻是「美食」。他告訴美方，台灣會開放進口，屆時也願意從美國進口，因為美國檢驗標準較嚴格，執法也較落實。

美方認為台灣用美男計談判

「台灣豬雜碎一年需要量約十六萬七千六百公噸，除本國生產者外，坦白的說，大部分係自中國大陸走私，以大陸有各種疫病，台灣進口豬雜碎始終處在嚴峻威脅下，但台灣因人民喜食內臟，也引起嚴重國民健康問題。」林享能告訴美方，台灣歷年十大死亡病例，就有六項與食用高膽固醇動物食品有關，尤其是動物內臟。語畢，林當場再遞交一份我國衛生署出版的一九九六年英文版年鑑，請美方主談人當場翻閱。

他並進一步說：「依台灣的傳統，婦女做月子，均以麻油腰花或豬肝作為主食，而豬內臟殘留藥物比率最高，作為人母之母體吃麻油腰花又哺乳，以嬰兒正需要發育之際，會帶給幼兒的殘害，台灣政府也很憂心。台灣會逐年開放，希望美方不要有逾越道德過分訴求。」

林享能在雜碎議題論述有根有據，頭頭是道，說之以理，動之以情，經過這番陳述後，美方放棄原先要求豬雜入會前一萬公噸的頭期款配額量，第一步要求我先開放五千噸，之後入會前每年增加至七千五百公噸，談判就這樣平順達成協議。但這樣的開放，不會造成國內豬農產業的衝擊。

林享能念茲在茲都在考慮我國養豬農的利益。他深知養豬要能賺錢，豬的內臟要有高價，一頭豬從脖子到肛門，這一串內臟要賣到一千元。因此談判出發前，他與畜牧處科長程中江商量，將豬的四個蹄也納入內臟稱重，則每頭豬有七．五公斤的內臟，技術性的變通比原先一頭豬只有約五公斤內臟多出很多，對我談判大大有利。以承諾的七千五百公噸換算頭數只有一百萬頭開放，扣掉豬蹄二．五公斤，實際上只有六十七萬頭，而我每年屠宰就有八百八十萬頭豬，對我養豬產業並不構成威脅，依需求仍然還會有大量走私進口。林享能很爽快地答應，但表面上還是要表現我開放豬雜碎進口，對豬農是相當痛的一件事。

又如葡萄，由於Patricia受到加州參議員壓力，要求我方進一步開放加州的葡萄進口，因談判接近尾聲，不能再有突發狀況，林享能要求中場休息，再度與Patricia在其辦公室闢室協商。了解內情後，林享能坦誠表白，台灣葡萄生產，如南投信義鄉是在河床地，屬比較艱困地區，如不能再種葡萄，農民將難以維生，因此我葡萄產業必須維持，請Patricia諒解。

不過，林享能也給她一個面子，承諾我國將葡萄進口稅率由四二．五%降為三五%，水蜜桃也比照此稅率，Patricia聽完也同意。於是二人套招，談好返回談判桌後，雙方仍依各自立場表達，再作結論，林享能三兩下又將突如其來的葡萄問題解決。

更難得的是，我方談判人員鮮少人會像林享能這麼細心又羅曼蒂克。話說台美諮商進行到二月十四日當天傍晚，雙方猶專心討論，時任駐美經濟組長的鄧振中當場向林享能提醒，「今天是情人節，不能再像前幾天挑燈夜戰地談下去。」林享能聞言，當場本能輕聲回應「Oh my God」，立即清點在場女士人數，拜託鄧出外購買八朵玫瑰花，並交代用報紙包好，不露形色地交給他。

玫瑰花買妥後，林享能立即做了當日談判休會的結論，他並向美方提醒「今天是情人節，請求結束談判，希望你們趕回家陪另一半（Better Half）」，他當場表示，為了感謝大家，謹代表我方代表團向在場女士獻上每人一朵玫瑰花。

當第一朵花要獻給主談人 Patricia 時，她仍埋頭在談判桌上整理記錄，林享能誠懇的表示「Pat, may I kiss you」，不等她回答，林很快低頭，用他的頭碰她的頭一下，並把花送給她，然後跟她說謝謝。東方人也有這種情人節的浪漫表示，相信美方在這次談判中留下深刻的印象，林享能此舉也為談判緊張氣氛緩解不少。

談判回來後約一個月，美國在台協會農業組台籍專員 Rosemary 打電話給林享能祕書吳慧玲，轉告美方認為此次農業談判之所以會很順利，「因為台灣用美男計」，當吳祕書告訴林享能這句話時，林覺得很意外。他道出內心的感受，認為可能是他真心、熱誠又認真，讓美方留下好印象，這也是意想不到的收穫吧！

林享能自謙說，這次談判並無「突破」之處，實歸功談判前，農委會同仁周詳的準備，同時由於他外交人員的涉外溝通遊說本能，加上赴美前做足談判功課，將台灣關係法，衛生署台灣十大死亡病因的出版年鑑等農委會職掌外的資料，都蒐集齊全，備妥英文版文件，帶到談判桌上作為有力佐證所致。

林享能大戰略奏功

台美諮商會談前，他兩度向蕭萬長院長作簡報，在談判長達十日期間，林享能幾乎一人縱橫全局，並無越洋電話請示農委會，每日談判情形，當晚農委會作成完整報告，分析美方如何要求，如何折衝及談判結果，並預告將如何讓步，於當晚電傳農委會，次日清晨上班，農委會就能掌握談判進行的結果。

每日談判結束回到酒店，約在晚上九時左右，他要求同仁先回房洗澡，於三十分鐘內帶睡衣到他的大套房休息，可坐、可翹腳、可臥、可睡，但需查資料時，必須隨時應命，通常半夜二、三點才放同仁回房間睡覺。文書作業則由農委會現任國際處副處長蕭柊瓊及派駐華府同仁負責，「一切由我這小女子負責，你們可以回房睡覺去」，蕭柊瓊總是用豪氣的一句話，用心努力把書面報告搞定，至今想起，林享能仍然感激在心。農委會隨行團員每日用心應命，每晚幾乎只約睡四小時，每天一大早七時三十分開早餐會報，但無人訴苦，士氣高昂，真是難得，這真是「將士用命」的最佳寫照。

綜觀農業組的談判，二月十一日開始談判，次日，台北已有數千豬農集結美國在台協會前，丟擲豬糞抗議，但林享能率團返國，反而無農民抗爭，他在返台後次日，向蕭萬長院長報告時說，政院給他一百塊的籌碼，但他只用掉六十塊，且當場再向蕭院長爭取到一百六十億台幣，立即作養豬產業結構調整之用，在高屏溪及東港區水域禁止養豬，將我國養豬從九百萬頭減至七百多萬頭。「蕭院長二話不說，當場同意，沒有簽呈，沒有書面報告先呈報情形下，就得到同意，顯見當時上下一心，努力以赴的決心」，林享能這麼說。

「這次農產品談判，大部分在大方向溝通，不在產業減讓細節論斤論兩，而是將重心放在我國糧食安全、社會穩定、農民福祉、國民健康等更上層的大格局作戰略訴求，因此談判堪稱順利，應無突破情形。」林享能輕描淡寫為台美諮商最終回下結論，但從上場到幕後舖排，沒有伶牙俐齒，沒有口若懸河，也沒有煩躁場面，有的只是他心平氣和的紳士風範與智慧。

他帶著高雄美濃腔口音娓娓道出連台好戲的談判祕辛，令人猶如時光倒流，彷彿身歷其境般真實又刺激。而這些不過是他「完封」台美農業諮商的片段，未來更多的故事情節，且待他撰寫回憶錄時，解密更多兩軍對弈的精采布局。

第八章

菸酒談判

第一節 菸酒談判始於美方壓力

菸酒市場開放諮商，始於一九八〇年代，美國認為很少有國家是公賣制度，台灣的菸酒制度怎麼這麼保守，試圖施壓要求台灣打開封閉的市場。

當時美國面臨貿易與財政雙赤字的問題，與貿易順差之日本與亞洲四小龍展開貿易談判；我國面對美國動輒祭出三〇一條款壓力，於一九八七年回應三大讓步，其中一項即為開放美國香菸及啤酒與淡葡萄酒進口。

菸酒雖已開放進口，但美國總是認為台灣菸酒採專賣制度不透明，依法免徵營利事業所得稅、貨物稅及營業稅等內地稅，而以「公賣利益」繳庫代之，是否與美國進口菸酒所繳納的稅捐，適用同一標準課稅，根本無從比較及掌握，菸酒議題於是成為台美諮商中重要議題之一。

一九九二年在我GATT入會案正式被受理以前，有關菸酒談判都是由公賣局出面主談，美國對此一作法十分不滿，認為公賣局是廣義的業者，又是菸酒市場的管理者，儼然是「球員兼裁判」。因此，在一九九一年與美國菸酒談判時，我方由財政部指派國庫署主談，後來在歐洲入會談判時，則將菸酒稅率部分切割出來，由賦稅署與關政司主談。

在各國要求開放菸酒市場壓力下，我國在一九九〇年代提出菸酒專賣的改制，公賣局不再管菸酒收益繳庫，而改制為公司組織，與民間企業一樣，進行市場公平競爭，菸酒課稅回歸正常稅制。當時，財政部花了很長的時間思考取消菸酒公賣利益，改課菸酒稅的制度性問題，後來由國庫署草擬「菸酒管理法」負責菸酒的行政管理，稅制部分則由賦稅署另擬「菸酒稅法」負責稅捐稽徵。

菸酒議題在GATT入會談判前，曾在一九九〇年代初期，多次與歐美國家進行個別諮商，歷經多年始達成「菸品標示」、「菸酒廣告警語」、「烈酒電視廣告限時段」等協議。但米酒談判，可說是我國入會談判過程中，最困難的項目之一，其中過程曲折蜿蜒。

第二節 入會「米酒」付出高昂代價

關稅貿易總協定（GATT）有二個最重要原則，一是基於非歧視待遇的「最惠國待遇（MFN）」原則，二是「國民待遇（National Treatment）原則」。而依據「國民待遇原則」（GATT 第三條）規定，就國內外同一類產品適用同一標準的內地稅課徵。

「我國在入會時，歐美各國都要求我國須遵守 GATT 規範，一方面要大幅改革菸酒公賣制度；改以菸酒稅制取代公賣利益；另一方面菸酒稅課徵，也必須依照 GATT 規定，對國內外同類別產品，給予同等待遇。」過去常駐日內瓦蘇黎世的陳瑞隆說，當時我國如無法在雙邊及多邊談判中，遵守「國民待遇原則」，則恐難與各國達成協議順利入會。

米酒談判之所以艱困，正因為不但須考慮我國國民固有的飲食習慣，尚須兼顧菸酒公賣利益回歸正常稅制過程中，不致影響整體國庫收入，有太多面向要考慮，在當時入會壓力的時空背景下，抉擇甚難。

米酒諮商面臨艱困抉擇

財政部在談判過程，雖然同意依國際體制將不同酒品予以分類，對同類酒訂定國內外統一稅率。不過，因為米酒在台灣有傳統的特殊性質，是我們一般人民日常使用的料理用酒，另一方面也是少數弱勢經濟或原住民族群的飲用酒，因此財政部有意擬訂單獨稅號，課徵較低稅率。

米酒事涉「國民待遇」問題，談判過程中，美、英、法等歐美各國堅持抓住GATT「國民待遇」的規定，強逼我國在「米酒」議題課徵的內地稅率，必須與同屬蒸餾酒的威士忌及白蘭地相同，即便財政部一度考量米酒傳統特質，要與歐美蒸餾烈酒區隔之立場，以「單獨稅號」為米酒適用較低稅率解套，但此如意算盤難打，無法達成協議。

陳瑞隆舉證歷歷說，一九九五年及一九九七年GATT爭端解決機制曾經受理美國、歐盟、加拿大等會員國的提告，分別對日本燒酒（shochu）及韓國燒酒（Soju）案作出判決，確定同屬蒸餾酒的日韓燒酒，都應與威士忌及白蘭地等列為同類產品課相同稅率，判定日韓敗訴。

其實，日本的燒酒也是貧瘠地區廠商生產的酒，用來照顧當地居民的，但歐美各國也認為日本的燒酒稅率比同屬蒸餾酒等級的威士忌低，根本不管它有何特殊背景或歷史淵源，依照GATT規定，同一性質的酒，內地稅課徵不能有差別待遇，就判定日本的作法是違反「國民待遇」原則，迫使日本燒酒最終在稅率上作出讓步。

基於上述種種因素，當時我國在處理米酒議題諮商時，事實上面臨只有三種策略選擇，一、維持米酒現有二十二元的售價，惟歐美同屬蒸餾酒類（spirits）的產品亦必須同等適用相同的低稅率。如此一來，國庫財政收入將大幅減損降低；二、維持當時國庫財政收入，但米酒與其他進口蒸餾酒必須適用相同較高稅率，亦即米酒必須大幅漲價；三、將米酒加一定比例的鹽，成為「料理酒」，讓米酒性質及使用上與其他蒸餾酒酒類有所區隔，並適用較低稅率。

在三種選擇中，第一種對國庫財政收入影響衝擊太大，財政部堅決強烈反對；而第三種選擇因無法在短期內改變一般民眾使用習慣，充其量只能作政策配套措施之一。因此，米酒談判在歷經數回合辛苦折衝後，我國與各締約國達成協議，決定採取第二種選擇途徑，米酒不得不大幅漲價，是入會當下不得不付出的昂貴代價。

表演燒酒難證明米酒特殊屬性與其他酒類不同

米酒問題在入會談判時，一開始就產生相當大的爭論，因為米酒在台灣已成為調理食物不可或缺的民生必需品，當歐美要求我國米酒適用與威士忌及干邑（白蘭地）同等稅負時，財政部談判代表立場非常堅定，當場斷然予以拒絕，甚至脫口向美方談判代表反映「倘若讓步，回去就得提頭來見」。

當時紅標米酒在市場上售價是一瓶二十二元，與一瓶礦泉水相當，若公賣收益要改課內地稅（菸酒稅），比照其他烈酒每公升得課稅負一百八十五元，依從量課稅，一瓶〇．六公升的米酒，內地稅負就要一百一十一元，入會後米酒最終售價將飆漲至每瓶一百八十元。

入會諮商時，我國與美方在米酒議題最大的爭論是「同類產品定義」問題。美方認定米酒是屬於蒸餾級的「烈酒」，必須適用與威士忌相同的高稅率。而我方則認為「米酒」在我國主要供做燒酒雞或麻油雞等料理用，頂多是「經濟弱勢者」飲用，並不影響進口烈酒市場，與進口烈酒飲用並無替代性，故不能等同視之。

因此在多次談判過程裡，我國極力主張米酒在我國是傳統調理作料，對台灣飲食文化十分重要，在使用方式上不同於西方烈酒，不能列為相同類別產品。惟美歐卻不表認同，認為仍有原住民等人用來作為飲用，不為所動。

大家一談論米酒諮商談判的過程，都不會忘記我國談判代表曾經有過一段，邀請美方談判代表親身體驗我國烹煮燒酒雞需用大量米酒的生動有趣插曲，希望以烹調料理現身說法向美方遊說，說明米酒在台灣美食文化的重要性與特殊性。

在某一場談判中，已故的財政部次長吳家聲當天談判時，特別指示幕僚帶了二瓶用紅石龍繩綁好的紅標米酒，提到開會現場，請美方談判代表試飲，一試之下，美方確實覺得與平日飲用的西方烈酒味道不同。

當天晚上，吳家聲也邀請美方談判代表人員到台菜的欣葉餐廳吃飯，特別請大廚當場表演，以四瓶米酒烹煮燒酒雞，大廚一滴水沒放，一副以變魔術的手法示範給老美看，只見火苗一點燃，整鍋湯「轟」的一聲烈焰沖天，我方利用機會教育告訴美方官員：「這是台灣特有的米酒飲食文化，米酒是用來做燒酒雞的料理酒」，希望美方了解，不要苦苦相逼。

當晚美國人吃得酒酣耳熱，滋味無窮，十分盡興。誰知道，第二天一早起床後展開談判，美方立場毫無所動，照樣要求米酒必須視為烈酒，適用同等級的稅率課高關稅，因為美國人的商業利益擺在那裡。

財政部官員說，當時我方談判代表也告訴美方，在台灣米酒絕大多數是用在烹飪調理之用途，只有少數原住民同胞喝得較多，但所占比例並不高，那是台灣原住民同胞長久以來，非常特殊的傳統文化習俗，不應視為與其他蒸餾酒相同等級的產品。

當時財政部也端出相關單位的委託研究，台灣國人每年消耗米酒數量約二千多萬瓶，但只有三％是經濟弱勢拿來飲用的，其餘都用在料理烹調上。不過三％也有六十萬瓶的數量，很難說服美方，米酒在台灣只是作烹調料理，而非飲用。六十萬瓶這樣的數量對美國酒商來說，要拓銷威士忌和白蘭地的飲用市場，潛力相當大，當然緊抓不放米酒必須依國際規範定義的課題。

政府自始即了解，國內民眾無法接受米酒大幅漲價的事實，才希望美國不要將米酒視為蒸餾酒，與威士忌列列在同一等級課高稅率。可惜美方卻無法接受我方剴切的說詞，立場相當堅決。

美方藉米酒降低烈酒稅率

「台灣民眾不能接受米酒六級或八級跳的漲價」，這本來就不是美方該擔心的問題，就美方談判立場而言，認為這是台灣內部自己本身需要解決的課題。

「各部會都不厭其煩急欲向美方解釋，米酒在台灣有其特殊性及傳統地位，尤其我國婦女坐月子，或國人利用中藥進補時，都必須大量使用米酒。」陳瑞隆回憶米酒議題談判景況時說，我方極力向美國說明，台灣的飲食習慣、文化與各國不同。米酒加了鹽烹調料理的話，雖不致影響中藥燉補的藥效，但一般國人總認為風味就會走掉，大大降低料理的效果。

「當時美國充分了解，我國基於政治及傳統飲食文化考量，米酒漲價有其困難的苦衷，因此在談判策略上，主要訴求其實是希望我國整體調降蒸餾酒的稅率，使美國烈酒產品可以適用與米酒同等級課徵低稅率，這也是美方談判代表烈酒協會諮商的首要談判目標。」深諳美方心裡盤算的陳瑞隆這麼說，一語道破美國為酒商在米酒議題的談判，根本是「項莊舞劍，志在沛公」，亟欲逼迫我壓低烈酒進口稅率。

我方談判人員當然也洞悉美方的策略，但是財政部說什麼也不肯答應，因為如此一來，除國庫收入減損外，更不符歐美烈酒從高計稅，以維護國民健康之體例，再則「低稅率」一旦決定，難有復原機會，必造成「財政缺口」問題，使財政紀律敗壞，這塊稅收減少了，如何去尋找替代財源？恐怕解決一個問題，又製造另一個更大麻煩。

稻香米酒應運而生

既然米酒只是絕大多數拿來作為料理，政府試想，可否採用另一種配套作法，即依國際標準規定，加〇．五％的食鹽就可算是「料理酒」，而歐美也同意我米酒加鹽〇．五％可用「料理酒」名義課稅。按當時進口烈酒稅率換算，蒸餾酒每公升課一百八十五元稅負，米酒課徵內地稅後，一瓶〇．六公升紅標米酒稅負高達一百一十一元，售價最終將調高到一百八十元，漲幅逾八倍，假如加鹽可以課較低稅負，售價較便宜。

後來「稻香料理米酒」的替代方案因此應運而生，公賣局也重新生產另一款不同包裝的料理米酒，讓民眾多一種選擇。依入會時承諾，加鹽料理米酒每公升稅負僅二十二元，與一般米酒稅負高達一百八十五元天差地遠，因此入會後我稻香料理米酒一瓶〇．六公升售價為四十八元（含稅十三．二元）。

米酒不宜加鹽的料理風味特殊性，美國人一開始並無法了解。菸酒談判的主談人之一路西卡娶了台灣太太，那段時間剛好生了個兒子，猶太人第一胎生兒子是大事，台灣的丈母娘很高興，正準備去美國替女兒坐月子，我方談判代表乃趁機要求他回去問問老婆及丈母娘，證明我方談判官員所言不假。

後來路西卡終於了解米酒對台灣人坐月子的重要性，但是，也無力扭轉美方的堅持，因為根據財政部的統計數字，美國酒商著眼於台灣每年仍有六十幾萬瓶飲用烈酒的市場商機，說什麼酒商也不放棄要求他們的酒在台灣市場有公平競爭的機會，其出發點還是在爭取市場開放的利益。

因此，米酒不加鹽不能被視為料理酒，加了鹽的料理酒又無法普遍為台灣的一般民眾所接受。顯然，米酒加鹽的第三種選擇策略，並無法完全解決米酒維持原價且又不影響國庫稅收的進退失據問題。

米酒漲價造成搶購囤積奇特現象

由於美國、歐盟的立場非常清楚，而且GATT規範也非常明確，因此，我國如果不能解決米酒的問題，美歐各國將無法與我國就入會案達成協議，我國也就無法順利成為WTO的會員。當下，政府必須抉擇：一、為入會付代價？抑或二、維護國人「料理米酒」飲食文化適用低稅率，而放棄入會？

最後，在入會談判接近尾聲階段，政府在整體談判壓力，及面臨兩岸入會競爭期程壓力等不得已情況下，兩害相權取其輕，米酒定義依據國際慣例及國際規定作出讓步，行政院同意米酒適用與一般進口蒸餾酒相同的內地稅，因我方對稅收堅持，即課徵菸酒稅的稅收與公賣利益的總稅收必須相當，因而決定「烈酒」稅負每公升課一百八十五元。

一九九八年我國與美方在WTO入會雙邊諮商達成協議，依菸酒稅法，蒸餾酒（包括威士忌、白蘭地等）課徵稅率每公升一百八十五元，米酒必須列同等級課高稅率，但為避免對國內衝擊太大，我方極力向美方爭取五年調適期。事實上，當時奮力爭取五年緩衝期的盤算是，希望在過渡期間能夠找到妥善的解決方案，以時間換取空間。

依諮商承諾，米酒每公升課一百八十五元的菸酒稅，但分三階段逐步到位。第一階段入會首年二〇〇二年一月一日，每瓶〇・六公升紅標米酒售價自二十二元提升至一百三十元（含稅九十元）；第二階段二〇〇三年元旦，每瓶調漲至一百五十元（含稅一百一十一元）；第三階段二〇〇八年六月一日，每瓶售價調漲至一百八十元（含稅一百一十一元）。

不過，米酒諮商結果難獲國人認同，當時輿論及民眾認為，為了入會要人民付出高昂代價云云，種種批評與謾罵，經貿人員及財政部皆深感委屈。經貿人員認為，國人忽略一個事實，亦即「米酒比一瓶礦泉水還便宜」。

「假設政府有其他社會政策考量，應採行其他方式為之，一直壓低米酒價格在二十二元，才是不合理的做法。」深諳GATT規範的經貿官員都說，米酒低價政策是政府長期以補貼方式扭曲價格的結果，米酒的價格，最終應回歸一般稅制及市場機制。

「米酒漲價不過是將價格回歸正常化，一種酒類自五、六十年前，長期一直維持二十元左右，就是一種錯誤的政策，回歸稅制本來就是正常化的做法，是跟著國際體制走。」曾經參與菸酒談判的賦稅署官員也無奈地這麼說。

不幸地，政府在菸酒公賣利益回歸稅制決定時，並未正確傳達訊息，國人只知道米酒傳出要從二十二元飆漲成一百三十元或一百八十元，對於這種因談判所帶來的「天價」，根本難以接受！

入會之後米酒價格因為有五年調適期並未立即調漲，但一瓶米酒要飆漲六倍或九倍的傳言醱酵，台灣民眾為了購買民生用米酒，特別是在冬令進補季節，經常大排長龍搶購，甚至還有囤積居奇，製造假米酒喝死人等意外事件，最後拿戶口名簿在公賣局限量配售米酒的情況，成為台灣在爭取加入WTO的奇特景象。米酒議題的諮商及結果，對台灣社會飲食文化的衝擊，真是始料未及。

米酒又降價

後來，馬政府任內二度調降菸酒稅。二〇〇九年六月一日修正菸酒稅法第八條，蒸餾酒課稅方式，由原每公升課一百八十五元，改按酒精成份每公升每度課二・五元。自此，威士忌、白蘭地稅負以四十度計算每公升稅負降為一百元，米酒一九・五度計算，每公升稅負亦大降為四十八．七五元，亦即一瓶〇．六公升的紅標米酒售價大幅降低為五十元（含稅二十九．二五元）。另料理酒（加鹽）仍維持從量課稅，由每公升二十二元降至九元，因此料理酒售價從原四十八元降為四十元（含稅五．四元）。如此一來，菸酒稅收減少，但米酒銷售量從七百五十萬瓶，增加至八千五百萬瓶，也意味民眾可接受五十元的紅標米酒價格。

二〇一〇年九月一日，因立委不斷在國會提案，要求米酒應改按「料理酒」名義課稅，當時閣揆吳敦義任內乃作成決定，將料理酒分成一般料理酒（加鹽〇．五％），及料理米酒（不加鹽）二種，再度修正菸酒稅法第八條，料理酒類每公升課九元菸酒稅，調降米酒稅負，紅標米酒售價每瓶降回至現在水準為二十五元（含稅五．四元）。新制實施後，米酒銷售量從六千六百萬瓶，增至一億瓶，但政府米酒稅收也因此減少。

基本上，從過往日韓燒酒判例可知，我國調降米酒稅率作法恐怕會違反WTO「國民待遇」原則，所不同的是時空環境變了，我方已經沒有入會壓力，美歐各國的烈酒在我國入會後銷路也很好，並未因米酒產生競爭或替代關係。因為WTO的爭端解決機制是「告訴乃論」，在我方告知WTO米酒調降稅率後，美歐等國並未在WTO架構下對我國採取降稅提出訴訟，所以直到現在，我國仍能繼續維持米酒的低價政策。

當時財政部發動修改菸酒稅法，調降米酒稅負後，我國派駐ＷＴＯ的官員曾向歐盟、日本及美國等駐ＷＴＯ代表團說明變更立場，取得各國諒解。

第三節 加徵菸品健康福利捐

我國在米酒議題諮商的談判雖然不順利，卻在香菸方面扳回一城！我國在香菸課徵「菸品健康福利捐」方面爭取到很大的突破。

「凡涉及菸害防治必須以課稅方式為之，就不在承諾範圍內」，當時任財政部國庫署長的趙揚清說，我國雖在入會時承諾香菸進口稅率每千支課多少稅，但是如果為了達到菸害防治的政策目標，行政部門仍可課徵菸品健康福利捐，這不屬於談判的承諾範圍。

美國本來就不同意我國變相以「健康捐」，增加美國廠牌香菸進口成本，但我國採健康捐這項戰略的奏效，得歸功美國本土國內環境的變化，美國反菸團體勢力愈形壯大的間接協助，加上國內董氏基金會反菸團體的強烈反應，內外交相迫的結果，間接協助我在菸品談判佔盡優勢，成為談判的有力後盾。入會後，美國香菸漲價了，就是因為課了健康捐。

熟悉菸酒談判的財政部官員也有人有不同見解，認為健康捐不能歸功於談判的戰果，而是在立法院審查菸酒管理條例時，國內董氏基金會反菸團體堅持加上去的。儘管如此，在我國因米酒議題談判挫敗之際，也可視為失之東隅，收之桑榆。

當時香菸談判涉及另一項重點是，美方要求我國把走私菸銷毀。但我國過去對沒收的走私菸都是由公賣局轉售而非銷毀。老美要求走私菸一定要銷毀，當時曾在閣揆郝柏村主持的行政院內部會議討論，時任衛生署長的張博雅主張，倘若走私菸銷毀，恐怕會有更多的進口，但若不銷毀由公賣局轉賣，至少有二十二億元的利益；反之，若銷毀不但二十二億元利益消失，還要支付搬運費、掩埋費，同時銷毀走私菸還會造成污染問題。

趙揚清當時向法律顧問蔡英文表示，曾看過一份文獻，美國人對走私香菸處置允許銷售，因此要求和美方海關人員先談，以了解美國海關對走私菸在沒入後的處理方式。經過探詢，美國海關規定，走私菸雖不允許買賣的，但可以用較便宜價格售予監獄內囚犯吸用。在掌握美方處理沒入走私菸方式後，我方認為美方不能要求我銷毀走私菸，充其量我方擬比照美國方式處理。

有趣的是，前經濟部長林義夫就是因為香菸課重稅，而在派駐加拿大時，成為戒菸的癮君子之一，當時加拿大的菸稅很重，讓林義夫覺得難以承受，只好選擇戒菸。而當時趙揚清也認為，稅制除平均財富外，也可以抑制不當的消費，因此她認為我國宜參採歐美體例，提高菸品稅負，以價制量。

第四節 菸酒談判感慨萬千

我國菸酒專賣制度乃日據時代延伸之體制，至政府遷台後於一九五三年訂頒「台灣省內菸酒專賣暫行條例」，對當時政府財政挹注扮演極為重要的角色；惟時過境遷，舊的制度在面臨全球經貿情勢急遽變化下，隨著時代演進應有變革，也是必然的。

「最早為因應美歐市場開放之需求，專賣利益也是叫出來的，計算公式也是如此衍伸出來的。」徐純芳說，我國菸酒專賣制度因不符國際規範，而屢屢遭到質疑，終究要被淘汰，走入歷史。

回顧菸酒談判過程，趙揚清和徐純芳多年後都感慨萬千，因為當時美國要求非常多、且態度強悍。菸酒談判事涉菸酒專賣制度的大幅改革，談判歷程的艱辛包括一、菸酒公賣繳庫利益如何回歸正常稅制，涉及整體稅制重整；二、「菸酒管理法」及「菸酒稅法」草案均須經立法院審查通過，困難重重。當初立委還提出質疑，為何菸酒還要管理？菸酒管理法為何由財政部主管而非經濟部？國貿局則強調，菸酒稅收有歷史淵源，以往由財政部主管，經濟部不宜介入；三、為因應農業等產業政策之開放腳步，美國雖為優先開放菸酒市場的對象，但也引發英、法、德等歐洲國家，及日本的不滿，相繼要求其菸酒產品開放進入台灣市場，以致造成重重諮商談判壓力。

另站在財政收入立場，在菸酒入會諮商時，我方的堅持是，「主張菸酒進口關稅及其內地稅之收入，至少不低於菸酒公賣繳庫盈餘」，以致談判過程十分冗長且更為艱辛，令談判人員動輒感到氣餒，打電話回國內請示時，長官不了解前線談判人員的辛苦，有時甚至有所指責。

WTO入會的諮商結果，使公賣局改制成台灣菸酒公司，並廢止菸酒專賣制度，實施「菸酒稅法」及「菸酒管理法」，以符合GATT「國民待遇原則」。對我國而言，菸酒制度之大幅變革，讓我國體制透明化與國際接軌實屬合情合理，然在談判桌上爭吵不休，過程蜿蜒崎嶇，前線談判人員冷暖自知，但是他們回想起來還是值得的。

第九章 服務業談判

第一節 服務業談判拉開序幕

一九九四年三、四月間，蕭萬長在經建會主委任內，有一天經濟部次長許柯生，率領當時國貿局長黃演鈔拜訪經建會，正在學校上課的副主委薛琦前一天就接獲通知，隔天要參加這場會晤。會談中提到一九九五年一月一日將正式成立WTO，取代GATT外，並通過增訂「服務業貿易總協定（GATS）」專章，將服務業貿易納入WTO的規範。

許柯生說，這不是商品貿易，涉及所有跨部會，國貿局只是經濟部轄下的一級單位，不易協調各部會，需要經建會出面展開跨部會協調工作及談判，坐在一旁聆聽的薛琦，此時就心裡有數，心中叨絮唸著：「債多不愁，以後的工作會多一項，主委一定是要將服務業談判工作交下來。」

薛琦受命擔任服務業談判主談人

薛琦心裡又想「好大的賭注，天下最不會談判的就是老師，因為走進教室，老師最大，學生那裡膽敢和老師談判，老師最不具備談判技巧」。但人已在江湖，一九九三年十一月剛赴經建會服務的薛琦，並無任何國際經貿談判經驗，就這樣被受命擔任服務業談判（GATS）的主談人（Chief Negotiator）。服務業談判的故事就這樣拉開序幕。

追溯WTO的源頭，是在一九九三年柯林頓總統剛上台時，他希望有所表現，首要舞台就是外交事務，那一年美國擔任APEC主辦國，於是就發起APEC的領袖會議（在Blake Island），名稱叫「非正式經濟領袖會議」，實際是遷就台灣，用「經濟領袖」還有「非正式」兩個很怪異的字眼，台灣就能名正言順參加。當年柯林頓訴求主題就是「儘快完成烏拉圭回合談判」。由於烏拉圭回合談判在GATT時代已談了六次，但都告失敗。

當時柯林頓總統希望以WTO取代GATT，但一直談不下來，柯在APEC領袖會議宣言中就按了一句話「我們都認為烏拉圭回合第七次談判應達成協議」，「GATT成員若不做，我們就讓APEC成員自己來推動貿易自由化」。一九九三年十二月，烏拉圭合回第七次談判果然達成協議，同意GATT改制成WTO，並給一年銜接期，自一九九五年一月一日成立WTO，GATT與WTO並存過渡至當年底止正式退出，完全由WTO取代，同時正式啟動服務業貿易總協定（General Agreement on Trade in Services，簡稱GATS），服務業貿易議題也正式納入ＷＴＯ諮商範圍。

薛琦一九九三年十一月剛到經建會服務，上任後第一件事是陪蕭萬長主委赴美國西雅圖參加ＡＰＥＣ第一次非正式經濟領袖會議，接著一九九四年初接手服務業談判工作小組。他回憶，當時ＷＴＯ成立後，第一次對美服務業談判會議有六個議題，其中一項就是質疑我們要求核電廠要保無限責任險，這是台灣的法律規定，但其他國家相當納悶，質疑保險項目那有「無限責任」？另一重點是匯兌協定，因為我們不是國際貨幣基金的成員。

我國原本在一九九〇年元旦，以「台澎金馬個別關稅領域」名義，向ＧＡＴＴ提出入會申請，一九九二年九月二十九日，ＧＡＴＴ理事會受理我入會申請案，並成立工作小組審查我入會案。審查過程中，適逢ＧＡＴＴ烏拉圭多邊回合談判於一九九三年十二月十五日達成協議，決定於一九九五年一月一日正式成立世界貿易組織（ＷＴＯ），取代僅屬國際條約性質的ＧＡＴＴ外，更將規範與執行範圍，從工業產品，擴大至農產品、服務業貿易，以及智財權相關貿易等（Trade Related Intellectual Property Rights，簡稱 TRIPS）。

我國於一九九五年十二月一日致函ＷＴＯ秘書長，申請將我ＧＡＴＴ入會案改依ＷＴＯ協定規定加入。行政院於一九九六年二月十四日也配合將我申請ＧＡＴＴ策略小組更名為申請ＷＴＯ策略小組，及後再更名為「我國參與國際經貿事務策略小組」。但是，台灣因非屬WTO成立第一批創始會員國，是成立後才加入，因此只要任何會員有興趣或關心我們市場開放問題，我國就必須應戰，並不是對等的談判，我方也因此在服務業談判上備極艱辛。

第二節 GATS談判組織

一九九三年擔任GATT策略小組召集人是蕭萬長，專案小組召集人是經濟部次長許柯生，一九九三年蕭萬長赴經建會擔任主委，江丙坤建議蕭萬長就順勢將WTO策略小組帶到經建會，服務貿易談判是在同年十二月決定由經建會負責服務業談判的準備工作，後來整個服務業貿易談判準備工作及諮商工作，就交給副主委薛琦全權負責。

服務業貿易談判策略，一開始就決定與推動亞太營運中心結合，且相輔相成，差別在於一個是主動單方面（Unilateral）的市場開放，另一個是被動雙邊（Bilateral）要求我市場開放的談判。由於WTO有一個最惠國待遇（Most-Favored- Nation Treatment，簡稱MFN）的原則，也就是我們對任一國談判的結果都當然適用WTO全體會員，所以所有的談判事實上是一個多邊（Multilateral）的協定。

服務貿易談判以亞太營運中心規劃為軸心

經建會在一九九四年由麥肯錫顧問公司研究推動建立亞太營運中心，為此，經建會的經研處成立「服務業自由化專案小組」，直至隔（一九九五）年一月五日，行政院通過「亞太營運中心計畫」，該計畫有六大中心，其中製造、金融、電信、海運空運及媒體六大專業中心，共有五個屬服務業範疇，因此經建會也決定設立亞太營運協調服務中心，由原來的法規小組改制而來，簡稱「亞協」（亦即前經建會的法協中心的前身），由劉紹樑主持，負責推動亞太營運中心所有法制檢討和修訂。「可以說，我國服務貿易談判的政策調整，都是繞著當年亞太營運中心的政策規劃為軸心，逐步調整市場開放腳步」，薛琦這麼認為。

經建會時代的法規小組原本有四、五十個人，在主委徐立德時代多數併到亞協中心，僅保留一個小組運作至一九九五年六月底（七月一日結束）。及後改編在經研處下之國際事務小組，組長由曾雪如擔任（後升任經建會綜合計畫處長），負責加入WTO談判、參與APEC國際事務，及推動簽署政府採購協定諮商，經建會在完成政府採購法初步草案後就移交給工程會主管，當時工程會副主委李建中也費了很大心力完成後續工作。我國參與國際經貿事務策略小組原本一直留在經建會，後來為表現對區域整合的重視，召集人提升為行政院副院長。就像現在為了加速與各國洽簽FTA及加入TPP、RCEP，有時將推動工作提升至閣揆層級。

國際事務小組成立時，服務業談判可說升火待發，從一九九三年九月展開談判準備工作，我國服務業入會承諾表（Schedule）草案從一九九四年初開始草擬，第一版出爐約在同年七月，出爐後迅即送交WTO秘書處，秘書處分發給各國會員，有興趣的國家都可提出與台灣舉行雙邊談判的要求，從一九九四年七月下旬起，正式展開雙邊諮商。

過去GATT時代並無服務業貿易的諮商，在烏拉圭回合之後才有服務業。在二○○○年政黨輪替前，約一九九九年中正式完成服務業貿易的諮商，共歷經六年，服務業貿易談判正式告一段落，實際上，就是在等中國大陸入會案談判的進度。二○○○年五月時，經建會當時參與諮商的專門委員黃其昌及專員葉凱萍編撰了一份紀錄——我WTO入會案服務業議題諮商總報告，可供後來者按圖索驥，否則WTO服務業貿易的談判資料，至少堆滿一大倉庫，毫無頭緒，根本不知如何找起。

第三節 攘外先安內

服務業貿易談判與其他工業產品談判相當不同，主談人薛琦的心裡感觸良多，正因服務業涵蓋範圍非常廣泛，卻又沒有統合服務業的主管機關，因此服務業談判相當困難。

當時服貿談判工作分為兩大部分，一是先與內部各服務業主政機關研商底線與沙盤推演，二是與各部會代表一起參與對外談判，但對薛琦及經建會同仁而言，前者所花的時間及所費心力，更甚後者。歸究原因，部分機關對我加入WTO開放市場、國際化，對台灣整體經濟發展的重要性認知差距很大，當時經濟部、經建會對國際化覺得很自然，但不少部會卻相當抗拒，且各機關擔心國內業者強烈反彈，因此光要說服國內自己人，就不知要多花幾倍時間。

為了入會忍辱負重

依薛琦的說法，「服務業談判一半時間是對外，一半時間是對內」。服貿諮商期間，薛琦率領經建會同仁，與國內各部會的協調會一場開過一場，因國內各部會「守土有責」，認為開放市場會喪權辱國，甚至喪失國人的市場，因此相當本位主義。前綜合計畫處長曾雪如回憶，當時大多數的技術官僚往往搬出法律，引經據典告訴經建會，依據那一條法律規定，市場開放是不可以的，但卻沒有想過：法律因政策而訂，開放後對台灣整體有利，也就是利大於弊，那不就是去修那個法規就好了。這固然也是人之常情，但也說明改革之不易，各部會的技術官僚幾乎都像「法匠」，很難跳出自己非常熟悉的框架。

當時，國內根本不將教育、醫療當成產業或事業，而認為是負有社會責任公眾利益的機構，醫院必須由財團法人經營，不繳營業稅，不是產業。但是，依WTO的國際規範，這二項卻都是屬服務產業的範疇，因此各國在商言商，要求市場開放；而台灣各部會卻當公益、福利事業來管理，與各國之間很難溝通，語言的Tone完全不搭軋。事實上，會計師、律師的組織型態僅獨資或合夥設立事務所，但談到三師（指律師、會計師、建築師）的待遇，連我政府主談人在談判桌上，都很難開口說這三個行業是「福利」公益事業。

有一次薛琦偕同陳瑞隆去見當時的教育部長吳京，就紐西蘭要求談高等教育來台行銷一事，但薛琦碰了一鼻子灰，教長連「喪權辱國」用辭都說了，不過到了諮商最後還是開放了。其實，當時英國駐台辦事處已在台辦理英國大學博覽會。有些時候政府某些單位的說法與做法，很難讓外國人理解，其實我們自己也會詞窮。

當時任經建會前法協中心主任、現任國發會副主委林桓則認為，服貿之所以談判困難，主因所有對台灣有興趣要求開放的會員，我國都必須跟他們談判，雖是雙邊會談，但談判結果適用所有會員，也就是最惠國待遇，談判並不對等。薛琦也認為，我入會服貿談判是WTO成立後才展開，因此與各會員國展開諮商，談判地位完全不對等，也就是只有對方對我國一味提出市場開放要求，而我卻不能對談判對手國有所要求。

但是，我國為了入會，只有忍辱負重。在這樣談判氛圍下，雖然「少輸（讓）為贏」，似乎成了服務業談判的基本立場，但台灣的服務業市場的確需要大幅開放，才能迎接後工業化時期的來臨，讓服務業的成長也成為經濟的主力。這就是許多談判對手在談判桌上並不鬆手，而我方談判人員也常自感失據的主因。

服務業談判的困難，有不少故事可以佐證。對內協調，最困難的產業之一就是金融服務業，在WTO服貿談判時，有不少國家要求我國開放金融市場，但當時財政部金融主管機關的一位局長（現公股銀董座），為了守住立場，不但寸土不讓，且還回頭教訓外商金融業者——「你怎麼可以提出開放市場的要求？」，結果外商金融業不服，一狀告上該國的談判代表。

當薛琦率隊和對方談判時，該國談判代表當著眾人的面說，「我們業者要求金融市場開放有錯嗎？你們台灣主管機關官員竟去威脅業者不准說話」。對方國的不滿之情溢於言表，場面弄得有點尷尬，不難看出台灣當時對開放市場的保守程度，更沒有市場開放概念。

「薛教授」指導部會「談判新生」應對進退之道

還有一例，金融保險諮商項目有一項保單業務，台灣並沒有代理經紀商，但雙邊談判時，對方國要求開放市場，讓消費者可以直接購買國外保單，消費者不必到國外去，即可享受國外提供的保單服務，像亞馬遜及淘寶網都是屬於這種「境外消費」的典型服務型態。

而服貿談判入會承諾表中，分別就「市場開放」、「國民待遇」有沒有限制，都必須填寫表列出來，若沒有限制就填「無」，但有限制、不願接受他國約束，一般就填「不受約束」，正當雙邊就「境外消費」服務型態進行協商時，一位財政部官員回答對方「法（律）無限制，但政策不鼓勵」。

主談人薛琦一聽到這句話，立即跟傳譯官示意要暫停翻譯，因為這句話令人摸不著頭緒，不知要如何翻譯。「法律無規定的事，那來的政策？若有政策無『法』照做，豈不無法無天？」薛琦心裡十分納悶，因此急著向我方翻譯官喊停，立即與財政部代表就想表達的立場展開一番討論，由此可見談判的突發狀況，往往考驗主談人的細膩心思與臨場反應。

林桓也舉例，與澳洲談判時，有關保險業務，我國規定「在台設立代表人辦事處二年後才能申請設立分公司」，澳洲談判代表當時詢問我方，「外國保險事業在台設立管理準則」為什麼要有這樣的規定？為何不能直接申請設立分公司？對於種種問號，我方官員竟回答「依法不可以」，卻未能說出一番道理爭取對方的理解，像這類諮商未能切題，對市場開放概念存在認知差距的案例，不勝枚舉，常令主談人薛琦十分傻眼且困擾，也難怪這位「薛教授」，花最多心力與時間，盡是在指導各部會的「談判新生」應對進退之道。

其實，雙邊諮商談判的場合，有時也不是那麼正經八百，氣氛凝重。薛琦回憶，有一次在小布希政府時期，與負責律師服務業談判的USTR代表在會談時，美方問：「How is everything going？（你們一切順利嗎？）」我方回答說：「立法院已經接受了。」美方代表接著說美國也一樣，「行政部門最難應對的就是國會」。

不料，這個話題打開台、美雙方官員的話匣子，大家索性就聊了起來……，「國會最怕誰？」、「就是怕媒體呀」，台、美二國官員有志一同說「對媒體相當感冒」，其中有人接著說：「媒體是製造業。」但一旁有人不認同，回嗆：「媒體怎會是製造業？媒體根本是屠宰業，專門屠宰官員的。」此時，坐在一旁的農委會代表陳武雄一聽，立即答腔：「媒體如果是屠宰業，不就該歸農委會主管？」此話一出，全場哄堂大笑，化解不少談判時討價還價、寸土不讓的肅殺氣氛呢！

第四節 服貿甘苦點滴

現任陸委會港澳處處長葉凱萍，在入會中參與多場服務貿易的談判，她認為最難談的戰役，包括加拿大私人銀行、紐西蘭的教育、美國的電信及律師服務業、香港的金融、歐盟的海運等等。

開放外國法律事務律師

烏拉圭回合展開服務業後續談判，當時有關海運談判就拉到那邊去談。不過，歐盟卻一味要求台灣對海運市場開放應先行承諾，我方則堅持等我國加入ＷＴＯ之後，烏拉圭回合的海運協議談判若達成共識，我國就會比照辦理。眼見我國態度很堅持並未點頭，加上各國與台灣雙邊諮商相繼結束，歐盟最後不得已才放棄。雙方為此議題至少你來我往吵了一年以上。最後海運服務業，我國在服務業承諾表上記載，將於ＷＴＯ海運談判開始時，提出承諾表，並參與談判，才終結與歐盟的糾纏。

除了海運外，律師、會計師、建築師及金融業，在市場開放也都吵得很凶。以律師為例，國內律師法規定，一定要經過我國律師考試及格取得律師證照才能執業，但美國要求，開放「外國法律事務律師」之路，因為外國律師並無意在中華民國考照執業當律師，即使考試也考不上，因此主張讓外國取得律師資格的人，可以用「外國法律事務律師」名義在我國以獨資或合夥方式設立事務所提供服務，但只限執行外國法律業務，不執行中華民國的法律。

乍聽之下，此一要求十分合理。不過，法務部也不是省油的燈，擔心有些案件同時涉及中華民國及外國法律，外國律師會藉機與國內律師合夥名義，最後變成事務所的老大，業務反被外國律師搶走，國內律師只能受聘於外國法律師事務所，因此一開始並未同意，最後美方相當堅持，步步進逼，我國最後被迫讓步。

不過，我國未來得及於一九九八年五月二十八日立法院三讀通過「律師法修正案」，並未將我承諾入會三年後，開放外國法律師事務所，可僱用我國律師，及與我國律師合夥等相關事項納入修法條文，美方一再抗議表示我國違反承諾，不肯同意簽署雙邊協議。

最後經過我方一再表明，立法院若完成入會議定書的審議，與法律具有同等位階與效力，最後美國接受我方說辭，終於在一九九八年八月八日與我國正式簽署服務業貿易雙邊協議，完成包括服貿協議在內的全部議題諮商，送給我所有談判人員的父親們，最佳的父親節大禮。同樣，歐盟對我律師法修正未納入承諾也表示很大疑慮，原本一九九八年與歐盟完成諮商，卻遲至一九九九年五月十一日向歐方提出新立場，才真正完成諮商工作。

電信、金融多項開放市場

電信市場的開放之門也相當不容易，基於所謂「國家安全」，交通部認為基本電信服務，不能掌握在外人的手裡，因此很保守，不願開放。配合WTO基本電信談判於一九九七年二月底達成協議，美方暫停一年三個月後，再度與我重啟諮商時，也將基本電信加入，成為服務業諮商的重要議題。

基本電信主要與美國周旋，美方要求我鬆綁電信法限制開放市場，但和交通部糾纏許久，最後迫於入會決心的形勢壓力，我方決定對美方讓步，結束雙方談判。不過，我國承諾表中，對中華電信增訂一條例外條款，即外人直接加間接投資公股的中華電信只限二〇％，而對一般民營電信市場，同意開放外資直接投資不逾二〇％，直接加間接投資合計不得逾六〇％，董事長及半數以上董事，都必須具備中華民國國籍。雖然北歐、歐盟、韓國均對基本電信開放有高度興趣，也都在諮商中提出訴求，但其實各國心知肚明，只要美國這位老大哥和台灣當局達成諮商共識，就形成最惠國待遇，各國都可以搭便車，因此談判過程並沒有浪費太多力氣在這項重要議題上。

此外，新加坡及加拿大要求放寬外人投資股市比例限制，從三％調高到六％，後來到一二％，入會案後來將證券投資列入水平承諾，同意外國投資人（包括專業投資人、一般法人及自然人）可投資上市公司股票，但個別及全體外國投資人，持有單一上市公司股份，不得超過五〇％。同時我方承諾，在二〇〇〇年底前（註：承諾表寫二〇〇一年一月一日起），取消外人投資股市比例限制。

金融業部分，最難談的反而是加拿大在第三次諮商提出的「私人銀行業務（Private Banking）」，就是所謂「國內填表、國外開戶」，此攸關個人理財的業務。

還有，加拿大另一項堅持，是要求我開放外國相互保險公司來台設立分公司，但當時國內並沒有這項業務，財政部保險司堅持不同意。加拿大約有七、八〇％市場佔有率都是屬於相互保險公司型態，是加國保險市場的主力，但台灣壽險業都是股份有限公司，一旦開放對國內保險組織型態變革太大，堅持不開放。

當時主談這項議題的財政部次長吳家聲利用參加溫哥華一九九七年的APEC會議

之便，與加國溝通，最後我國同意開放資產淨值達新台幣二十億元之外國相互保險公司來台設立分公司，對承諾表如何表達雙方多次書信往返，歷經八次諮商，終於在一九九九年三月上旬完成與加拿大服務業貿易雙邊諮商。令人惋惜的是，吳家聲次長後來因為工作負荷沉重，積勞成疾過世，來不及親眼見證我國完成入會，分享站上世界經貿舞台的艱辛成果。

第五節 分權利國VS喪權辱國

服務貿易談判其實並不比貨品貿易輕鬆，美國是所有與我雙邊談判展開最早，要求最多，也是談判場次最多的國家；我與美方就服務業展開十一次諮商，自一九九四年五月進行至一九九八年八月簽署協議。早在我國一九九四年七月，我方提出第一版服務業承諾表草案前，美國就第一個向我提出服務業市場開放清單項目，每次美方看到我國服務業提出的承諾表，就會再相對提一份清單給我方，而我方在正式談判前，都會事先與各機關召開沙盤推演，因此正式前往戰場應戰時，通常一次就可解決六、七個議題。

對國家整體經濟有利，就是「分權」、「利國」

但奇怪的是，到了下次正式諮商，美方又會增加七、八個市場開放清單項目，我方正納悶「是不是談判人員更迭了，還是故意採拖延戰術，不想那麼早與台灣結束雙邊諮商，目的就為了等待中國大陸的入會進度？」這麼一來，美方一面採技術性拖延，另一面也可要到想要的東西，可說一舉兩得。但有一次，薛琦耐不了性子了，逕自向美方抱怨「你們老是用Moving Target（移動的目標），這樣永遠談不完，沒完沒了嘛」。那一次，薛琦真的有點動氣了。

不只美方如此，和香港談判時，香港當局對服貿承諾表或實質市場開放並不是有特別的要求，只是不願與我早早簽署完成雙邊協議同意書，香港一直不願結束階段性談判，進一步簽署雙邊協議書，背後最可能的因素是為了中國大陸入會案故意技術性杯葛、延宕，因為香港在金融服務業或其他服務業內容並沒有很堅持要求我國開放的訴求。

我國的入會案是在烏拉圭回合之後審查，因此雙邊諮商其實都是單向（One Way）的，多是會員國對我提出攻城掠地的要求，不過，我方也不會完全予取予求，偶爾會拿著對手國在烏拉圭合回談判的承諾表，向對方討價還價，按圖索驥點出對方某一項服務業並沒有讓他國登堂入室，進而訴求對方也不能要求我國開放市場。有些國家會就此算了，但也有些國家很強勢，反嗆「現在談的是你們的入會案，不是我們的入會案」，這時我方談判人員也只好摸摸鼻子，自認有求於人，不再堅持下去。

對談判人員而言，除了對外要應付各國振振有詞的市場開放，對內還要遭遇在立法院動輒被按上「喪權辱國」的罪名。有一次，薛琦赴立院備詢，當時我方正與美國洽談基本電信市場開放問題，多位委員質詢時，相繼指責政府喪權辱國。當時經建會專員黃其昌就向薛琦獻策，建議薛可以承認「喪權」，但必須強調是「利國」，而不是「辱國」，因為WTO是把國家的部分主權，交給國際機構規範，也就是主權無法百分百做主，要受國際規範制約。

但為了加入世界經貿大舞台的WTO，各國都一樣，入會承諾表就是一種國際權利的限制，簽署入會協定與其解讀為「喪權」，更合理的說法應該是大家為了追求全體會員國的利益，彼此約束、分享國家的權利。因此加入WTO對國家整體經濟有利，就是「分權」、「利國」。當時薛琦就是利用這套說詞為談判辯護、回擊，果然後來立委就不再說「喪權辱國」，否則這頂帽子扣得談判人員有點喘不過氣來呢！

WTO是Wait Taiwan to Open

最後，盤點一下整個服貿談判次數，一共有十五次在國外舉行雙邊談判（包括歐盟一次代表十二國），在國內舉行有十次。就國家別來看，美國十一次、澳洲六次、紐西蘭五次、智利二次、香港六次、日本二次、韓國一次、新加坡二次、加拿大八次、歐盟九次、瑞士五次、北歐二次，總計有二十六個（歐盟與北歐各以一個會員計）國家要求與我國進行入會雙邊諮商談判，其中只有十二個要求與我就服務業進行雙邊諮商。由於各國要求項目多寡不一，要求開放程度也不一，因此與各國諮商次數困難與複雜程度，及完成協議時間，各有不一。

我國在服貿談判上，包括銀行、保險、電信、海運、陸運、旅遊及醫療等行業，尤其專業服務業（律師、會計師及建築師）讓步不少。其中電信不但讓步外資比例開放，更分期調降接續費費率等，服務業從此走向自由化、國際化，為今日我金融電信業的蓬勃發展，奠定重要的根基。

值得注意的是，服務業開放帶來的國際資金移動，也讓我國在貨幣政策上有重大調整，例如貨幣政策對量（貨幣供給額）的重視，轉變為對價（例如利率）的重視；中間目標由貨幣供給額的單一變數，轉變為同時觀察多項變數指標的的變動，例如：貨幣供給額、利率、匯率、物價上漲率等。

我國在服務業諮商過程額外做出承諾，但未列入承諾表者，更不在少數，包括取消外國來台分公司之認許需依互惠要求之限制；銀行操作衍生性金融商品外匯部位由三分之一提高為二分之一；汽車長期營業性租賃業；一九九九年一月三十一日起開放外國船運公司在互惠基礎上，來台設完全控股之子公司，從事招攬客、貨運及貨櫃集散業務等。

ＷＴＯ服務業整個談判從一九九三年十二月決議進行服務業承諾表草擬作業開始，到一九九九年中完成，歷經六年，難怪有人說「ＷＴＯ是Wait Taiwan to Open」。其實許多服貿諮商一有結果，我們就立即執行，以顯現推動自由化的決心。因此，「ＷＴＯ應改成Watch Taiwan to Opening才對」，主談人薛琦幽默且貼切地形容。

第十章 入會一刻

第一節 五個木鎚聲VS九一一喪鐘

台灣向世界貿易組織的叩關，從GATT年代走到轉型後的WTO，整個就像是在這個經貿聯合國的舞台上，上台下台表演了長達十二年，一直到台下的觀眾滿意，報以熱烈的掌聲才得以謝幕。

久經多年的鏖戰，二〇〇〇年四月，我國與秘魯及巴西完成最後二個國家的雙邊協議文件，我國與各國的雙邊與多邊入會諮商至此全數完成，我案入會工作小組在二〇〇一年九月十八日舉行第十一次會議，也是最後一次正式會議，順利完成我國入會議定書、工作小組報告、關稅減讓總表、服務業承諾表等文件採認工作。

最後一次工作小組會議既興奮且驚悚

九月十八日的下午四時十五分（台北時間九月十八日約晚間十時十五分），英國籍我

WTO入會工作小組主席摩蘭大使在日內瓦WTO總部圓形會議室裡，與四十七個會員國，上百位代表團成員齊聚一堂，按原本寫好的劇本，審議台灣入會案文件。當天雖然是初秋午後，但陽光從落地窗投射進大會議室的光線，仍然使我代表團成員覺得有些刺眼，當摩蘭主席敲下五個木槌，完成我國入會文件採認的那一刻，與會成員拿起相機留下這永恆歷史的畫面，不料照片洗出來，卻是曝光居多，效果並不佳。

那木槌聲，不論在歐洲議會，或在台灣國會殿堂，代表的都是國會神聖的權力，平日聽來低沉、嚴肅，只有跟自己部會相關的法案，才會「有感」。但遠渡重洋聽見的木鎚聲，對陳瑞隆等人而言，翹首企盼多年，彷彿大珠小珠落玉盤般，低沉轉而清脆，令人踏實與雀躍，意義卻是那麼不同凡響。

出席最後一次工作小組會議的我代表團成員，有陳瑞隆、林聖忠、陳武雄、楊珍妮、李高朝、黃其昌、童本中等各部會參與談判三十位團員，連國安會諮詢委員楊光華、賴幸媛都在內，說他們是「監軍」也不為過，就是要確保在最後關頭的任何一步，都不能出差錯。大家很篤定，這次確認文件的工作小組會議，走了八年多了，該解決的問題早已喬妥，不會有突發狀況，這也是預期中的關鍵過程之一，個個見證走來不易的關鍵一刻，簡直欣喜若狂。

五個木槌聲落下後，陳瑞隆、林聖忠和童本中等長年在蘇黎世奮戰的經貿人員，隨即四散走向各代表團，與友邦或平日私下暗助台灣入會案的「盟友」道謝，很多國家代表也走向台灣代表團握手道賀。身為團長的陳瑞隆，還有長期的戰友童本中，是現場唯二從頭到尾，參與GATT轉軌至WTO的人，二人的心情高潮迭起最是五味雜陳。

五個木槌聲，讓我國加入WTO完成九九％的程序，最後臨門一腳只剩下召開部長級會議的「形式採認」。那些數以百計千計，嘔心瀝血投入談判的英雄或英雌，等不到見證這一刻，心中難免扼腕！

不過，最後一次入會工作小組的旅程，可說充滿興奮與驚悚。九月十一日至九月十八日日內瓦舉行我入會案的第四及第五次非正式會議，及第十一次工作小組會議，代表團早在十日抵達日內瓦。童本中因老婆第三胎預產期到了，不想出遠門，但陳瑞隆一直遊說他說「戰到最後一次了，還是去一下吧」，因此受工作使命感驅使，童本中心一橫，硬著頭皮跟著陳瑞隆前往日內瓦，果然他的老三在九月十三日出生了。

九月十一日當天，代表團兵分二路，有些團員留在旅館休息，另一批人跟隨陳瑞隆，在我代表團的辦公室裡，就最後一次正式工作小組會議流程，進行沙盤推演，準備會議後續工作。童本中依稀記得，當天在辦公室裡一邊開會，一邊看著電視螢幕，結果出現一架飛機撞上高聳的美國紐約世界貿易中心雙子星大樓，當時第一眼，他以為在上演「災難片」，後來愈看愈不對勁，電視報導是美國雙子星被恐怖攻擊的新聞，原本對第十一次入會談判工作小組不緊張的我方代表團，煞時傻眼愣住了。

我國入會案原本就命運多舛，這時看到震懾人心的恐怖攻擊雙子星大樓那一幕，陳瑞隆心一沈，在內心裡 OS（心裡面說不出的言語）：「完了！會議會不會開不成？台灣入會案是否會再延宕下去？」因為這是國際重大事件，美國人民死傷眾多，美貿易代表署官員恐怕無心在日內瓦開會。幸好，最後並沒有因為這件突發事故喊卡。

入關是一棒又一棒的接力賽

回想最後一次入會工作小組的過程驚險，陳瑞隆苦笑著說，不知是巧合，還是冥冥中的命運安排，中國大陸每次有重大談判進展時，就會與美國擦出火花，不只大陸經常好事多磨，台灣也不例外，每逢入會案有好事將要發生時，總會碰到一些不可抗力的憾事。陳瑞隆雖一派輕鬆娓娓道來曲折的旅程，但當時突發事件一樁接一樁，這種長期對人心的考驗與折磨，是外人無法理解的。

例如一九八九年六月，大陸內部發生六四天安門事件，引發一場政治風暴，各國暫停對中國大陸入會案審議。又一九九九年五月七日，北約部隊因為中國大陸在科索沃問題上偏向「前南斯拉夫聯盟」而「誤炸」中國駐南斯拉夫大使館，引發外交風波，大陸入會案因此放緩；二〇〇一年四月上演美國軍用偵察機與中共戰機擦撞的全武行，中美緊張關係再度升級。最後兩岸入會案採認前夕，甚至碰到美國雙子星遭恐怖份子攻擊的九一一事件。

第十一次工作小組會議開始前，全體會員國為美國死傷的民眾默禱幾分鐘。美國代表團由貿易談判代表署（USTR）助理談判代表 Jeff Bader 領軍，他們心中雖高度掛念國內受九一一攻擊的混亂狀況，但也急於想儘速結束台灣入會案文件審查的技術工作。由於九一一事件屬國際暴力集團的恐怖攻擊，連北京當局都予以譴責，因此這次會議並沒有因為九一一突發意外，而擱置我入會文件的審議。不過，最後一次工作小組會議遭逢美國九一一恐怖攻擊事件，我代表團人員個個心中五味雜陳，畢生難忘。

我國入會案有好幾次，都被經貿人員誤以為是最後一次，可以劃上句點。話說一九九九年五月十二日 GATT 舉行我第十次入會談判工作小組會議，那次經濟部次長林義夫率團，也是一次重要關卡的戰役，那一次我國完成了入會工作小組報告的實質審查，當時任國貿局三組組長楊珍妮與副組長陳正祺，二人都在入會談判工作小組會議上不約而同興奮拍手叫好。

不料，站在一旁，心情沒有特別起伏的駐蘇黎世辦事處主任林聖忠澆了楊珍妮二人一盆冷水，並引用瑞士人常說的一句西方諺語儆醒同事：「凡事不要高興太早……當一件事快完成時，看到隧道後面有一道曙光，那一線曙光要搞清楚是洞外的光線？還是對方的來車？」。

果然好事總多磨，楊珍妮他們只是看到對手的來車，誤以為是看到洞外的曙光。當時入會工作小組報告內容的實質討論雖已完成，但因我方所提資料龐大，各國都以需要將我方近期內所提大量資料送回國內核閱為理由，這次並非最後一次工作小組會議，距離最後一次入會談判工作小組會議採認我入會文件，整整又過了二年多。

左三年，右三年，不知幾個三年的春夏秋冬，對國貿局的三組同仁來說，入關是一棒又一棒的接力賽，有人跑完前半段休息了，有人接棒中段，總還是有後進者接棒跑了最後一段里程。

第二節 踢進臨門一腳

二〇〇一年十一月卡達處心積慮爭取主辦WTO杜哈部長會議，目的在向國際展現實力，進行城市行銷，這是我國以觀察員身分出席WTO部長會議的最後一次，代表團團長是經濟部長林信義。他在汽車界馳騁商場數十年，開展無數商業談判，但這一回，卻教他戰戰兢兢，如履薄冰。

採認那一槌落下激動得啞口無言

十一月九日，是林信義棄商從政後，踏上一次最難忘的旅程。他率領一支十二年在日內瓦跑馬拉松的經貿長跑團隊，飛往卡達首都杜哈參加世貿組織第四次部長級會議。十一月十一日這一天，世貿組織在杜哈部長會議上，正式採認通過台灣以「台、澎、金、馬個別關稅領域」名稱加入WTO申請案；十一月十二日林信義代表我國簽署入會議定書。

杜哈部長會議主席也敲槌，正式採認台灣入會案，但同樣的落槌卻兩樣情。那一槌不同於我入會工作小組主席摩蘭敲下的五個木槌聲，杜哈會議主席那急促卻清脆悅耳的木槌聲，叫喚著陷入十二年艱苦戰役的作戰官兵們，專注著採認我國入會案被採認的那一刻，那一槌落下，在場見證的經貿官員首嚐「百感交集」的滋味。

童本中說，當時我方代表團看見木槌一落下，都愣住了，好幾秒鐘身體僵硬，動彈不得，「真的通過了？不是說大陸要突襲，怎麼沒有呢？」在場見證歷史一刻的童本中只記得，十二年在國際叢林冒險犯難的每一段艱險歷程，談判桌上的折衝樽俎，一幕幕的歷史像電影般映入眼簾，思緒完全沈浸在十二年的歷史流沙裡，激動得啞口無言，反而不見九月最後一次入會工作小組會議的亢奮激昂情緒。

由於先前幾次落空期待的前車之鑑，杜哈部長會議之行，大家不敢「鐵齒」，即使到了最後跨越終點線的那一剎那，等著喝采的前線人員，竟然「近關情怯」，不敢或不願相信「這次是真的」，當下已被木槌聲震得傻傻分不清了。

過了好一會兒，一直到主席邀請林信義發表書面聲明，大家才真正回過神來。誰說男兒有淚不輕彈？個個都不禁熱淚盈眶，有的男性代表甚至飆出淚來，是真正的喜極而泣。在場觀禮的女性官員有人狠狠捏了同事一把，為的是要證明「一切不是在做夢」，這個人就是參與後期入會談判的現任國貿局長楊珍妮，她是處理我國入會案的末代三組組長，曾經在第十次工作小組會議高興得太早，心情盪至谷底很久。

這一刻興奮的心情難以用隻字片語形容，與會團員有人高興得想大叫，想當場手足舞蹈，那還顧得了國際會議場合的禮儀和矜持，套句那時候流行的一句廣告詞「只要我喜歡有什麼不可以！」

杜哈會議是在九一一恐怖恐擊事件後二個月後召開，此行雖是圓夢之旅，踏上卡達首都杜哈，有些代表團成員沒有興奮之情，反而覺得是一趟忐忑不安的旅程，行囊中必須準備抗生素及防毒面具，備而不用，夾雜著錯綜複雜的不安與緊張情緒。「入會案採認程序的緊繃，高過九一一帶來恐怖攻擊的驚悚氛圍」，童本中解釋說，十一月的採認兩岸入會案，不同於九月的文件確認，因為這次會議充滿政治凶險，稍一不慎，會摔得粉身碎骨。

林信義肩挑「臨門一腳」的重擔

林信義的機要幕僚陳宏隆回憶，當我方代表團成員抵達杜哈機場前不久，才發生過九一一恐攻事件，使機場籠罩在一片草木皆兵的肅殺氣氛中，團員們一想到心裡都直發麻。一來恐怖份子趁機搗亂的傳言甚囂塵上，機場及杜哈境內全副武裝戒備，風聲鶴唳，讓人不寒而慄。另一方面，代表團這次任務，是要完成入會案，為迢迢入關路踢上臨門一腳，只准成功不許失敗，因此肩上揹負沉重責任。

林信義雖然沒有直接參與十二年諮商的過程，但踏入公門後立即肩挑「臨門一腳」的重擔。當主席敲下議事槌時，他的心中也盪起千層漣漪，帶著略感激動卻淳厚鏗鏘有力的聲調上台致詞，傳達國人的喜悅與驕傲。

在場觀禮的我國代表團觀察到了，兩岸簽署入會議定書的那一刻，充滿濃厚較勁的政治味，機鋒處處。二〇〇一年十一月十一日兩岸入會案經採認這一天，到了晚上要舉行簽署入會議定書儀式，中國大陸換了五枝筆，大陸方面為商務部代表龍永圖準備自製的「英雄牌」鋼筆，簽署中國的入世議定書，凸顯「中國」的存在，並選擇一處氣派卻顯空蕩的大廳舉辦入世酒會，彰顯大國的泱泱氣勢。

而十一月十二日安排台灣入會案簽署，我方事前準備的筆並不很高級，代表團人員臨時拜託中油公司駐卡達的人員到文具店尋找好一點的筆給林信義簽名，最後買到二枝「萬寶隆」的名牌鋼筆，一枝在入會議定書重要文件上簽下了極富歷史意義的「林信義」三個字，另一枝則簽了他的英文名字。縱橫商場數十年，簽下無數個商業合約的林信義，只有此刻感受簽名竟是如此的「舉足輕重」。這二枝在我入會議定書扮演「小兵立大功」的鋼筆，一枝林信義保留作為紀念，另一枝送給當時的陳水扁總統（即送給國家）。

兩岸入會案是WTO重要盛事

而就在杜哈部長會議主席敲下台灣入會案那一槌，指揮官林信義的後勤通訊兵前國安會諮詢委員賴幸媛與林信義機要幕僚陳宏隆，分別以加密行動電話致電「總統機要秘書劉世忠」及「國安會副秘書長張榮豐」，而隨行官員張毅凱則撥給在台灣的經濟部政務次長林義夫。台北接到這三通電話後，立即召開記者會，陳水扁總統並發表入會感言。當三通關鍵電話撥回台北總統府後，前線代表團心中的一塊巨石終於落下，個個吐了一口長氣。

二〇〇一年的十一月十一、十二日，對WTO而言，只是發展歷程的一小步，但對兩岸來說，杜哈部長會議卻是台灣與大陸經貿史上的一大步。外界甚至以「數千年未有之變局」描述加入世貿組織的中國大陸，世貿組織視大陸入會案是「二十世紀最重要事件之一」，商機處處如稻穗吐新芽般，佈滿在十二億人口的大陸市場，量體懸殊的台灣與中國大陸「同時」入會，在國際新聞報導裡，更增添一樁話題。

當十一月十二日林信義簽下那紙大家翹首企盼十二年的入會議定書，我國終於正式躍上國際經貿舞台。我入會案以條約案方式，在十一月十六日送請立法院審議，並快馬加鞭三讀通過，當時的陳水扁總統於十一月二十日簽署我國加入WTO批准書，自批准日起三日生效，也就是二〇〇一年十一月二十二日正式生效。

基於入會承諾（配額分配、降稅期程）方便計算，我國十二月二日才把行政部門批准函送交WTO秘書處，確認接受我國入會議定書，經過三十天等待期，終於在二〇〇二年一月一日成為WTO第一百四十四個會員。這是中華民國自一九四九年退出GATT，睽違五十二年後，我國再度申請加入關貿總協定（GATT），最後轉軌成為世貿組織（WTO）重要的一員。我國入會歷程之艱辛，華路藍縷，一路披荊斬棘，至此終於完成經貿史上一項曠世鉅作。

兩岸入會案是世貿組織成立有史以來，很重要的一次盛事，這次雖然不是坐上談判桌與對手比臂力，卻是台灣可以和咫尺之隔的中國大陸，在世界的經貿聯合國平起平坐，享受平等權利與義務，不論在政治或經貿上，都具有不凡指標意義，也是兩岸在國際組織上，一次激烈交手的歷程。

第三節 前方吃緊　後方緊吃

為了防堵大陸的政治小動作，前線與後方的政府國安高層特別組成了入會專案小組，就像是醜媳婦要見公婆的那一剎那，個個參與的官員都怦然心動，愈到最後勝利的一刻，擔心敵對的大陸爾虞我詐，愈是難以拿捏掌控。

絲毫不能大意失荊州

歷經二〇〇一年十月上海APEC部長級會議，我國遭受中國大陸外長唐家璇的粗暴「羞辱」經驗，鮮少與大陸近身肉搏戰的扁政府更不敢稍有大意，從國安會到杜哈代表團，行前在國內作過無數次沙盤推演，尤其身為團長的林信義，更要求國安會，每一場沙盤推演的會議都務必讓他親臨參加，絕不能被孤立在「狀況外」，重蹈上海APEC會議的覆轍。

或許未能身歷其境的人不解，「幹嘛那麼怕大陸？」「大陸不是會員，何懼之有？」要說扁團隊是因為沒有執政經驗，對國際事務因陌生而害怕，甚至膽戰心驚也好，我國駐蘇黎世辦事處主任林聖忠認為，「大陸在國際上對台灣的打壓甚或突擊已是常數，並非變數」，只有萬全周詳的十八套劇本迎戰，才不會讓迢迢入關路，走到最後一哩路，功虧一簣。

行前，林信義找來陳瑞隆、童本中等在WTO與大陸交戰數十回的經貿尖兵，針對杜哈部長會議，在部長辦公室就可能面臨的各種假設狀況，畫成樹狀圖，做了不下於十八套的劇本一一沙盤推演，而會前大陸也四處宣傳「台灣並非獨立的國家」，因此雙方對峙的緊張氣氛沸騰到最高點。

儘管過去政府高層與美方曾協調出檯面下的「默契」，就是「兩岸同一天、同一議程，幾乎同時入會」，如此的understanding（認知）也獲得歐盟同意。但是，在踏上杜哈部長會議行前，林聖忠等前線人員即得到訊息，知道在議程安排的技術考量上，兩岸入會案形式採認不得不錯開來，不會安排在同一天入會，可說打破美歐先進大國與一九九二年九月二十九日GATT理事會的「諒解默契」。

我方十分擔心先獲得形式採認的中國大陸，可能在第二天台灣入會案採認上發言，扯一些不當內容。針對大陸可能發表的內容，我方如何應對，總統府國安會也籌組成一支後方指揮總部，作了模擬情境的精密推演。

林聖忠細數我方的策略，包括：一、請主席敲槌子敲快一點，二、請美方及歐盟發言支持我入會案，三、要求中南美洲友邦國對我入會案發表措辭堅定的立場等，每一項策略都小心鋪陳、反覆推演。我方甚至再三探詢美國及歐盟：「大陸杯葛台灣入會案的可能性如何？」為的是要掌握確切情報，不容一絲閃失。

十二年漫長的戰役，是由國民黨政府帶領經貿菁英出兵打仗，最後由扁政府收割稻尾，打過無數美好戰役的財經官員，雖然內心難免遺憾，扼腕不已，但大家心中還是有份祝福，希望台灣能在最後關頭，成功邁向終點。

大家都在屏息以待，勝利在望的最後關頭，兩岸是不是又會擦出火花？捅出什麼婁子？因此後方的國安會指揮總部，高度緊繃，戰戰兢兢，比在前線的將領和經貿官員還緊張，不容前線稍有犯錯，因此神經兮兮的要求前線每一個動作演出務求盡善盡美、零缺點，而且叮嚀再叮嚀，指令一下再下，真是累壞前線的三軍將士呢！

二○○一年十一月的杜哈部長級會議，雖然只是針對《台澎金馬個別關稅領域》入會案進行「形式採認」，但這次會議是正式將台灣送上WTO經貿聯合國的最後臨門一腳，也是貫穿我國迢迢入關路的重要歷程，絲毫不能「大意失荊州」。

中國大陸是在台灣入會案採認前一天完成入會案形式採認，但是大陸是否會在翌日針對「台灣」入會案採認橫加干擾，參與這次會議的代表團成員個個忐忑難安，如坐針氈。

兩岸入會案一前一後

「倘若中國大陸敢出面干擾台灣入會案，美方也會不惜採取激烈手段，停止（block）議程，讓大陸無法順利簽署入會議定書，讓中國入會案繼續延宕下去。」林聖忠回憶說，美國這位老大哥在關鍵時刻力挺，展現「有情有義」的風範，向我方表示，如果採認過程中有任何「狀況」，他們已作好準備會當場「擺平」，讓我方前線將士猶如吃下一顆定心丸，最後果然平順在杜哈部長級會議完成長達十二年部署的「終身大事」。

「年年抱持希望，卻年年落空」這是參與數百場談判人員的心情感受。烏拉圭回合達成協議後的第二年，一九九五年元旦GATT轉換成為WTO生效，我國曾下定決心，暗自期許在一九九四年底前一定要完成與各國雙邊諮商，草擬入會議定書，爭取成為WTO創始會員國。但事與願違，這一條路是看不見的盡頭，忽明忽暗，遙遠且崎嶇難行。

二〇〇一年九月WTO總理事會即將召開，採認我國入會案的關鍵時刻，萬萬沒有想到，突然會發生美國紐約雙子星世貿中心大樓遭到恐怖攻擊事件。當時美國國務院第一時間的反應是，下令所有在海外出差的美國政府官員全部留在旅館內，不得外出參加會議及其他活動，以策安全。陳瑞隆心想：「完蛋了！會議會不會開不成，怎麼辦？是否又會空歡喜一場？台灣入會案命運真的多舛？」還好，隔了一天的沉澱之後，美國國務院很快就取消禁令，允許美國代表出席會議，WTO 總理事會才得以順利召開。

除了九月份的 WTO 總理事會之外，十一月間召開的杜哈部長會議也令大家感到緊張。一方面，美國國務院因為擔心仍有零星恐怖攻擊對準美方官員，美國代表團與所有會員國隔開，住在靠海灣的飯店，且外面還有美國艦隊戒護，如果發生恐怖攻擊，要立即接走代表團一行。美國大陣仗的「防恐」，令各國印象深刻。

另一方面，杜哈部長會議預定要採認兩岸入會案，原本各會員國有默契，要排入「同一會期，同時採認」，但大陸卻臨時出招突襲，要台灣入會案在大陸案的隔一天被採認，我方代表團聞言大為緊張，擔心隔一天是否會起了化學變化。

為防範大陸入會案一旦獲得採認之後，立即對我入會案加以杯葛，我方特別在會前緊急安排我代表團團長林信義，會晤美國代表團團長、美國貿易談判代表 Zoelick 和歐盟代表團團長，促請兩國代表務必支持我入會案，並全力防堵大陸任何可能的杯葛行動，以避免發生意外。

結果，台灣入會案是與大陸同一天被採認，但第二天才完成入會議定書簽署。幸好，當時國內媒體都以國家利益為上，並未在兩岸「一前一後」入會程序問題上大作文章，而讓台灣入會案的亮點失焦。

台灣入會案原本就註定無法擺脫國際的政治現實，必須與中國大陸入會案「掛鉤、綁在一起」，即使台灣比大陸談判更早有進展、更早完成雙邊諮商談判，有的國家就會藉故不簽署雙邊協議，台灣跑再快，也很難搶先一步捷足先登，完成入會案採認程序，這就是國際只承認「一個中國」的政治宿命。

第四節 台灣杞人憂天

杜哈部長會議幾乎圍繞在務求「萬無一失」的主軸上」因此不管是代表團或駐日內瓦辦事處官員，反來覆去做同一件事……求證。求證啥呢？「中國大陸代表團是否會趁機搗蛋，故意搬石頭或作攔路虎，以各種政治小動作讓台灣敗於最後關鍵一刻，入不了會」。

這些顧忌到最後都證明「台灣根本瞎操心」，是多餘的，根本沒有發生任何事。但台灣代表團事前惴惴不安，像無頭蒼蠅般忙得暈頭轉向，在看盡各國入會百態的WTO秘書處官員看來，覺得台灣代表團有些「可笑」，反而認為這次兩岸「角色易位」，台灣更像是「杯葛」中國大陸入會的麻煩製造者呢！

台灣成了麻煩製造者？

怎麼說台灣反成了「trouble maker」呢？駐日內瓦辦事處主任林聖忠體會最深。身為地頭蛇，反覆求證的繁瑣工作自然落在他身上，必須無怨無尤的接受來自代表團高層或國內後方府院高層長官的直接指揮。與秘書處官員早就混熟的林聖忠，為了盡忠職守，同一個問題，拐來彎去，用盡各種不同問法反覆去求證，把秘書處官員都給「問煩」了。

有一次在求證過程中，入會處處長胡宣看到急得像熱鍋上螞蟻的林聖忠，到處查證中國代表團有無這樣、那樣的杯葛動作時，就忍不住要「捉狹」焦急的林聖忠，「我們都認為不是大陸在杯葛你們，是你們在杯葛大陸」，胡宣這麼說。

第二次胡宣與同事在一旁悠閒的喝咖啡聊天，又看到提著公事包的林聖忠，為查證中國代表團是否會有風吹草動，像無頭蒼蠅般到處繞來繞去，跑來跑去，滿頭大汗，汗濕衣襟，忍不住又藉機「調侃」林聖忠。「林主任，來這兒坐著喝杯咖啡啦，你們還沒有入會，我看你愈來愈像個會員了」。

林聖忠緊張得不得了，故意反問胡宣「會員像什麼樣子？」。「walking round and round without going anywhere」，胡宣用這句話取笑林聖忠轉來轉去，兜圈子卻搔不到癢處，意味本來就是空穴來風，問來問去也不會有答案。

胡宣及秘書處官員的眼線，一而再肯定地告訴林聖忠「大陸沒有任何杯葛干擾的行動。」但來自國內「萬無一失」的高層指令，連原本已掌握可靠情資、信心滿滿的前線核心團員，被國內後方指揮總部的緊張氣氛感染，反而變得不太自信，只能滴水不漏的到處佈署眼線，畢竟養兵千日，用在此時。

平日與WTO官員及派駐WTO各國代表團建立的情誼，只要能使上力、派上用場的，林聖忠一個都沒有漏掉，都拿來查證大陸代表團的一舉一動。「非身歷其境，恐怕無法體會當時懸吊在半空中的心情」，林聖忠形容當時如芒刺在背的焦慮感受。

杜哈部長會議也可說是我駐外經貿單位與重要締約成員國，長年經營友誼的成果驗證，國際友人的動向也足以左右全局。處在關鍵時刻，各國是否伸出友誼之手，推台灣一把，或做個小動作，讓入會案功敗垂成，都能在彈指間決定台灣入會案的命運。

要在什麼地方佈署重兵，安插什麼眼線，對駐日內瓦長達六年的林聖忠來說，並非困難的事。當時秘書處裡的入會處及製作文件的法務處都是我方的重要眼線，中國大陸提早一天簽署的文件，我方也提早拿到，做為第二天簽署的參考。「很多會員都擔心台灣入不了會，看到大陸代表團有任何風吹草動，都主動來向我方通報訊息。」林聖忠說，這就是我國長期在WTO經營的成果。

入會的前一刻，更重要的是要在議事處下功夫。議事處是做會務議程安排，舉凡開會場所、簽約地點，發言順序舖排等都必須透過議事處，最後入會雖然只是一個形式採認的程序，程序對不對固然不會影響入會，但發言順序是否妥當，關乎一個國家「面子」問題，安排得不好，可能媒體會大作文章說「受到歧視」，因此即使只是程序問題也不容稍有差錯。

國際外交事務的點點滴滴，在在都是「學問」，會影響一個國家在國際的地位及形象，每一步驟都得用心雕琢，對參與入會代表團成員來說，參與國際組織會議，就是上了國際外交事務寶貴的一課。

林聖忠舉大陸簽署入會議定書，召開入會記者會使用場所為例說，各國對大陸選用大會議室舉辦記者會及酒會，評價為「大而無當」。大陸為展現泱泱大國的氣勢，找一個大型會議廳簽署入會議定書，連中國大陸的大面五星旗都搬進來佈置吊掛，但前往道賀的客人雖然不少，看起來稀稀疏疏，空空蕩蕩，有點冷清，並不很溫馨熱鬧，一簽完入會議定書就鳥獸散，雖然大陸也有準備點心，但並沒有賓主盡歡的酒會，簽約儀式顯然側重對中國大陸內部的宣傳。

反之，台灣入會後要在什麼地方簽約，苦思甚久，很多友我的會員國看到中國代表團的入會方式，主動向我獻策，應該要採取「高雅、得體」（decent）的方式舉行入會議定書簽約儀式。蘇黎世辦事處也以外交官的專業分析，認為不需要用太大的會議廳，在莊嚴肅穆的小會議廳簽約，會議廳的兩旁妝點一些西洋畫，後頭還有雞尾酒會場的佈置，顯得溫馨且洋派風格，符合傳統 WTO 的社交禮儀場合。

果然簽完約，各國代表團都還留下來寒暄恭喜交談，團員有的拉著美國代表團的大使拼命照相慶功，鎂光燈此起彼落，凸顯與美國在這一場長期馬拉松戰役中，雖有談判爭執，也更凝聚深厚的革命感情。我方在賓客觀禮的安排，並不輸給大陸邀請的對象，有入會處及法務處的官員，還有各國會員代表約上百人前來祝賀，看起來既隆重又熱鬧。

「相較於大陸入會案，台灣選擇的簽約儀式及酒會比較注重達到國際宣傳效果。」林聖忠說，這樣成功的簽約儀式，看在大陸 WTO 副代表李恩恆眼裡，台灣不僅會在國際舞台力求表現，更會在國際社交場合妝點熱鬧氣氛，李恩恆只能在一旁咋舌瞪眼。顯見，在兩岸入會的那一刻，還是處處上演政治秀，彼此暗中較勁。

林信義在酒會致詞時特別強調「我國能順利加入 WTO 國際經貿組織，十二年來要感謝前面歷任部長，包括蕭萬長、江丙坤、及王志剛等人的帶領，還有經貿團隊、跨部會談判人員的努力，及顧問們的協助。我不過就任一年半，只是扮演臨門一腳的角色，代表簽字。」林信義無非是要歸功前人的努力，才有今天的開花結果，極力避免坐實扁政府把入會功勞「整碗捧去」或「割稻尾」的用心，不難看見。

第五節 落槌像女人短裙

對於中國大陸代表團出席杜哈部長會議的層級，我駐外單位官員，以敏感外交嗅覺觀察，認為從陸代表團層級可以判斷，大陸幾乎不會對台灣入會案採取任何不利動作，因為除了外交部低階官員外，其餘都是經貿部官員、農業代表及當地代表團成員，並未從大陸內地派遣外交部高階官員參與，即可見一斑。

大陸無所不用其極的打壓

林聖忠與外交部國組司官員，從大陸代表團成員名單一一探究，研判中國大陸應該沒有「包藏禍心」，否則一定會從中國的外交部派遣所謂「外交高手」領兵作戰，找些「搞破壞」的外交人員進行佈署，但從名單中看不出其所以然，也嗅不到蛛絲馬跡。

最後一天我入會案採認關頭的前半個小時，林聖忠實在忍不住了，把中國大陸對外經貿部派駐在日內瓦最高領導李恩恒找到牆角「逼問」，「李兄，你們到底有沒有任何動作要杯葛台灣？大家相識一場多年，老朋友了，有的話講一聲，即使你不講，我們也會知道。」李恩恆正經八百對著林聖忠說「林兄，我向你保證，絕對沒有！」

李恩恆這位大陸外經貿部官員，在一九九一年國貿局推動加入APEC組織時，林聖忠就認識他，與他在經貿場合多次交手，他也是台灣在APEC架構下第一位邀請來台訪問的大陸官員。巧的是，當時就是林聖忠前往中正機場接機的，幾年後二人又同時派駐在日內瓦，真是人生何處不相逢。

當然，兵不厭詐，李恩恆雖然斬釘截鐵說「沒有搞小動作」，二人在經貿場合也有些交情，身負重任的林聖忠不能也不敢盡信，還是得審問他一番。林聖忠到處佈滿眼線，所有消息交叉比對，求證分析，都告訴他「大陸這次沒有搞小動作」。

事實上不只林聖忠找上李恩恆「逼問」，連林信義到了卡達遇見APEC交手幾次的大陸商務部WTO首席談判代表龍永圖也忍不住私下問他：「你們不會反對吧？我們入會案沒有變化吧？」龍永圖告訴林信義：「林先生，你放心，絕對不會。」這讓林信義一顆忐忑不安的心，暫稍平穩一些。

這樣出奇順利的結果，真不像是中國大陸平時在國際場合對待台灣的規格，當時台灣就像被虐待狂似的，一定非得要得到「大陸會採取無所不用其極打壓的慣用伎倆」的答案，才會習以為常。因此當所有消息都指向大陸這次不會「搞鬼」，不但林聖忠不太敢置信，我方代表團都因此反而不敢「心安」。

在入會程序上，我方也精心設計安排流程，不斷修改議事程序、發言名單順序，一一交給議事處工作人員，份量最重的美國、歐盟等一定安排率先發言，萬一其間中國大陸有杯葛或對我不利言論，我國是當事者不便自行發言反擊，因此必須安排友邦「盟友」暗助，為我國說話力挺，以求取平衡。

大陸入會生效搞小動作

入會案採認的前一晚，身為團長的林信義特地作東請客，宴請中美洲友邦國家代表團，在關鍵一刻為台灣仗義執言，大力支持台灣入會案。我國運作中美洲及非洲友邦國家在最後面的壓軸捧場，發言力挺台灣入會案，包括哥斯大黎加，史瓦濟蘭及薩爾瓦多。

不料，史瓦濟蘭代表控制不住，話講太多了，突然在發言支持台灣入會的談話中，迸出一句「支持中華民國加入聯合國」，讓我方在場官員有點「不知今夕是何夕」的莫名，聽得冷汗直流，膽戰心驚，幸好沒有衍生出什麼不利的後遺症。

接著，也有加拿大、日本、泰國等國家發言祝賀，泰國是代表東協國家，捷克則代表東歐集團國家，而日本則由對台十分友善的通產省大臣平沼赳夫發言，為台灣入會案大力讚聲。總計來自四面八方，共有五、六十個國家致賀我入會案的發言，把發言時間幾乎都佔滿。最後一刻，證明事先情報蒐集沒有出差錯，中國大陸雖早我一天被採認通過，但並沒有安排任何「同路人」搞小動作，對台灣入會案提出杯葛言論。

台灣終於以「台、澎、金、馬個別關稅領域」名稱加入世貿組織，這個名稱雖未曾在國際場合使用過，聽起來有點「怪怪的」，五、六十個來自世界各個角落的締約成員當然對於代表台灣的這一長串英文名稱十分陌生。於是祝賀中，聽到有的歡迎「中華民國」，有的恭賀「中華民國在台灣」，也有的稱「中華台北」、「台灣」、「台北」等各種名稱，此起彼落全部出籠，所幸沒有把一百四十餘國「攪混」……到底入會的是那一個國家？

貫穿杜哈會議的每一步棋，每一個細節，都是經過反覆不斷推演，精心鋪排的劇本演出，甚至連主席「敲槌」這個動作也是一門大學問。「敲槌要早，不快點落槌，晚敲的話，一旦有人說話，有任何異議發言出現狀況，槌就敲不下去了」。林聖忠這麼說。

當時林聖忠與入會處、議事處及身為主席的卡達經貿部長早已喬妥，議程一開始絕對不能開放讓會員發言，要先請我入會工作小組主席摩蘭大使報告台灣入會工作小組審查結果，一報告完，大會主席要立即宣布採認台灣入會案的工作小組報告，「採認程序就像女孩穿迷你裙一樣，愈短愈好」，林聖忠說，包括主席要說話的內容，都事先與議事組規劃妥當，一句話都不能漏失，但也不能多一句，只能照本宣科，依照事先擬好的文稿宣讀。

原本我方還因主持我入會案採認主席是卡達經貿部長，而有點擔心，因為經貿部長畢竟不是政治人物，對事務性的議程不見得掌握得很清楚，也不見得有很強的政治sense。結果，主席採認台灣入會案的簡短談話都還沒結束，大家就聽到「叩」一聲落槌了！這一槌將台灣送上WTO經貿聯合國的寶座。

縱使落槌讓代表團成員立即卸下肩上及心頭沉甸甸的負擔，以為大功告成了。不料，大陸代表團這次之所以出乎意外，不在台灣入會案採認程序搞小動作，以免與歐美等先進國家為敵。但為了凸顯宗主國的地位，比台灣早入會，大陸代表團在台灣入會案被採認後，要一招「偷天換日」的政治小動作，在入會生效日上大玩「諜對諜」遊戲。

十一月十一日兩岸入會案都已通過杜哈部長會議採認，預定十一日晚間八點安排議定書簽署儀式，當天上午大陸方面刻意避開入會處，改向法務處要求安排與WTO秘書長進行簡短拜會，秘書長回頭徵詢入會處意見，入會處人員隨即向陸方探詢拜會目的，但大陸堅不透露，因此秘書長辦公室拒絕，表示無法安排沒有會談目的之會晤。陸方在不得已下才透露是有求於秘書處，盼十一日對中國入會案作出入會議定書簽署與行政部門批准函生效二項儀式的動作。

「怪了！」各會員會都交頭接耳，摸不著頭緒，十分納悶地暗揣，大陸何時以超高效率將入會的條約案送給中共人大批准了？入會案不過在十一日晚間八時才要簽署，在沒有定案，也沒有經過簽署之下，程序上怎麼能算是完備呢？又怎麼能先送回國內讓中共人大批准呢？

但大陸這招「瞞天過海」的計策做得密不透風，明知程序不正義，但各會員國卻沒人敢提出異議，只能成為日內瓦外交圈茶餘飯後，閒嗑牙的話題！大陸走這一步棋，只為了不願與台灣幾乎同時入會，偏要早一步成為WTO會員國，因此不惜在程序上動手腳。果然，大陸就是在二〇〇一年十一月十一日簽署入會議定書，並完成送WTO批准動作，文件置放WTO祕書處三十天，於十二月十一日生效，成為WTO第一百四十三個會員國。

而我國入會案總統府批准生效是二〇〇一年十一月二十二日，於同年十二月二日致函WTO祕書處確認我入會議定書，二〇〇二年元旦正成成為WTO第一百四十四個會員。雖然比中國大陸晚幾天入會，但完全不減損我入世的各項權益。

兩岸在國際上的政治角力幾乎無所不在，從大陸在入會程序耍政治權謀、不按牌理出牌，即不難理解。兩岸在入會案的對弈，即使大後方的國安會參謀團，及前線代表團，都精銳盡出了，還是玩不過大陸到處見縫插針，善用政治伎倆打壓台灣的作為。「國際經貿組織」，畢竟是一堂很難窺其堂奧的艱深課程，更何況還要摻雜與大陸的政治鬥智！

第十一章

入會後記

第一節 WTO不是處理兩岸問題的平台

在加入WTO過程，甚至二〇〇二年正式入會後，國內有些人一廂情願，以為可以大加利用WTO平台，打開兩岸協商的僵局。但經貿單位從來不作這樣想。「有些人對外說兩岸關係可藉由WTO機制處理，在我看來，WTO僅止於處理兩岸有關WTO的事務，兩岸問題有太多屬於非WTO事務，若想利用WTO管道來處理兩岸事務，這是一廂情願的想法，大陸也不會同意」，林聖忠明白分析兩岸事務是無法在WTO平台上處理。

如二〇〇二年下半年發生大陸鋼品反傾銷糾紛一案，大陸不願在WTO架構下展開兩岸經貿糾紛的協商，甚至對我在WTO代表的名稱上大作文章，卻捨實質問題不談判，在在凸顯大陸不願意將兩岸問題國際化，WTO無法為兩岸開啟另一扇協商大門。

但國內不乏有高層確有這樣的盤算，因此在規劃駐WTO代表處的首任代表與副代表人選時，才會想要派遣熟悉兩岸事務背景的官員（例如副代表派陸委會副主委鄧振中），雖然鄧振中是國貿局出身，符合經貿背景，但起用鄧的最大考量還是著眼兩岸互動，惟能否順利與對岸談判，完全取決於對方，若對岸不和台灣談，再多的兩岸背景官員恐怕也英雄無用武之地。

長年和大陸官員在國際場合打交道的林聖忠最能揣摩大陸的心態。大陸講過很多次，兩岸的問題不要國際化，他們一再堅持兩岸是國內事務，在認知差距這麼大的情勢下，要逼大陸在WTO架構下和我國談判，除非有義務，例如大陸課我國反傾銷稅，雙方有義務周旋。不過，在WTO平台，大陸沒有義務和我國洽談三通（通航、通商、通郵），或相互承認等兩岸重大課題，WTO也沒有類似的規定。「對岸當然不和你談，應務實一些，除非WTO的事務才會在WTO的場合談。」林聖忠說，兩岸在國際場合有接觸，不代表兩岸什麼議題都能談。

不對大陸引用排除條款

正式成為WTO締約成員前夕，是否對大陸引用GATT第三十四條排除條款、國家安全例外條款，以及特別防衛條款，繼續抗拒與中國大陸經貿正常化往來，在國內討論很久。當時扁政府根本沒有很認真考慮要提出和大陸援引「互不適用條款」。

政府部門之所以沒有認真研究互相援引排除條款，一方面是因為美國勸我們不要動這種腦筋，美國知道這種互不適用條款的不完整性，WTO締約成員之間應有權利義務適用的完整性，任何一個缺口都不是大家的利益，所以勸我國不要引用。另一方面，一旦兩岸引用「排除條款」，會使兩岸問題複雜化，不但無法改善兩岸關係，且在WTO將創下一個惡例，引用排除條款的限制，也將影響其他會員與我國的貿易關係，怎麼盤算都是損人不利己的事。

「雖然WTO規章中二十、二十一條一般性例外規定，允許基於國防安全或國計民生上的利益，可以排除適用，但此一條款在WTO成立以來，從未成立過，也沒有人敢輕易嚐試，WTO根本沒有判例，無前例可循。」林聖忠一邊解說，一邊翻閱WTO條款的規定來確認。

針對引用排除條款，陸委會、經濟部等政府部門，其實早已有共識，在「大陸先於台灣入會」的形式前提下，台灣在入會前宣示對中國採用「排除條款」，只會讓形勢更複雜，採取排除條款會將我入會案陷於不利境地。

當經濟部長林信義要率隊出席杜哈部長會議，簽署入會議定書的前夕，約在二〇〇一年十月底，經濟部就用一份密件公函送呈行政院，建議不要對大陸引用排除條款，以利兩岸良性互動，與日後順利展開經貿諮商。

駐外經貿人員經常碰到國際人士對他們提出質疑：「你們有很多措施是對中國大陸選擇性採取不公平待遇，錯在你們，入會後對大陸的限制是否會解除？」林聖忠說，兩岸在貿易及投資存在很多限制，貿易開放項目也不多，檯面上他只能告訴各會員國說，「過去兩岸本來就互不適用最惠國待遇，兩岸是『特殊』的關係」。

在某些層面，中國大陸的確看得較遠，要收攬台灣民心，且要吸納台灣資金。兩岸加入WTO一年後，對大陸貨品有諸多項目台灣根本沒有開放，即使現在農工產品仍有二千多項對大陸管制進口，但大陸也未向WTO「告洋狀」。表面上我國對大陸沒有援引WTO排除條款，但實際上，我國對大陸一直沒有貿易正常化，也沒有公平待遇，對大陸產品或措施迄今入會後十年有餘了，該禁的還是禁，從ECFA貨貿諮商，我國還不打算開放八百三十項農產品，「要以工業保護農業」，就不難窺見一斑。事實上，兩岸市場未完全開放，已經踰越了WTO的規範，後來也提高兩岸ECFA協議貨貿諮商的難度。

第二節 入關造就一位詩人

農業主談代表的陳武雄，為了日內瓦多邊工作小組諮商瘦了六公斤，他喜歡在談判前後，走到日內瓦GATT總部旁，風景最優美的雷夢湖畔來來回回踱步，抒解心中的壓力，沉澱心思，想出更好的策略再出發應戰。

他常徘徊在日內瓦如詩如畫的雷夢湖畔，國貿局官員跟他開玩笑說「真怕你跳下去湖裡！」，他淡然笑笑說「不會啦！寫寫詩就好」。每次談完，其他人員大多臉紅著出來（因為一方面熱，一方面興奮），唯獨負責農業的陳武雄都臉色鐵青出來，他都一人踽踽獨行走回旅館，不和整團團員回去，顯得壓力沈重，步履蹣跚。

接連和二十六國的農業談判，幾年間，陳武雄踩遍雷夢湖畔的土地起碼上百次。二〇〇二年一月一日台灣正式成為世貿組織（WTO）的締約成員後，陳武雄以「陳填」的筆名，發表「入關」一本詩集，這是他的處女作，首部以我國加入關貿總協定作為題材，字裡行間傳達出談判人員對「入關」的心情。

陳武雄將血汗蘊藏在美麗寫實的詞藻中

陳武雄從一九九三年起因擔任企劃處長而成為農業部門入關的主談人，農業是入關衝擊最大的產業，國家利益和農民權益，如何兼顧調和，陳武雄在詩集的「日內瓦」一章中，對農民的掛慮表露無遺，且描述在日內瓦雷夢湖畔靜思的談判心情寫照：「走來走去，走去走來，投入農民的柴米油鹽，只是雷夢湖漣漪的一輪，在痙攣的胃腸中，糾纏著減或不減，讓或不讓，不曾被戰火蹂躪的淨土，早已被唇槍舌劍的唾液淹沒」

有一篇是遠遊在外【想厝】的心情，突然想吃一碗熱騰騰的甘藷湯，當時陳武雄在談判期間，與其他部會團員一樣，通常是週六離家，隔天到達，週一開始談判，五天後的週六束裝返國，隔天到家後，週一即返回辦公室上班，有時甚至才返抵國門，辦公室的門都尚未踏進，又被派往日本或美國、加拿大等地諮商，那種「想厝」的心情，不論精神或體力，對瘦骨嶙峋的陳武雄來說，都是不可承受之重，當時他的體重下降到只有六十公斤。

【浴火鳳凰】一章則是描述入會最後一次工作小組會議，陳武雄以生動細膩的筆觸，為國家外交報捷，是描述我國站上經貿舞台的那一刻，頗具歷史的臨場感，陳武雄在現場見證我入會議定書被採納的關鍵時刻，即使沒有到會場的人，也不難想見那一幕的情景。詩寫道：「英籍摩蘭主席的木槌聲，將台灣送上了世界最大經貿組織的舞台，二十五個國家連聲的恭賀，突破了被封鎖的視線，彌補了被孤立的尊嚴，五個木槌聲等了十二年，敲下了日夜的懸念，一槌一大步，急切地跳脫出強權窒息性的羈絆」。

另一篇寫道「橫越五洲六洋萬里的飛翔，千百次的折衝樽俎，多少人淚灑會場，多少人徹夜難眠，我說農民所得偏低需要補貼，對手說那個國家沒有需要補貼的人，我說農業弱勢需要保護，對手說保護下還有什麼貿易自由可談，農民不知什麼是WTO，只問為什麼犧牲我，無助的眼神像針扎進心窩……」。詩人對農民真摯的愛心與關懷在字裡行間不難找尋，在談判戰場中，為農民爭取最大利益的努力，陳武雄化作一句句詩文，將血汗蘊藏在美麗寫實的詞藻中。

入關也為我國培育一位詩人，這可說是迢迢入關路的「附加價值」吧！

第三節 入會甘苦點滴

入會長達十二年，對很多參與諮商的公務員來說，都是人生黃金的歲月，對年輕的公務員來說，是人生中難得的焠鍊機會。當時推動WTO的國貿局官員被戲稱為「〇〇七公務員」，不論是推動入會申請密件，抑或一九九五年GATT要轉換為WTO的公文，國貿局官員不僅要會擬公文，還要會跑公文，動作要更快，個個練就一流的跑公文功夫。

當時徐純芳都是白天跑公文，晚上寫公文熬夜。當時經部六樓部長辦公室外面經常有國貿局的官員親自拿著公文，站在部長室內等公文的情景，令部長室的秘書們備感壓力沈重，部長機要經常勸守候在辦公室外面的國貿局官員先回去等，但有經驗的「〇〇七公務員」可是打死不退，結果都證明並沒有白等，急如星火的公文往往當天就可以拿到。

參與GATT諮商部會代表，幾乎人人成空中飛人，曾經有一次與美國舉行雙邊，一週前告知，一週後就要舉行，有時多邊的工作小組會議，一個月去二次，一回來做完

check list（清單），再隔一週又要飛往日內瓦去談，和家人及小孩的相處，總是聚少離多。尤其國貿局擔任團務的同仁最辛苦，每次出國當天諮商電報得當日完成，趕在長官晚上入睡前傳回國內，因此睡眠時間相當少，出國必備的聖品就是雞精。

一連串的入會談判，壓力很大，在所有談判人員記憶中，參與多邊、雙邊談判最長的入會工作小組總主談人許柯生是精力最旺盛的人，他每次選擇出國諮商的時間，都是在放假時間，像是端午節、中秋節、雙十節，台灣國內是連續放幾天假，但是談判對手國則是上班時間，所有官員就飛到國外談判，回到國內時又要繼續上班，真是一點時間都不浪費，卻令參與談判人員叫苦連天。

密集談判從一九九四年開始，參與菸酒諮商的趙揚清還記得，每次一出發就先到美國，美國一下飛機就先談判，談了半天後，又要飛往其他國家。每次談判，就是每談完一場，立即寫報告，寫完報告天空都亮出魚肚白了，談判官員幾乎都沒睡覺，就要整理行李，因為又要啟程飛到歐洲。所有官員幾乎都是在飛機上呼呼大睡，下了飛機又是一條龍，繼續打起精神展開另一場談判。

國貿局的團務秘書更是辛苦，必須以最迅速方式整理該次談判清單，把各國關切議題依不同部門別作出綜整，人家關切什麼，我們答覆什麼，對方回應是什麼，一一做出來，問題清清楚楚，做出來即知對手國要價的脈絡為何，我方給價的立場為何，「重大事件都要紀錄的留存」。

徐純芳說，紀錄留存的目的是要讓各部會沒有話講，想不認帳閃過去都很困難，必須對自己部會承諾的事負責任。從日內瓦飛回台北的航程中，徐純芳幾乎就能把紀錄做完，一抵國門，回到辦公室，立即將紀錄呈給長官過目，當時國貿局辦事效率之高，公務人員行政效能之好，真是令人刮目相看。

戮力從公鞠躬盡瘁

當時我國外貿實力堅強，經貿代表團出國談判頗有氣派，都坐商務艙出國談判，連住宿也不寒酸，住在日內瓦雷夢湖畔的Noga Hilton Hotel，但是國貿局人員每次出國都只有在飯店房間及談判會場兩地往返，日內瓦的街上長啥模樣，根本都不知道。旅館飯店正對面有一處大噴泉的日內瓦指標景點，擔任會務的團務秘書們根本無暇看一眼，或到此一遊拍照留念，更別說有時間逛街購物了。

前國貿局長張俊福當時也是團務秘書之一，第二次工作小組會議諮商時，為了寫電報二夜沒有入睡，有人問他「你有看到日內瓦的大噴泉嗎？」張回答說「噴泉？什麼？日內瓦有噴泉？」顯示團務秘書連飯店大門幾乎都沒踏出去一步呢！

每次出國參與工作小組會議，團務秘書都可瘦個二、三公斤回到台灣，團務秘書之一的黃麗惠回憶說，有同事見到她問她「最近為何瘦了」，她便苦笑神回說「參加入會諮商減肥班」。照顧部屬體貼入微的徐純芳三不五時就會跳出來，親自念著會議結論，由同仁們寫紀錄，起碼如此可縮短四小時作紀錄時間，讓同仁有多點睡眠休息時間。

當時國貿局三組人員經常加班，晚餐都沒有陪家人，早已是家常便飯，偶爾徐班長會帶著同仁一起去吃好料，或去唱卡拉OK抒解壓力，結束後有人住山上，她還會開著紅色小轎車將女同事平安護送回家，簡直就像保母般呵護備至。「在艱苦的諮商過程中，苦中作樂，調解壓力，還真是不可少」，徐純芳這麼說。

另一個林聖忠在日內瓦廁所被小偷偷皮箱的故事，也是膾炙人口，令團員們印象深刻。當時，擔任三組副組長的林聖忠，與工業局長尹啟銘、金融局長陳木在、關政司長王德槐等人，隨同總談判代表國貿局長許柯生赴日內瓦參加多邊的入會談判工作小組會議，當會議結束，大夥在旅館大廳集合正準備前往機場之際，林聖忠先去上洗手間，不料，尹啟銘看見他以飛毛腿速度，像閃電俠般咻一下，就奔出旅館不見人影，原來他是追小偷去了。

林聖忠說，當時二名小偷在廁所布局，把地板弄濕且把零錢丟擲在地上，林聖忠彎下去撿零錢，不料說時遲那時快，二名東歐裔小偷已拿了他的皮箱往外跑，林聖忠見狀立即衝出去，當時才三十多歲年輕壯碩的他，以百米速度及矯健身手追人，拿著皮箱的小偷眼見林聖忠已追上了，只好棄箱而逃。

「為何要這麼拚命追小偷？難道裡面有談判的機密文件？」當時聽聞林聖忠這段意外插曲的官員心中都這麼納悶，結果林聖忠說，皮箱內雖然有諮商相關資料，但諮商已結束，那些談判參考資料，並非不可複製，而皮箱內也沒有值錢物品，卻有最重要的機票和護照，一旦護照不見，就無法隨團返國，要重辦很麻煩，也難怪林聖忠死命也要搶回失竊的皮箱。

從入會規劃到談判諮商入會的十二年歲月，發生很多大大小小酸甜苦辣的故事，及突發事故，有的駐外人員壓力大到身體搞壞，卻低調不願被披露，有的在成功的一刻，面臨與親人的生離死別，還要以入會公務為優先，不願驚擾長官及部屬，有時趕不上飛機又脫隊，甚至辦公室遭竊來不及清點財物損失等等，有著說不完、道不盡的故事篇章，各部會的公務員為入會犧牲及戮力從公，真是鞠躬盡瘁的典範。

第四節 為談判犧牲

從一九九四年二月開啟雙邊會談以來，辛苦的談判，把身體搞壞的不在少數，像前財政部次長吳家聲後來因過於勞累，壯志未酬身先死，令服務業談判主談人薛琦在為WTO留下談判紀錄的小冊序言上，都不得不帶上一筆，感到不勝唏噓。

入會談判搞壞身體為數不少

林義夫有豐富的駐外經驗，曾經駐澳、泰、菲，在一九九〇年成為推動我國加入關貿總協定的重要談判代表。在一九九七年林義夫陪同王志剛赴美參加會議，期間體力透支，但還是硬撐，最後途經德州休士頓，終於因急性膽囊發炎住進醫院，割掉膽囊，在經一週休養後，隨即赴華府投入台美諮商談判。之後，王志剛逢人就幽林義夫一默，「無膽之人專做有膽之事！」，意味林義夫認真投入的精神深獲王志剛的激賞。

而徐純芳在推動入會時，就像媽媽一樣，照料入會工作小組成員的大小事，被當時的工業局長尹啟銘取了一個綽號叫「徐班長」，每次出國參加入會談判工作小組，她對代表團團員，對國貿局內部同事照料都無微不至，大家都認為，「班長」的稱謂真是當之無愧。

徐純芳在參與談判後，身體也數度亮起紅燈，為GATT付出不少代價。在寫完外貿體制備忘錄之後，因前置作業過度勞累，徐純芳的子宮長肌瘤，開刀出來時，醫生對著她說「妳的肌瘤是曠世腫瘤，從未見過這麼大的腫瘤」，徐的同事還跟醫生開玩笑說「上面有沒有寫GATT？」

之後，徐純芳又因腎臟長癌細胞，割掉一顆腎。篤信基督教的徐純芳還是很感激上帝的眷顧，因為在加入GATT的每一個重要關鍵戰役，她都沒有生病，割掉子宮肌瘤時尚未展開雙邊談判，腎細胞癌開刀時，GATT工作小組會議與大部分國家的雙邊都談完了，開刀並未影響諮商重要進程。雖然距二〇〇一年正式入會還有最後一哩，但一九八八年即參與GATT開疆闢土，經歷華路藍縷的「徐班長」，一九九八年從WTO的業務「退役」，調往處理兩岸業務，未及親眼見證我國成為正式會員的歷史性一刻。

GATT入會案對參與談判人員來說，酸甜苦辣各種滋味雜陳，其中汽車談判對瘦骨如柴的何美玥而言，是一大折磨，但也是歷練，更是成就，後來何美玥在政壇上撐起一片天，在扁政府時期出任經濟部長及經建會主委，入會談判給了她很大的機會展現自己的才能。

最密集的汽車談判在一九九四年。何美玥平均一個月有長達半個月都在國外，「我們都快家破人亡了」，何美玥這麼形容：「國事家事難兩全」。有一次甚至一連二週十四天都在日內瓦談判，其中一九九四年九月十一日中午起飛至日本談判，十四日返國，十七日再起飛赴日內瓦，直到下個月的一日才回國，總計十四天，平均一天都安排和二個國家談判，總共和十餘個國家談判，何美玥回想過往的「苦日子」，有些討拍似的抱怨國貿局為了入會案，「竟把人才折磨到如此地步！」

值得鼓掌喝采的所有經貿談判人員

多少參與談判官員吃盡的苦頭，恐非身歷其境的人所能體會。全心投入談判，成了「空中飛人」的官員大有人在，但有家庭的女性官員，如何身兼母職、妻子及為國盡忠的公僕，才真是難為，即使有分身，恐怕也無法每一種角色扮演得面面俱到，恰如其分。

何美玥坦言當時很多參與談判代表團官員的家庭，夫妻關係都嚴重受到衝擊。剛開始另一半都能體會這是工作崗位需要出國談判，後來密集談判，每個月有大半個月都不在家中善盡家庭主婦的責任，平均每個月出國二次以上，家反而變成回家睡覺的旅館。

正因國貿局期待一九九四年完成雙邊諮商，何美玥日以繼夜趕進度。而就在雙邊諮商最密集階段，何美玥的大兒子正值青春叛逆期，一度曾送至澳洲念書，而小兒子還小，何經常一通電話就要姊姊幫她帶小孩，老公對此也不太能諒解，何美玥經常只能上飛機時一個人暗自流淚，抒發壓抑情緒。

「國貿局當時哪會體貼我們是有家庭的人？又豈知家庭鬧革命了？當時我先生都已經不看我了」她有點半開玩笑，露出無奈的表情，儘管入會十年過後了，何美玥訴說起當時內心的煎熬，還是百感交集湧上心頭。

巧的是，當時參與談判的官員或顧問，包括何美玥，何的得力助手工業局官員李素華，財政部國庫署的趙揚清，還有法律顧問蔡英文、楊光華，及國貿局的徐純芳都是女性，女性似乎為台灣 WTO 入會案撐起半邊天，偏偏只有何美玥一人已婚，其餘都待字閨中，沒有家累的英雌們可以全心投入談判事務，沒有後顧之憂。但責任心重、好勝心強的何美玥，家事、國事兩頭燒，畢竟魚與熊掌還是無法得兼，只能以「談判達陣」作為工作上的唯一使命。

對於經貿談判人員如此盡心盡力，兢兢業業，為了諮商犧牲健康及家庭，真是不得不為他們鼓掌喝采。沒有這些大大小小的引擎和螺絲釘的完美組合搭配，就沒有今天中華民國在世界貿易組織（WTO）的一席之地。

〔附錄二〕我國申請加入GATT／WTO之歷史紀要

我國於一九九〇年一月一日依據GATT第三十三條規定，以在對外貿易關係上具自主權地位的「台灣、澎湖、金門及馬祖個別關稅領域」向GATT秘書處提出入會申請，歷經多年努力，終於在二〇〇一年完成各項雙邊與多邊入會經貿諮商。我入會工作小組於二〇〇一年九月十八日舉行第十一次會議，採認我入會議定書及工作小組報告，WTO第四屆部長會議於同年十一月十一日通過採認我國入會案，我國由經濟部林前部長信義於十一月十二日代表我國簽署入會議定書。我入會條約案於十一月十六日經立法院審議通過，陳總統於十一月二十日簽署我國加入WTO批准書，自批准日起三日生效（即二〇〇一年十一月二十二日生效），我國乃於十二月二日致函WTO秘書長確認接受我國入會議定書。經過三十天之等待期後，我國於二〇〇二年一月一日成為WTO第一百四十四個會員。為一覽我入會過程之艱辛及記錄我爭取加入WTO之重要里程碑，特將我入會過程之歷史紀要自國貿局網站摘錄如下。

日期	重要記事
1946 年冬	我國為聯合國常任理事國，以發起人身分，派遣代表團參加於倫敦召開之國際貿易組織（ITO）籌備委員會。翌年 GATT 於日內瓦草簽時，我國亦為 23 個草簽成員之一。
1948 年 5 月 21 日	我國正式簽署成為 GATT 締約成員。
1949 年	大陸淪陷，我政府播遷來台，我乃於 1950 年 5 月自動退出 GATT。
1965 年 3 月	我國於第 23 屆 GATT 締約成員全體大會中，獲准以觀察員身分再度參與 GATT 活動，但至 1971 年 10 月 25 日因為我國退出聯合國，GATT 旋即援引聯合國有關中國代表權之決議，撤銷我國在 GATT 之觀察員資格。
1990 年 1 月 1 日	政府在評估加入 GATT 對我國經貿發展利大於弊後，我國乃以「台灣、澎湖、金門、馬祖個別關稅領域」名義，依據 GATT 第 33 條規定，正式向 GATT 秘書處提出入會申請，同時亦提交我「外貿體制備忘錄」，惟我申請函遭 GATT 秘書處擱置，未予處理。
1992 年 1 月 17 日	經濟部蕭前部長萬長致函 GATT 秘書長並檢附修訂版「外貿體制備忘錄」，除重申我追求自由開放經貿政策之決心外，亦籲請迅速處理我入會案。
1992 年	上半年美國及歐洲積極尋求各國對我案成立入會工作小組之共識。至 1992 年 9 月 8 日理事會主席邀集各主要締約成員代表，就我入會案進行諮商並達成共識，我案終獲列入 9 月 29 日之理事會議程，使我入會案向前邁入一大步。
1992 年 9 月 29 日	GATT 理事會無異議通過成立工作小組審查我入會案，並指派英國駐 GATT 之 Morland 大使為我入會工作小組主席，同時授予我觀察員身分，以使我得參加爾後理事會及其他相關會議。
1992 年 11 月 4 日	經濟部江前次長丙坤率團以觀察員身分列席理事會並發表謝函。11 月 6 日舉行我入會工作小組第一次會議，共有 55 個締約成員或觀察員與會。

日期	重要記事
1993 年 2 月 24 日	瑞士政府於 1993 年 2 月 24 日同意我國在觀察員階段之駐日內瓦分處人員可比照適用 New York Convention on Special Mission 之規定，享有與其他代表團人員完全相同之外交特權及豁免權。
1993 年 4 月 15 日及 16 日	經濟部許前次長柯生率相關部會代表參加我入會工作小組第二次會議，本次會議係進行我外貿體制備忘錄之一讀審查程序。期間，許前次長柯生偕同當時駐日內瓦辦事處陳主任瑞隆在瑞士日內瓦與瑞士經濟部主管 GATT 業務之貿易代表 Girard 大使（註：Girard 大使為中共入會案工作小組會議主席），就我擬在日內瓦設立代表團及其名稱進行磋商，經我方極力爭取，瑞方終於同意我國於日內瓦設置駐 GATT 代表團，雙方並就名稱達成協議，我代表團正式英文名稱為 Representation of the separate customs territory of Taiwan, Penghu, Kinmen and Matsu in GATT。
1993 年 6 月 28 日～7 月 1 日	經濟部許前次長柯生率相關部會代表參加我入會工作小組第三次會議。本會議完成我外貿體制一讀審查程序，並進行二讀審查程序。外貿體制審查告一段落後，我國得以與其他 GATT 締約成員展開雙邊入會談判。
1994 年 2 月 24 日～26 日	與美方在台北舉行我入會第一次雙邊諮商。
1994 年 4 月 12 日～15 日	經濟部江前部長丙坤率相關部會代表，以觀察員身分出席 GATT 烏拉圭回合談判馬爾喀什部長會議，且安排與多國之部長及官員舉行雙邊會談。本次部長會議 GATT 締約成員正式簽署烏拉圭回合最終協議，同意設立世界貿易組織。
1995 年 2 月～7 月間	我國與南非、捷克、斯洛伐克、土耳其及薩爾瓦多等五國分別簽署雙邊協議文件。

日期	重要記事
1995 年 1 月 1 日	烏拉圭回合談判達成協議決定於 1995 年 1 月 1 日成立世界貿易組織（WTO），我國爰於 1995 年 12 月 1 日正式向 WTO 秘書處提出改依 WTO 協定第 12 條之「加入條款」申請加入 WTO。
1996 年 6 月 ～ 12 月間	我國與哥倫比亞、烏拉圭、智利、韓國、澳大利亞等五國分別簽署雙邊協議文件。
1996 年 12 月 9 ～ 13 日	經濟部王前部長志剛率相關部會代表，立法院財經立法促進社亦籌組一個由十二位立法委員組成之宣導團，以觀察員身分參加 WTO 新加坡第一屆部長會議，且安排與多國之部長及官員舉行雙邊會談，並與墨西哥及智利達成雙邊協議。
1997 年 2 月 ～ 11 月間	我國與冰島及挪威、日本、馬來西亞、菲律賓、紐西蘭及新加坡等七國分別簽署雙邊協議文件。
1998 年 2 月～ 8 月間	我國與美國、瑞士、波蘭、墨西哥及匈牙利、阿根廷、泰國等七國分別簽署雙邊協議文件。
1998 年 5 月 18 ～ 20 日	經濟部王前部長志剛率相關部會代表，參加 WTO 日內瓦第二屆部長會議，且安排與多國之部長進行雙邊會談，會議期間與瑞士、墨西哥、匈牙利及波蘭簽署雙邊協議。
1999 年 5 月 12 日	經濟部林次長義夫率相關部會代表參加我入會工作小組第十次會議。各國已完成我工作小組報告草案內容之初步審查，未來該項報告草案尚須由各會員進行核對，並由我方就其中少數段落之內容提出澄清之外，此項工作大體上可說已告結束。
1999 年 6 月 28 日	我國與加拿大簽署雙邊協議文件。
1999 年 9 月 22 日	我國與哥斯大黎加簽署雙邊協議文件。
1999年11月30日～12月3日	經濟部王前部長志剛偕同「我立法院推動參加 WTO 立法計劃工作小組」及「外交委員會美加訪問團」，以觀察員身分參加西雅圖第三屆部長級會議，並與各國安排雙邊會談，籲請各國支持我儘早加入 WTO。

日期	重要記事
2000 年 4 月 12 日及 13 日	我國分別與秘魯及巴西簽署雙邊協議文件
2001 年 9 月 18 日	我 WTO 入會工作小組最後一次正式會議在日內瓦召開，由經濟部陳次長瑞隆率團，順利完成我入會議定書、入會工作小組報告、關稅減讓彙總表及服務業承諾表等入會文件之採認工作。
2001 年 11 月 11 日	第四屆卡達 WTO 部長會議正式採認通過我入會案，並於 11 月 12 日由經濟部林前部長信義簽署入會議定書。
2001 年 11 月 16 日	行政部門將我國入會文件以條約案方式送請立法院審查，並獲審查通過。陳總統於 11 月 20 日簽署我國加入 WTO 批准書，自批准日起 3 日生效（即 2001 年 11 月 22 日生效），我國於 12 月 2 日致函 WTO 秘書長，確認接受我國入會議定書。經過 30 天之等待期後，我國即於 2002 年 1 月 1 日成為 WTO 之正式會員。
2002 年 2 月 1 日	成為 WTO「民用航空器貿易協定」之簽署國。
2002 年 3 月 6 日	我常駐世界貿易組織代表團正式成立。
2002 年 6 月 2 日	邀請 WTO 副秘書長 Mr. Ablasse Ouedraogo 來台訪問。

〔附錄二〕

入會諮商與簽署雙邊協議時間（30 個會員）

WTO 會員	簽署雙邊協議日期	WTO 會員	簽署雙邊協議日期	WTO 會員	簽署雙邊協議日期
南非	1995.2.24	冰島	1997.2.28	瑞士	1998.5.21
捷克	1995.5.23	挪威	1997.2.28	墨西哥	1998.5.21
斯洛伐克	1995.5.30	日本	1997.3.31	匈牙利	1998.5.21
土耳其	1995.7.17	香港	1997.4.2	阿根廷	1998.6.30
薩爾瓦多	1995.7.24	馬來西亞	1997.5.13	歐盟	1998.7.23
哥倫比亞	1996.6.25	菲律賓	1997.5.21	泰國	1998.7.30
烏拉圭	1996.6.26	紐西蘭	1997.10.30	加拿大	1999.6.28
智利	1996.12.13	新加坡	1997.11.12	哥斯大黎加	1999.9.23
韓國	1996.12.24	美國	1998.2.20	秘魯	2000.4.12
澳洲	1996.12.31	波蘭	1998.5.19	巴西	2000.4.13

資料來源：國貿局網站。

國家圖書館出版品預行編目資料

迢迢入關路——加入WTO祕辛 / 呂雪彗 著. -- 初版.
-- 台北市 : 商訊文化, 2016. 1
面 ;　公分. --（People系列 ; YS00809）

ISBN　978-986-5812-47-8（平裝）

1. 經貿政策　2. 經貿外交　3.台灣

558.1　104027922

商訊文化
People系列 | YS00809

迢迢入關路——加入 WTO 祕辛

作　　者／呂雪彗
出版總監／張慧玲
總 策 劃／江丙坤
編輯顧問／郭勵誠
編製統籌／吳錦珠
責任編輯／翁雅蓁
編　　輯／黃翠娟
封面設計／黃祉菱
內頁設計／王麗鈴
校　　對／唐正陽、林于脩、李奇蓁

出　　版／海峽兩岸經貿文化交流協會
地　　址／台北市松山區八德路四段 85 號 7 樓
發 行 者／商訊文化事業股份有限公司
董 事 長／李玉生
總 經 理／李振華
行銷總監／羅正業
地　　址／台北市萬華區艋舺大道 303 號 5 樓
發行專線／ 02-2308-7111#5607
傳　　真／ 02-2308-4608

總 經 銷／時報文化出版企業股份有限公司
地　　址／桃園縣龜山鄉萬壽路二段 351 號
電　　話／ 02-2306-6842
讀者服務專線／ 0800-231-705
時報悅讀網／ http://www.readingtimes.com.tw
印　　刷／宗祐印刷有限公司

出版日期／ 2016 年 1 月　初版一刷
定價：350 元